危机、改革与崩溃

于晓华 著

元明清七百年的
金融秩序

中信出版集团 | 北京

图书在版编目（CIP）数据

危机、改革与崩溃：元明清七百年的金融秩序 / 于晓华著 . -- 北京：中信出版社，2025.5. -- ISBN 978-7-5217-7251-7

Ⅰ . F832.947

中国国家版本馆 CIP 数据核字第 202442033R 号

危机、改革与崩溃：元明清七百年的金融秩序
著者：　　于晓华
出版发行：中信出版集团股份有限公司
（北京市朝阳区东三环北路 27 号嘉铭中心　邮编　100020）
承印者：　河北鹏润印刷有限公司

开本：880mm×1230mm 1/32　印张：9.75　　　字数：210 千字
版次：2025 年 5 月第 1 版　　印次：2025 年 5 月第 1 次印刷
书号：ISBN 978-7-5217-7251-7
定价：78.00 元

版权所有·侵权必究
如有印刷、装订问题，本公司负责调换。
服务热线：400-600-8099
投稿邮箱：author@citicpub.com

献给

我的家人

推荐序

打开理解中国历史发展的新窗户

舒小昀

南京大学历史系教授

《危机、改革与崩溃：元明清七百年的金融秩序》（以下简称《危机》）立志用经济学观察历史，在更长的时间尺度中研究经济史，努力将经济学和历史学融合起来，对历史上的金融秩序进行研究，力求"没有是非，只有因果"。在分析历史事件的时候减少价值判断，用历史演化背后的经济逻辑来解释历史的演化。本书的特点有三。

第一，进行长时段历史考察。《危机》从蒙古汗国建立开始研究，一直延伸到清朝，历史跨度大，同时根据金融秩序的演化进行了时段细分，突出了不同阶段的特色，历史感强。长时段建立了历史的连贯性，时间越长，脉络越清晰，越容易找到历史的原点。"历史从短期来看似乎多是随机的，但从长期来看，发展的大趋势又似乎是平滑的。本书就是要探讨从元初到清末的这段平滑历史，从经济危机的角度展现历史的兴衰。"作者在这本书中将讨论的起点设在元朝，从长期来看，历史曲线的方向明确，这些历史事件的发展都存在因果。元朝是中国历史上一个重要却常被忽略的时代，它建立了一个横跨欧亚大陆的蒙古帝国，中国的经济和文化开始与欧亚大陆深入接触和交融，中国的百姓和帝王认识到中国以外的广阔世界。同时，元朝开始大规模使用纸钞，具备现代货币系统的部分特征，促进了跨区域货币标准化，而其晚期大规模发行纸钞所导致的恶性通货膨胀则是其崩溃的一个重要原因。这种讨论按历史发展顺流而下，延续一个长时段，有别于从当今现实出发回溯历史的做法。

第二，在中国与世界之间建立有机联系，展现"中国的世界"与"世界的中国"的双向互动，就事论势，勾画历史大势。这本书提出，元、明、清三朝参与过三次全球化：成吉思汗的大军在整个欧亚大陆征战，同时把整个欧亚大陆的经济联系在一起，这就是第一次全球化；1492年哥伦布发现美洲大陆，从而开启了全球大航海时代，而在明朝隆庆开关后，中国的命运也和世界联系在一起，这就是第二次全球化；在镇压太平天国运动之后，清朝开始推行洋务运动，这可以算作第三次全球化。作者总结之后认为，中国参与全球化后感受到了猛烈的文化冲击，发生了激烈的经济冲突，指出"世界在改变中国，中国也在改变世界"。《危机》强调："全球化是理解元朝及此后的古代中国经济和社会发展的一个重要变量。本书把这个变量引入对古代中国经济危机史的分析，以观古代中国在全球化浪潮中的挣扎与反复。"这种全球变量的设置是全书讨论的基点。

第三，对金融秩序及其演化进行专题研究。经济是人文社会科学研究的重要维度，金融已经受到学界重视，这本书通过爬梳中国历史做出了自己的解释，对中国历史上相关金融财政制度变革的分析丰富了对"17世纪总危机"的研究。"金融是一种制度，更是一种调动社会经济资源的能力，在经济发展中起到了能力放大器的作用。无论是个人，还是公司、国家，其发展都离不开金融的支持。"金融活动的正负反馈通过市场强化，导向社会的兴衰，甚至引发危机。"金融的发达推动经济的发展，带来国家的强盛；反过来，经济发展和国家强盛，提升了国家信用，信用又可以不断保障金融的深化和发达。"经济学和历史学有共通之处，历史学是更长时间维度的经济学。通过使用历史分析方法，《危机》试图在全球化的历史大背景下，梳理中国从元朝开始到清朝末年这段时间的经济和金融危机，并分析其对中国和世界历史演变的影响。从金融和货币的角度来看，元朝在中国历史甚至世界史上都具有划时代的重要意义。从某种程度上讲，元朝可以看作世界现代金融体系的开端之一，为现代金融体系的建立和发展做了有意义的尝试。

于晓华教授在中国人民大学完成了经济学的初步训练，赴日本京都大学和美国进一步深造，并进入德国哥廷根大学工作，这种独特的经历使他具有宽广的世界视野和独特的学术情怀。"我上大学时选择了经济学相关专业，此后一直在经济学领域钻研。多年的经济学思考和对历史的个人兴趣，让我意识到，历史在一波波的高峰与低谷中发展前行……很多年前，我就开始构思这本书。但是我总觉得自己的思想不成熟，知识不完备，不能把这个故事讲好。"特定的历史时期激发了他的学术情怀，"在新冠肺炎疫情期间，我基本待在家里，有了更多时间去认真思考这本书的内容，我觉得到了把这本书写出来，和大家交流分享的时候了"。作者希望给大家总结一些历史经验，也普及一些经济学常识，"在了解我们的过去的同时，关注我们的未来"。远行的游子依旧心怀家乡。虚实之争是长期困扰中国发展路线的问题，我们需要对财政金融有更多的讨论，特别需要有多国留学经历、有全球视野的专家为国谋策，提供借鉴，为中国虚实结合的发展模式提供外部智慧。

历史是我们最好的老师。"从某种意义上讲，经济学家也是历史学家，只是大部分经济学研究的历史跨度太短。历史的魅力在于能够把观察的焦距拉长，在大时间尺度里面，抽丝剥茧，纵横捭阖，分析各种因果轮回。本书就是想把历史的尺度尽量拉长，从现代经济学理论出发，剖析元、明、清三朝的经济发展和危机演变，进而从经济学的角度来分析历史兴衰。"中国悠久的历史为我们民族的生存和发展提供了很多经验和教训，这应该是于教授跨界写作《危机》的初衷。从交流中得知，于教授还有几部有关中国历史发展的作品在酝酿之中，这些筹备中的作品力图打破道格拉斯·诺斯（Douglass C. North）从人口变动和军事技术发展出发的解释路径，打开一扇理解中国历史发展的新窗户，从外向里观察、思考。让我们拭目以待。

目 录

前　言　历史学和经济学：经济史的不同尺度 / 001

第一章　金融和经济史的分析框架 / 007

　　　　竞争与合作：社会的矛盾孪生子 / 009

　　　　集权和分权：时间不一致的悲剧 / 012

　　　　财政和货币：国之根本 / 015

　　　　五波全球化：一个逃不脱的陷阱 / 021

第二章　元朝的兴起与制度创新 / 027

　　　　元朝：历史转折点 / 029

　　　　斡脱：蒙古崛起的金融创新与掠夺 / 033

　　　　元朝财政和金融的制度框架：不可调和的结构矛盾 / 040

　　　　宫廷赏赐：帝国财政的重负 / 045

　　　　抵制增税："三大奸臣"的悲惨下场 / 052

第三章 经济危机与元朝灭亡 /061

盐引：王朝晚期的财政支柱 /063

卖官制度：财政收入的不成功补充 /068

财政货币化：崩溃前的无奈选择 /070

元朝经济历程：四个阶段 /082

小结：元朝灭亡的启示 /086

第四章 明朝制度的建立与转变 /089

保守和封闭的政策：元朝灭亡的教训 /091

加强中央集权 /093

薄赋轻徭 /095

打击腐败 /106

严格海禁 /107

成也纸钞，败也纸钞 /109

土木之变：巨大危机和政治转折 /114

开中制和茶马制：边关稳定制度的建立和破坏 /119

第五章 对外开放和全球化不平衡：晚明的繁荣与崩溃 /129

隆庆开关 /131

万历中兴：张居正的一条鞭法改革 /137

贸易中断：17世纪初经济危机的开始 /145

东林党争：王朝内部政治结构的裂缝 /150

王朝的灭亡：危机全面爆发 / 158

小结：明朝灭亡的教训 / 165

第六章　茶叶和鸦片：康乾盛世、内卷和文明冲突 / 167

清军入关：从流寇到坐寇的艰难转型 / 169

康乾盛世的基石：摊丁入亩和火耗归公 / 177

皇位继承：封建王朝的难题 / 181

繁荣与内卷：马尔萨斯的预言 / 185

茶叶出口：中国也在改变世界 / 192

马戛尔尼访华：中西文明正式对话的开始 / 195

又是货币问题：金、银、铜、铁、铅，还是纸钞 / 201

鸦片战争：垄断贸易解体的后果 / 206

第七章　洋务运动、金融危机与清朝灭亡 / 215

平定太平天国：厘金功不可没 / 217

洋务运动：没有触及灵魂的改革 / 222

甲午战争：金融视角的解释 / 227

绅商兴起：政商不清 / 234

官商弊端：政治投机导致经济落后 / 242

橡皮股票风潮：大清灭亡的导火索 / 251

晚清的财政困境 / 261

地方分权和债务扩张：中央权力的失控与财政的三个问题 / 270

小结：清朝崩溃的教训 / 274

附　录　民国金融现代化的努力与挣扎 /277

　　　　裁厘改统 /278

　　　　废两改元 /279

　　　　美国的《白银收购法案》/282

　　　　法币改革 /283

　　　　金圆券改革的失败：无可救药的恶性通货膨胀 /285

后　记　经济危机的几个观察 /293

致　谢 /297

前　言

历史学和经济学：经济史的不同尺度

金融是人类社会的血液。金融的本质是借贷，它伴随人类社会的诞生而出现。借贷发生的社会基础是信用。小到社会，大到国家，每个组织都离不开储蓄和借贷。由于存在市场、政策以及自然风险等不确定性因素，市场主体在不同时间的资金流是很难保持稳定的，这就需要金融来平滑我们的消费和投资。赚钱多的时候储蓄，花钱多的时候借贷。

随着社会经济的发展，金融在经济和社会中所起的作用越来越大。金融是一种制度，更是一种调动社会经济资源的能力，在经济发展中起到了能力放大器的作用。无论是个人，还是公司、国家，其发展都离不开金融的支持。传统金融向现代金融过渡之后，国家的强盛通常伴随着金融制度的革新、发展和深化。金融的发达推动经济的发展，带来国家的强盛；反过来，经济发展和国家强盛，提升了国家信用，信用又可以不断保障金融的深化和发达。这是一个不断强化的国家组织体制。西班牙帝国、荷兰、大英帝国以及美国的崛起都伴随金融体制的创新和金融市场的繁荣。西方资本主义的崛起，离不开股票和股票市场的发明。股票市场让直接金融变得便利、公开和透明，支撑了企业的创新。1602年，荷兰人开始在阿姆斯特尔河的桥上买卖荷兰东印度公司股票，支撑了荷兰在17世纪崛起成为"海上马车夫"。1773年，英国一个股票交易俱乐部在伦敦的乔纳森咖啡馆成立，这就是英国第一家证券交易所——伦敦证券交易所的前身，它促进了大英帝国在18世纪的崛起，伦敦也随之成为世界金融中心之一，直到现在。1790年，美国成立了自己的第一家证券交易所——费城证券交易所（当时叫费城证券交易公司）；仅仅两年后的5月17日，24个证券经纪人在纽约华尔街68号楼外一棵梧桐树下签署了《梧桐树协议》。1817年3月8日，这个组织起草了一份章程，成立了纽约证券交易会，1863年改为纽约证券交易所，纽约随之也成为世界金融中心之一，支撑起美国的崛起。伦敦和纽约作为世界金融中心，带来了英美货币——英镑和美元的国际化。两国都通过金融服务获得大量收入，维持了经济发展和国家强盛；国家强盛又使得世界各地的资本拥有者相信自己的资金在这里能获得保障，因此又会吸引源源不断的资本流入，这种正向反馈维持了两国的金融中心地位。

一个硬币总是存在正面和反面。同样，金融体系的没落也会导致一个国家的衰落，这是一个负向反馈系统。借贷会产生杠杆效应："杠杆"就是用较小的自有资本通过借贷去支配更大的资本。无论金融市场设计得多么复杂，也无论是个人的金融，还是国家的公共金融，都离不开借贷这个基础。一个经济主体，小到个人，大到国家，如果自身信用较好，就可以不断增加杠杆，控制远超自身资本的资源，这种能力若用在经济或者军事竞争中，就很容易战胜对手。甲午中日战争中，日本能够战胜清朝军队的一个重要原因就是日本在明治维新后实现了金融现代化，通过发行国债筹集了大量战争经费。反过来，如果因为某种原因，经济主体失去了信用，那么它也就失去了融资能力。信用的崩溃会导致金融系统收缩，这就是杠杆的断裂，会对经济主体造成巨大的打击。16—17世纪，西班牙帝国如日中天，但是由于长年累月进行对外战争，尤其是三十年战争期间，西班牙借了大量外债，导致财政入不敷出，只能不断增税。过重的税负挤压了经济增长的资源，导致了帝国的衰落，帝国的衰落又导致了国家信用的丧失和金融系统的失序。三十年战争的胜利者法国于是成为当时欧洲大陆的霸主。我们把目光转向亚洲也会看到类似的历史，蒙古大军能够横扫欧亚大陆，除了其作战勇敢，也离不开商人组织斡脱的金融和信息支持。此外，元朝最后灭亡的一个主要原因还是其财政货币化导致的恶性通货膨胀。同时，由于存在负向的反馈机制，信用崩溃导致金融系统收缩，金融收缩会加剧信用崩溃。对一个国家来说，这就是金融危机，更一般来讲则是经济危机。金融危机通常是其他危机的引子：通过连锁反应，金融危机会扩大为经济危机，之后还可能引发社会和政治危机。比如，2008年美国房地产次贷兑付发生违约，这就引起一场席卷全球的金融海啸。

西方有谚语说："历史总是在重复。"欧阳修等人在《新唐书》中也指出："以古为鉴，可知兴替。"历史发展尽管存在很多偶然因素，但大部分都遵循必然的发展路径。如果能够过滤掉一些杂音，画出历史的曲线，那么我们会发现，历史长期发展的轨迹是清晰的，也是平滑的，其趋势甚至是不可阻挡的。

尽管元朝末年出现了脱脱这样的能相，明朝末年出现了袁崇焕这样的能将，清朝末年出现了曾国藩、李鸿章、左宗棠和张之洞这"晚清四大名臣"，他们的能力可以说远远超过"人中吕布，马中赤兔"的水平，但他们也没能改变历史发展的大趋势，最多只是把曲线的周期拉长了一点点。在危机到来的时候，他们会争吵，会改革，也会妥协，但是从长期来看，他们大部分的努力都失败了。个人在历史大势前，大部分时候都只能顺势而为，不能逆流而上，"时也、命也、运也，非吾之所能也"。

为什么？尽管科技在发展，但是人类的生物性、社会性和经济性基本没有改变，人类经历数百万年的发展，现代社会也没有办法消除人类普遍存在的性质，所以不同的历史和社会现象的背后会有相似的人性因素。

在信息不对称的社会，大部分人由于缺少信息和洞察力，大多数时候都会分析不到位。或者他们懒于思考，选择相信和跟随社会精英，于是形成了强大的羊群效应，因此单独个体即使有理性思考能力也无法脱离群体生存。羊群效应一旦形成，就很难停下，任何一只想停下的羊都可能被同类踩踏而死。整个社会因此形成了一股强大的动能，这就是社会运动的形成，我们称之为

"羊群效应"。

单独的个人行为确实很难改变经济和社会发展趋势，但反过来，如果大家同时采取一致的行动，群体的力量就会发挥作用，经济和社会就会发生变革。我们假设经济体系是一只羊，如果有一个机会主义者偷偷薅下了一根羊毛，那么羊毛的整体状态不会改变。但是，如果所有人都这么想，每个人都去薅羊毛，那么这只羊的羊毛大概率会被薅光。对于公共服务，一些人喜欢搭便车，投机取巧，这是一种个人理性行为，但是如果社会中大部分人都喜欢搭便车，都喜欢投机取巧，不遵守社会规则，那么社会或者制度体系就无法持续下去，就会出现社会和经济危机。明朝末年，李自成的大军逼近京城，崇祯皇帝没有足够军饷镇压起义以及应对东北的清军，于是他号召王公贵族和官员捐款纾困。如果只有少数几个人不想捐助，绝大部分人愿意出钱，那么这个体制还是可能筹到足够的资金来维持自身的；但当所有人都不想捐钱的时候，王朝体制就很难存续了。

本书计划从经济学的角度，分析历史的兴衰。从某种意义上讲，经济学家也是历史学家，只是大部分经济学研究的历史跨度太短。历史的魅力在于能够把观察的焦距拉长，在大时间尺度里面，抽丝剥茧，纵横捭阖，分析各种因果轮回。本书就是想把历史的尺度尽量拉长，从现代经济学理论出发，剖析元、明、清三朝的经济发展和危机演变，进而从经济学的角度来分析历史兴衰，在了解我们的过去的同时，关注我们的未来。

本书一共七章，第一章给本书提供一个分析框架，第二至三章、第四至五章、第六至七章分别讲述元朝、明朝以及清朝的兴起与衰落。每一个王朝的兴起和衰落都是一个周期，因此本书将从王朝财政制度的建立开始，论及朝代中期的种种明争暗斗和互相合作，再从全球化所带来的机遇的角度为王朝的兴起与转型过程提供视野更加广阔的分析。之后会从王朝晚期的金融危机和财政货币化开始，阐释大多数改革失败的原因。明清两代所卷入的全球化过程更加明显，在分析这两朝的灭亡时，我们最后将从全球化的挑战角度分析它们的衰落与崩溃。

在历史的大势面前，个体就像处在一个奔跑的羊群中，总是很脆弱，甚至是无奈的。希望本书能给大家提供不同的分析视角。历史没有如果，但个人在历史的岔路口上可以做选择。

第一章

金融和经济史的
分析框架

竞争与合作：社会的矛盾孪生子

人类不能脱离其生物性、经济性以及社会性。竞争和合作，作为一对矛盾的孪生子，贯穿人类社会发展。没有竞争，人类社会不能进步；没有合作，人类仅依靠单打独斗也不能生存。

过度合作而限制竞争，很容易阻碍创新，让人类长期受限于低水平的经济发展。但是，在食物等资源匮乏的社会，鼓励合作和限制竞争是人类生存的最有利策略。实验经济学家在巴西和巴布亚新几内亚等国家的原始部落中研究发现，他们的群体非常讲究公平分配资源，不喜欢残酷竞争。

至于过度的竞争，最极端的例子就是把对手杀死，这会导致人类社会没有安全感和社会失序。大家互不信任，公共投资又不足，就会永远困于单打独斗的境地，经济和社会也很难有大的发展。这就是所谓的丛林法则，这种情况下很难发展出强大的文明。

从行为经济学的角度来说，一个社会或者组织的内部，个体因为不同的价值追求，有不同的目标函数，在动态博弈中追求利益最大化，这会导致竞争。但是，个人的能力和资源都非常有限，很难实现一些成本巨大的目标，比如人类登月计划，这就需要组织来协调和合作。

组织的规模和存续时间取决于组织的协调成本和收益之间的平衡。[①] 如果协调成本过高，甚至高于收益，那么这个组织就很可能无法持续，并面临崩溃。组织的结构也会随时间动态调整。古代中国两千多年的封建体制不断自我强化，演化出了一套以皇帝为权力中心的治理体系。皇帝在思想上和权力上都是至高无上的，压制了一切竞争势力。

但一个国家的运作不是只靠皇帝一个人即可，还需要各级政府部门及相关官吏。在封建时代，生产力低下，社会财富不充足，政府对私有财产的保护也不够完善，但是政府主导社会财富分配，这样就吸引了无数人前赴后继、不顾一切地跻身政府部门。因为官员的权力来自皇帝，所以所有官员都会努力讨皇帝欢心，并维持皇帝的统治。而同时，政府体系中的官吏都是理性人，在为国家和皇帝做好服务的时候，也必然要为自己及家族谋取利益。

好的官僚系统应该在高效和廉洁的基础上，让政府和百姓在竞争和合作之间达到平衡。这就需要很好的制度设计。就封建王朝来说，制度最重要的功能是防止皇帝的权力受到竞争和挑战；此外还要照顾到百姓的生活，让百姓对政府官员进行必要的监督。

[①] Brandts J., Belda C. S.. *Experiments on Organizations. Experimental Economics Volume II: Economic Applications*. London: Palgrave Macmillan, 2017: Chapter 7. PP.136-148.

如果没有监督，必然会民不聊生，天下兵起。

有些制度看起来是正面的，但是经过官员或者百姓的操作，其效果很可能适得其反，不仅达不到政策的预期目标，反而使现状恶化。清朝嘉庆年间，嘉庆皇帝为了减少强盗案，就严令地方官员在限期内捉住犯案的强盗，否则就问责当地官员，于是地方官纷纷"讳盗为窃"。山东泰安富豪徐文诰家里发生了入户抢劫杀人案，报官后却被当地县官汪汝弼诱逼敲诈，让徐家改为盗窃案。然后家主徐文诰被屈打成招，成为命案的杀人犯，最后在嘉庆皇帝的亲自干预下才得以昭雪，但实际上又有多少讳盗为窃的冤案湮没无闻呢？

同时，制度演化一般还存在路径依赖，制度因不断修补而越来越复杂，很多非法制度也渐渐合法化了。制度的复杂化演变就像一件穿久了而被磨出大小破洞的衣服，破洞上会打补丁，之后补丁上面又打补丁，最后这件衣服就变得丑陋且脆弱——衣服丑陋尚可遮体，但是脆弱会导致其极易破损。到了王朝的后期，皇帝管理国家的主要任务就是打补丁、遮破洞和防破裂。制度的复杂化演变也会导致协调和管理成本不断上升，最后难以维系国家经济的运转，整个体制崩溃。比如，在清朝官场，"大小京官，莫不仰给于外官之别敬、炭敬、冰敬"。这"三敬"本来是官场陋习，属于行贿受贿的违法行为，但久而久之，查不胜查，"三敬"成了官场的制度性常态。外官不向京官行贿就可能得不到褒奖和升迁，整个官僚制度的正常运转都受到影响。清官和能吏无法获得升迁，获得升迁的都是遵守潜规则的贪官和庸官。这些贪官和庸官获得权力后，会继续提拔贪官和庸官，并将腐败行为制度化。经过一段时间，整个行政体系就成了贪官和庸官的天下。当这个政府不能为百姓服务，反而榨取和压迫百姓的生活时，百姓便只能揭竿而起。

集权和分权：时间不一致的悲剧

中国的历史发展中有一条暗线：中央集权和地方分权之间的斗争。自秦始皇统一中国以来，这个矛盾始终没有很好地解决：一统就死，一散就乱。在经济危机期间，如果处理不好统和散的关系，就会导致社会危机和经济危机的加剧，甚至政权的崩溃。

纵观古代中国的历史，政策一直在统和散之间摇摆，背后的根本原因还是集权与分权之间的矛盾。

加强中央集权的本质就是抑制竞争，尤其是抑制区域之间的竞争，再通过行政手段调剂区域之间的资源，强化地方的合作。通常发达地区是资源调出地区，而欠发达地区是资源输入地区，但长期坚持这样政策的后果必然是抑制创新：发达地区没有足够的资源投入创新，欠发达地区也没有足够的动力发展创新，因此国家长期发展的动力不足。从某种意义上讲，工业革命没有首先在中国发生的原因中，就可能包含这样一个因素。

强化地方分权，必然会导致地方"竞争"，各个地方政府会发挥企业家精神经营地方，资源和人才向有竞争力的地区集中，区域发展差距扩大。但在封建社会，强化地方分权，很容易产生地方割据问题，而发达地区的军阀拥有巨大的政治、经济和军事资源，威胁皇帝和中央政权的安全。清朝灭亡的一个很重要原因就是晚清军事支出暴增，加上兴办各种实业以及对外赔款的急剧膨胀，中央财政收入不足，于是采取了地方分权政策，让地方政府通过征税和发展实业等措施筹集财政资源，地方政府因而拥有征收厘金的权力，也就有了军事实力和足够的财政收入，形成军阀割据的局面，削弱了中央集权。1927年国民党在形式上统一国家的时候，最重要的一个举措就是废除厘金，断绝了地方军阀势力的资金基础。

经济学中有一个著名的理论叫作"时间不一致"[①]。基德兰德（F. E. Kydland）和普雷斯科特（E. C. Prescott）因为这个理论还获得了2004年的诺贝尔经济学奖。该理论概括来说就是政府在干预市场的时候，会发生不合时宜的情况。由于经济具有周期性，政府往往在需要干预的时候没有出手，在不需要干预的时候却频繁动作，最后的结果就是政府的干预加大了经济的波动幅度。

在集权和分权的矛盾中，也会发生时间不一致的情况，这也是古代历朝从危机走向崩溃的原因之一。出现经济和政治危机的时候，一般需要加强中央集权，但是在当时，中央政府的权力常常是非常脆弱的，尤其是当财政资源不足，内部各种矛盾纠集在一起，中央政府的权力受到挑战，会没有办法加强集权。这个时候，中央政府通常被迫采取分权的办法，以平衡各方面的利益诉

---

① Kydland, F. E., & Prescott, E.C. (1977). Rules Rather than Discretion: The Inconsistency of Optimal Plans. *Journal of Political Economy*, 85(3), 473–491.

求,或者拖延处理,从而导致更大的危机,直至王朝崩溃。这样的例子在历朝的末年屡见不鲜。从某种意义上讲,时间不一致理论也可以用来解释中国古代王朝的更替,元、明、清的最后阶段都出现了这种情况。

从元朝的历史来看,以汉人儒生为代表的(中原)官员主张的中央集权理念和以(草原)蒙古旧贵族(史称"那颜")为代表的分权理念之间的斗争,贯穿了整个元朝的历史,最后元朝在两派斗争中走向灭亡。元朝的中晚期,由于中央权力斗争激烈,皇帝通常想把最能战的部队调到北方,靠近京师,以保障首都的安全,于是很多地方出现权力真空,治安随之恶化,地方居民为了自保开始建立自卫武装,这些武装最后成了颠覆元朝统治的种子。

《明史》在记载陈友定的时候写道:"元末所在盗起,民间起义兵保障乡里,称元帅者不可胜数,元辄因而官之。其后或去为盗,或事元不忠。"

元朝末年农民起义不断,中央政府处于风雨飘摇中。右丞相脱脱非常能干,采取了传统的集权政策,加强中央集权,增发货币,增加税收,减少赏赐等支出,并亲自带领军队镇压张士诚等起义军。脱脱加强中央集权的做法与蒙古帝国传统的分权制度相矛盾,这激起了蒙古贵族的反对和仇恨。1354年,脱脱率军在高邮镇压张士诚起义军,在即将取得决定性胜利,抓住张士诚的关键时刻,他突然被元顺帝妥欢帖睦尔撤职,导致元军军心涣散,起义军则获得了喘息的机会,并再次发展壮大,后来大败元军。次年,脱脱被流放云南,并被下令自尽,元朝失去了最后的支柱，在 13 年后灭亡。

明朝晚期的东林党争也是分权和集权之争的体现，比如东林党提倡分权，而非东林党主张加强中央集权，继续增加财政收入以挽救危机中的国家。而明朝从开国皇帝朱元璋开始，其财政收支就采取了分权制度，很大一部分税收保留在地方。到了明末清初的时候，中央和地方的税收分成大概保持了五五开的比例。[①]这也是明朝在生死存亡之时无法调动全部经济资源对李自成和清军进行镇压的一个重要原因。在清军入关后，中央和地方税收分成的比例迅速得到了调整。顺治皇帝为了防止地方政府控制太多经济资源，对中央政府的统治形成挑战，于是下令让户部控制全部税收，然后再分配给地方政府，于是中央政府的税收分成比重迅速提升到了 80% 以上，地方的权力被大大削弱。1668 年这一年，中央和地方政府的税收分成比例为 86.9%：13.1%。[②]

财政和货币：国之根本

我们回头再来看一个王朝的诞生与发展。

在现代制度经济学里面，曼瑟·奥尔森（Mancur Olson）提出了一个关于坐寇和流寇的著名争论。他认为在混乱的无政府状态下会发生流寇当道的现象，流寇只会通过偷盗和抢劫来维持生

---

① ［美］裴德生编，《剑桥中国清代前中期史：1644—1800 年．上卷》，戴寅等译，中国社会科学出版社 2020 年版，第 606 页。
② 同上。

第一章　金融和经济史的分析框架

存和发展。然而一些流寇会转变为坐寇，这些坐寇有动力鼓励经济发展，从发展中获得一部分收益，包括经济利益和政治利益，建立可持续的财政金融体系，从而维持长期的统治。

从历史的角度来看，历史兴衰和朝代更替背后的一个主要推动力就是财政体系和财政能力的建设，以及与之配套的、富有弹性的金融体系。历史上成功的新生政权要出色地完成从流寇到坐寇的转型，一般都会推行这样的政策：吸纳前朝统治精英，减少政权转换的冲击，建立适应当时的政治体制，定期进行准确的人口和经济普查，在掌握社会经济发展水平的基础上，改良前朝的财政金融体系，使后者变得可持续。

成功转型的起义者或征服者屈指可数。元朝作为一个少数民族政权，靠军事征伐而建立政权，但是其转型不是很成功，坚持中央集权思想的中原知识分子与坚持分权思想的蒙古草原贵族之间一直存在不可调和的权力斗争。这种斗争有时非常血腥，而且斗争的获胜者又会不顾财政负担大肆封赏，而后财政体系趋于崩溃时又不得不滥发货币，造成恶性通货膨胀，破坏经济体系，最后元朝灭亡。

其后的明朝和清朝在建立之初就汲取了前朝的教训，认真准备，建立可持续的财政体系，成功实现了转型。朱元璋采取了削减地方官员，减少地赋徭役的措施。清朝在入关后，主动废除了明末的各种加饷，回到万历年间的赋税系统，切实减轻了农民的负担，农业生产和社会秩序得以恢复。最后，明朝和清朝的国祚都超过了250年。

转型失败的政权或者起义团体不计其数，最典型的就是李自成。他已经带领起义军进入北京城，在北京待了42天，可悲的是他仍然延续流寇的战略，在北京到处勒索劫掠以筹备军饷，没有思考如何向坐寇转型。或许他也思考过，只是面对庞大的军队，在巨大的惯性之下，他无计可施。

一个政权在从流寇向坐寇成功转型后，如何保证财政的长期可持续供给、金融的长期稳定发展，一直是大问题。二十四史的《食货志》是研究中国经济史的必备资料。《元史·食货志》开头的第一段话写得非常精彩：

> 《洪范》八政，食为首而货次之，盖食货者养生之源也。民非食货则无以为生，国非食货则无以为用，是以古之善治其国者，不能无取于民，亦未尝过取于民，其大要在乎量入为出而已。《传》曰："生财有大道，生之者众，食之者寡，为之者疾，用之者舒。"此先王理财之道也。后世则不然。以汉、唐、宋观之，当其立国之初，亦颇有成法，及数传之后，骄侈生焉。往往取之无度，用之无节。于是汉有告缗、算舟车之令，唐有借商、税间架之法，宋有经、总制二钱，皆掊民以充国，卒之民困而国亡，可叹也已。

这段话的意思是，箕子向周武王陈述的《洪范》八政中指出，粮食为首，布帛和货币等货物为其次。粮食和货物是人类生存的基本保障。人民没有粮食和货物就活不下去，国家没有粮食和货物则会灭亡。所以，古代明君不得不从人民那里征税，但是又不能过度，基本原则是量入为出。古人说："财富生产有一定规律，生产的人多，消费的人少，生产的人勤奋，使用的人节俭，那么财富就不会匮乏。"帝王理财应遵守这样的原则，但是后继者不遵守了，以汉朝、唐朝和宋朝观之，当初立国的时候，基本上能遵守，但是几代之后就变得骄奢淫逸，攫取无度，肆意挥霍。在汉代有鼓励老百姓告密和舟车征税（告缗、算舟车）的法令，唐朝有了向商人借钱和征收房产税（借商、税间架）的法律，宋朝有征收酒税和契税等附加税的方法，这些都是搜刮百姓来补充国家的支出的政令，最终会导致百姓贫困而国家灭亡。

这段话或许是《元史》的编修者宋濂亲笔所写的，也反映了明太祖朱元璋对元史编修的指示："直述其事，毋溢美，毋隐恶，庶合公论，以垂鉴戒。"

不管哪个朝代、哪个国家，维持政权稳定的根本举措都是保障财政充足。赏赐需要钱、军队需要钱、警察需要钱、公务员需要钱、水利建设需要钱、通信（驿站）需要钱、科研投入需要钱……到处都需要钱。建立良好、高效、富有弹性的财政金融制度，是政权长治久安的基础。财政出现危机，入不敷出的时候，通常就是王朝更替的时候。元朝也好，明清也好，元朝之前的所有历史时期也好，这个规律对它们都成立。

古代的税源比较单一，主要依靠地赋、盐铁专卖，以及部分关税收入。承平时期，量入为出是历代财政的基本法则。在发生动乱或者灾害的时候，财政支出突然扩大，在没有良好的金融体系能缓冲和平滑资金需求的情况下，就只能增加税源，量出为入成了主导。如果没有新增的财源，王朝通常难以为继。

元朝崩溃的一个重要原因就是忽必烈之后的各个皇帝资历浅、能力不够强，因此好不容易登基的皇帝为了巩固自己不太稳定的地位，不得不分封更多的王公贵族，加大赏赐的力度和频率，争取更多蒙古贵族的支持。整顿财政、节约支出、减少赏赐的几位皇帝的下场都非常悲惨。比如元英宗硕德八剌掌权后采取打击腐败、裁减冗员、缩减政府规模的政策，得罪了蒙古贵族阶层，在1323年的"南坡之变"中被刺杀。这直接造成此后元朝政府的支出规模不断扩大，而收入不能增加，政府效率更加低下的局面，直到最后灭亡。

在明朝存续的二百多年中，皇帝一直为财政收入不足发愁。明朝最后崩溃的主要原因是没有办法筹得足够的资源来镇压东北的清军和西北的李自成起义军。而清末，当太平天国席卷大半个中国，清朝风雨飘摇的时候，雷以諴、曾国藩等人发明了厘金制度，筹得了足够的粮饷，成功镇压太平天国，为清朝国祚延长了半个世纪。此外，甲午海战战败和八国联军等兵事造成了大量的军事支出和战争赔款，当时兴办各种现代化产业的洋务运动又需要资金，而清政府的财政收入无法增长，以上种种最后导致了清朝的覆灭。

国家经济治理的另外一个支柱就是货币制度。中国传统经济是以银和铜为双轨的货币体系。宋朝开始引入纸币，元朝和明朝大规模发行纸币，有时甚至禁止白银交易，这导致了一个经常伴随纸币发行而出现的问题：通货膨胀。纸币发行成本很低，尤其是在财政困难的时候，基于救急的目的，政府很难抵抗超发的诱惑。超发货币必然带来通货膨胀。可以设想一下，如果发行货币可以解决经济问题，促进经济增长，那这个世界就不应该存在贫困问题。货币体系崩溃所导致的金融危机和财政收入不足相互强化，也是历朝灭亡的原因之一。

明朝早期也大规模使用纸币，但是由于通货膨胀，百姓对纸币失去了信心。恶性通货膨胀对底层百姓和底层官员的伤害是巨大的，他们收入/薪资的增长赶不上物价上涨的速度。从历史来看，普通百姓对付恶性通货膨胀的手段通常是抵制纸币，采用大米等实物，或者无视禁令而私下使用银和铜等金属货币来交易。对纸币的抵制会进一步推高通货膨胀，使得货币以及发行该货币的政府丧失信用。明朝中期，民间大规模使用银两，同时使用铜钱作为辅助货币。到了明朝晚期，与欧美和日本的贸易带来了大量白银，白银成为主要货币，纸币自动退出了流通体系。清朝咸丰年间，面对太平天国的壮大，政府财政非常紧张，也开始发行纸币，但是在地方上遭到抵制，没能流通多久。老百姓还是相信银子，而拒绝使用纸币，直到1933年民国"废两改元"，并于1935年发行法币，白银才基本退出了中国的货币体系。

尽管白银作为硬通货，币值长期内基本稳定，但是白银和铜钱之间的兑换比例对金融体系稳定和经济发展也至关重要。银的价值比较大，主要用于大额交易，而普通百姓主要使用铜钱。如果铜钱价格较高，就会发生铜钱私铸现象，导致流通中的铜钱增加；如果铜钱价格较低，就会发生铜钱私毁现象，导致流通中的铜钱减少。从国家的角度来说，私铸和私毁现象都会影响金融稳定，也是对政府信用的蔑视，都是国家法律严惩的对象，但恰恰是这种私铸和私毁稳定了白银和铜钱之间的价值关系，从而保证了双货币金融体系的长期稳定。

除了我们通常见到的纸币驱逐贵金属货币的现象，"劣币驱逐良币"的原理同样适用于白银流通的世界。17世纪中期，中国和世界贸易中断，导致银价上涨，大家开始窖藏白银，银钱在流通中减少，白银的价值进一步上升，然后又导致了更多的窖藏，恶性循环，最后引发严重的通货紧缩，加剧了经济危机，加速了明朝的崩溃。即使在明朝灭亡后，清初的近百年内，经济长期不振，通货紧缩仍是一个重要原因。现代经济学研究认为恶性通货膨胀影响人民生活，但通货紧缩对经济发展更不利。保证币值的稳定也是国家经济发展的重要基础。在后续的章节中，我们会从财政和货币两个角度来分析元、明、清三朝的主要经济和金融危机，从应对危机的成败中总结经验教训。

五波全球化：一个逃不脱的陷阱

尽管很早就有了丝绸之路，也有张骞通西域、玄奘印度取经等对外交流，但总体而言，古代中国仍是一个保守和注重秩序的国家。东部有海洋、西南有大山、西北有沙漠，这些都是天然的屏障。为了防止北方游牧民族入侵，中原政权修建了万里长城。此后，中国就享受一种关起门来自给自足的生活方式。这种生活方式深深地影响了中华文化。

中国在秦始皇建立起一个庞大的中央集权体制后，便强化了保守和内敛。到了汉朝，汉武帝采取了董仲舒建议的"罢黜百家，独尊儒术"，在思想领域也强调儒家提倡的秩序和稳定。为了稳定和秩序，历朝在经济上也采取了一系列配套政策，提倡安土重迁、重农抑商以及严格的海禁。

粮食是国家的根本，是人类生存的必需品。在古代，保障农业生产是头等大事。农业社会是稳定的，因为人口会被捆绑于土地，国家治理起来比较容易，而商业社会的人口流动性很大，从文化、经济、政治和社会上都给治理带来了挑战。所以历朝历代大多采取了抑制商业和人口流动的政策。

以保护国家的名义，中国自秦朝起便大规模修建长城。长城的修建固然减少了北方游牧民族的入侵，但是没能从根本上解决问题。长城的修建在起保护作用的同时，也限制了扩张。很多时候，北方游牧民族为了生存，需要贸易。他们希望用自己的马匹、动物毛皮和肉与农耕文化区的农民交换粮食、盐、铁和茶叶等生活必需品。尽管有长城作为隔离，但草原的自然灾害通常还是会驱使游牧民族入侵中原。

在唐朝，西北的吐蕃等游牧民族每年秋天都会侵扰中原农耕地区。唐朝被迫调动大量军队驻扎在边境，史称"秋防"。游牧民族之所以在秋天发动进攻，主要有两个原因：第一，战马在秋天膘肥体壮，可以长距离奔袭；第二，到了秋天，中原的农作物成熟，正好可以掠夺食物，帮助他们度过漫长的严冬。

如何与北方游牧民族相处事关国家的稳定。元朝是蒙古族建立的，内部一直存在草原贵族和中原儒家的斗争。明朝主要通过军事镇压和修建长城等隔离政策对付北方游牧民族的侵扰，但也不是很成功，尽管明太祖朱元璋派大军八次北征、明成祖朱棣五次亲征漠北，但到了明英宗朱祁镇时，土木之变造成全军覆没和皇帝被俘，最后明朝还是被东北崛起的清军打败并取代。清朝汲取元明的经验和教训，对蒙古族和汉族采取了不同的治理策略：对蒙古族采取了联姻、封王和赏赐等手段，建立友好的关系；对汉族聚居的中原地区则实施传统的中央集权制度。总体而言，清朝的北方是稳定的。

本书关注的问题除了边境上的冲突，还有全球化进程中的相互影响。13世纪，随着交通技术的进步，以及蒙古人在中亚和西亚的扩张，长城也不能阻挡蒙古人的进攻。蒙古军队在他们的军事征伐中和官商（史称"斡脱"）组织建立了联盟：蒙古将士负责军事征伐，商人负责提供金融、信息和后勤服务。军队沿着斡脱的商业活动路线一路征伐，最后建立了横跨欧亚大陆的蒙古帝国；斡脱也在蒙古帝国的支持下，形成了一个横跨欧亚大陆的水陆贸易网络。元朝时，中国南方的泉州和广州成为对外贸易的基地，泉州城内居住着各种文化背景的人，除了汉族和蒙古族，还包括不同宗教信仰、不同国家的人，他们通过海路可以远航到达阿拉伯海和波斯湾地区，然后通过陆路和欧洲各国联通。这可以看作本书关注的时间段上的**第一波全球化**。

元朝之后的中国就被绑上了全球化的列车，追求保守和稳定的传统社会秩序慢慢瓦解。传统的中原文化精英对此充满了恐惧和应激性的抵抗，在不断对抗全球化的历程中，上演了一幕幕悲喜剧。

尽管明太祖朱元璋汲取宋朝灭亡的教训，在建国后采取了非常保守的政策，新修长城；还实行非常严格的海禁，"片板不许出海"。但是在朱元璋死后，这些政策在资本主义渐渐兴起、全球化渐渐增强的历史大势面前，被不断弱化。他的儿子明成祖朱棣派出三宝太监郑和，让其带领庞大的舰队六下西洋（郑和一共七次下西洋，第七次发生在朱棣死后的1431年），与南亚和西亚国家展开贸易和文化交流。

1492年，当意大利人哥伦布的帆船跨过大西洋到达北美洲，在巨额贸易利润的激励下，全球大航海时代拉开了帷幕。葡萄牙人欧华利在1513年左右到了澳门和广州，开始和中国进行贸易。

在高额利润的刺激下，海禁是禁不住贸易的，民间贸易早就如火如荼。到了1567年，明穆宗迫于现实，宣布解除海禁，调整海外贸易政策，允许民间远贩东西二洋。在福建的一个小港口——月港开放对外贸易。这可以算是**第二波全球化**。晚明的对外开放带来了繁荣，但是中国单方面大量出口陶瓷、丝绸和茶叶等物品，大量进口白银，这一形势是不可能永远持续下去的。随着明朝的灭亡以及同期欧洲三十年战争的结束，第二波全球化也结束了。

大门一旦打开，就很难再关上，世界各国的文化交流和贸易往来也不会轻易停止，尽管全球化的趋势有高潮和低谷。18世纪随着工业革命的成功，英国向全世界殖民，成为日不落帝国，这可以看作**第三波全球化**。尽管清朝想维持其封闭保守的体制，但还是因鸦片战争的战败而被迫加入这一波全球化。

　　19世纪后半期随着德国、俄国以及日本实现了工业化，它们加入全球化竞争，争夺殖民地以及国际市场。随着工业化的推进，资本主义世界发生了一轮又一轮的经济危机；产业工人在马克思主义思想的推动下，开始了全球性的社会主义运动，为工人阶级自身的利益而斗争。在经过一战后，苏联成立，美国成为世界第一的经济体，这标志着**第四波全球化**的开始。在这一波全球化中，尤其在二战后，铁幕落下，世界分为共产主义和资本主义两个世界，双方在各自的阵营内部，实现经济互助，在不同的意识形态的主导下实现"全球化"。

　　1991年苏联解体标着第四波全球化的结束，以及**第五波全球化**的开始。在这一波全球化中，中国实行改革开放，并于2001年加入世界贸易组织。中国享受改革开放的制度红利，贸易额不断增加，经济快速增长，农村贫困人口于2020年年底全部脱贫，实现了小康社会。

　　从元朝之后，我们的历史不再是封闭的，世界在改变中国，中国也在改变世界。全球化给中国带来了机会和繁荣，也带来了危机和混乱，保守的古代中国的政治文化精英难以适应，他们适应了儒家的阶层秩序，不懂如何与外国打交道。他们一边享受对外贸易带来的经济繁荣,另一边又担心这种贸易会让中国传统的封闭和稳定的阶层社会解体,从而导致社会失控。

全球化是理解元朝及此后的古代中国经济和社会发展的一个重要变量。本书把这个变量引入对古代中国经济危机史的分析,以观古代中国在全球化浪潮中的挣扎与反复。

第二章

元朝的兴起与制度创新

元朝：历史转折点

黄仁宇在其著作《中国大历史》中认为元朝只是中国历史的一个插曲，这不是一个合理的判断。从正统历史学家的角度来看，元朝是一个少数民族政权，打破了传统的统治秩序，中原文化受到了一定影响。

客观地说，无论从文化、社会、政治、经济、金融、科技，还是全球化的角度来看，元朝都是中国历史的一个转折点，也是世界历史的一个大转折。所以，本书就从元朝开始分析。

从文化角度看，近代著名历史学家陈寅恪指出："华夏民族之文化，历数千载之演进，而造极于赵宋之世。后渐衰微，终必复振。"南宋最后一役在崖山战败，几十万人投海自尽，整整一代的文化精英凋谢，而没有殉国的精英中，也有一大部分开始隐居，专注于戏剧等文化事业，造成巨大的文化断裂。汉族知识分子在元朝政府是被边缘化的，政治影响非常有限。尽管有很多汉族官员做了种种努力，但汉族知识分子始终很难进入权力的最高层。元朝政府的高层权力一直被蒙古人和色目人掌控，皇帝总是避免让人怀疑其受到了汉族大臣的控制。

从社会的角度来看，元朝是一个多元文化的社会，蒙古族、回族、契丹、汉族甚至欧洲人都在这个社会中共存，尽管元朝统治阶级把国民分成四等，从高到低分别为蒙古人、色目人、汉人以及南人。元朝对各种宗教都比较宽容，所以佛教、伊斯兰教、基督教，以及道教等也都能发展。

从政府组成的角度来看，元朝虽然在1313年恢复了科举制度，其后又举行了16次科举考试，但是科举产生的官员占比不到2%。而且汉人和色目人是分开考试的，蒙古人和色目人的考试难度小于汉人，但是录取的人数基本一致。科举录取的汉人官员一般在基层任职，晋升主要靠出身、能力和忠诚。上层官僚主要由蒙古人和色目人担任，色目人官员主要掌管国家的财政部门。政府官员中，非汉人官员的比例只有30%，但是他们位高权重。官方活动需要至少四种语言：文言、元朝白话、蒙古语，以及波斯语。通过笔译和口译，各色人种组成的政府看起来运转顺畅。[1]这样一个多元化的社会在中国历史上是非常少见的。

从科技角度来看，元朝包容发展，鼓励各种科学研究，出现了王恂、郭守敬等一批杰出的科学家。由于元朝疆域广阔，政府从欧亚大陆其他地方，尤其是从波斯地区，邀请了一批杰出的科学家，一边帮助元朝提高军事技术水平，一边进行科学交流，促

---

[1] ［德］傅海波等编，《剑桥中国辽西夏金元史：907—1368年》，史卫民译，中国社会科学出版社1998年版，第644—645页。

进了科学技术的发展。

从商业的角度来看，元朝政府和此前政权一直坚持的抑商政策不同：元朝鼓励商业发展，给商人很高的地位，并为商人提供多种便利。斡脱组织的设立就是最好的例子。蒙古帝国的建立离不开斡脱的支持。

从金融和货币的角度来看，元朝在中国历史甚至世界史上都具有划时代的意义。从某种意义上讲，元朝可以被看作世界现代金融体系的开端之一，做出了很多有意义的尝试。那时的大臣们所讨论的国家经济政策，其核心内容基本是就业、财政和货币政策。

以纸币为代表的信用货币体系被认为是现代货币体系的主要特点。唐代的飞钱被认为是纸币的雏形。到了宋朝，益州（大致位于今四川）民间的一些交子铺发行了交子和会子，由于没有信用背书造成了混乱，于是益州知州在整顿后只允许16家富豪经营交子铺。金灭北宋后，金朝于1154年也开始发行交钞，同时铸造铜钱和银币。由于连年战争，交钞发行量过大，金朝想通过货币税来获取财政资源，导致纸币急剧贬值。后来政府想禁止使用铜钱等金属货币，却促成这些金属货币流入南宋，进一步加剧了金朝的通货膨胀。元初，耶律楚材形容金朝的通货膨胀时说"万贯唯易一饼"[1]。恶性通货膨胀和连年战争，引发金朝生产资本出逃，掏空了金朝的经济基础；同时百姓也拒绝使用交钞，在实际交易中使用铜钱和白银。[2] 政府信用丧失，财政收入基础被

---

[1] 转引自彭信威，《中国货币史》，上海人民出版社1958年版，第397页。
[2] 《金史·食货志三》："行之未久，银价日贵，宝泉日贱，民但以银论价。"

破坏，这也是金朝被宋蒙联合灭亡的根本原因之一。南宋末年，面对忽必烈的大军，南宋政府也是依靠税收和发行纸币两种办法来筹集资金，才勉强维持了一段时间。到了南宋的最后几年，通货膨胀也非常厉害。

元朝是中国历史上首次统一使用白银作为计价单位[①]，首次统一流通纸币的朝代，拥有和现代国家基本类似的信用货币体系。货币经济，尤其是信用货币管理，是现代国家治理的重要内容。以国家信用来支撑纸币的价值，是纸币发行的基础。元朝刚开始发行纸钞时是严格以银和丝为担保的，有价值基础。但是在一次次经济危机和财政收入不足的压力之下，为了救急，担保纸币价值的银锭被挪用，或者增加纸币发行，纸币失去了锚，导致了通货膨胀。政治和财政危机导致了货币超发，货币超发导致通货膨胀，通货膨胀加剧了危机。这是元朝灭亡的一个重要原因，这样的悲剧在现代也不断重演。从经济学的角度来看，从元朝开始研究经济危机，具有现代意义。

从全球化的角度来看，蒙古向西扩张到了西亚和欧洲，因此疆域空前庞大。在这个疆域里面，人才交换和流动日益频繁，而元朝也能够吸纳当时世界上优秀的科技人才为其所用。蒙古军事扩张的胜利，并不只靠蛮勇，还依赖当地最优秀的军事技术专家、财务专家、造船专家、建筑专家、水利专家等，他们在蒙古帝国的疆域内受到广泛欢迎和礼遇。

---

① 彭信威，《中国货币史》，第378页。

元朝攻打南宋的关键一役是襄阳城之战。南宋在襄阳修筑了非常坚固的工事，蒙古军在 1268 年就围困了襄阳，但久攻不下。忽必烈请求其侄子——伊儿汗阿八哈提供帮助，阿八哈派出了阿老瓦丁和亦思马因两位军事技术专家来帮忙制造新式的抛石机。两位专家在 1271 年到达大都（今北京），受到了忽必烈的欢迎，被安顿在专门为其建造的官舍。他们首先在京城城门前成功试验了五座抛石机。1272 年下半年，亦思马因到达襄阳，借助地势，在襄阳城东南角搭建了强大的抛石机，抛出的石头重达 75 千克。《元史·阿老瓦丁传》记载："机发，声震天地，所击无不摧陷，入地七尺。"抛石机破坏力极大，所击之处，器物皆毁。1272 年年底，这些武器投入使用，南宋军队伤亡惨重，再也无力抗衡蒙古大军。1273 年，襄阳守将吕文焕被迫投降，襄阳失守，南宋失去了防卫门户。此后南宋军队更难以抗衡武器先进的元军，元军长驱直入，于 1276 年年初占领南宋都城临安（治今杭州）。

元朝作为一个少数民族政权，对中国历史和文化体系是一个巨大的外部冲击。研究以元朝为起点的历史趋势具有很大的现实意义。

斡脱：蒙古崛起的金融创新与掠夺

蒙古人注重作战忠诚勇敢，但是对经商与财务管理不太擅长，于是他们创新金融制度，设立了斡脱。这种社会分工大大提高了蒙古军队的作战能力。

斡脱商人主要包括两类人，分别是来自伊朗的波斯商人，以及中国西部沙漠绿洲地区的畏兀儿人，在当时的背景下，波斯商人信奉伊斯兰教，而畏兀儿人以佛教信仰为主。①

斡脱结合了金融、信息、贸易、仓储、运输等多种功能，是综合性商业组织，体现了商人和蒙古贵族之间的信托关系，这是为了适应社会发展而衍生出来的一种商业关系，和日本近代的综合商社制度非常类似。和日本明治维新后的国家崛起离不开商社财阀制度一样，蒙古帝国的崛起也离不开斡脱制度。

斡脱经营的高利贷，在元朝被称为"羊羔儿息"，其年息高达100%，次年息转为本，又复生息。蒙古贵族把掠夺所得钱财交给斡脱来经营，获取高利息。在一些地方，官吏没办法筹措税收，就借斡脱的高利贷，利息累积数倍，卖了妻儿也不够偿还，这已经影响到了社会安定。中书令耶律楚材奏请大汗下令，利息最高不能超过本金。②

斡脱不仅仅是高利贷组织。西域商人借助蒙古帝国的强大军事力量，建立了横跨欧亚大陆的商业网络，到处寻找能获得高额回报的投资。这在客观上也推动了中国和中亚以及欧洲的商业交流。在元朝征服南宋，统一全国之后，泉州港就成为中西贸易的

---

① ［日］杉山正明，《蒙古帝国的兴亡（下）——世界经营的时代》，孙越译，社会科学文献出版社2015年版，第156—158页。

② 《新元史·食货志六》："斡脱官钱者，诸王妃主以钱借人，如期并其子母征之。元初，谓之羊羔儿息。时官吏多借西域贾人银，以偿所负，息累数倍，至没其妻子犹不足偿。耶律楚材奏令本利相侔，永为定例。"

中心，西域商人就成了泉州港最大的商人群体。

无论是政府组织还是个人，长期征战都需要各种后勤支援和金融服务。兵马未动，粮草先行，政府和军队需要大额的金融收入，也需要购买粮食和兵器等军需物品或者在机构间实现金融转账的服务。蒙古军队所需的部分军需品和金融服务都是依靠商业贸易来完成的。蒙古军队远征所需的地理人文信息也主要由西域商人提供，我们可以观察到，蒙古军队沿着商队的经商路线一路征伐。

对蒙古士兵个人来说，外出征战需要借贷和远距离转账。他们可能外出征战数年，很多人需要赊账购买战马、铠甲和刀枪等武器，金银等战利品则需要送回远在草原的亲属那里，掠夺的财富也需要投资保值和增值，这都需要金融服务。

成吉思汗起家的时候，蒙古贵族就选择和商人合作，他们从商人那里获取贷款用于征战，或者用掠夺来的金银等资产做投资，比如通过商人放贷；商人也可以使用官方的各种驿站（"站赤"），并获得蒙古军队的保护。官商合作，互惠互利，形成伙伴关系，共同承担风险，实现双赢，斡脱制度因而成形（"斡脱"一词音译自蒙古语 ortoq，突厥语 ortaq，意为"伙伴"）。这一制度客观上加重了蒙古帝国对占领地的掠夺。

由于这种历史渊源，在蒙古帝国的整个历史中，斡脱在财政金融体系中占据了重要地位。斡脱商人阿合马在元世祖忽必烈手下负责财政金融事务将近二十年，这就是一个很好的例子。

蒙古统治阶层，包括大汗阔窝台，都会拿出大量的银子给色目商人投资。① 在传统的蒙古帝国体制下，国库通向私人腰包，这就给国家财政和社会稳定带来了很大的伤害。元朝的统治阶层想把银子，包括国家财政收入都拿出去投资，以获取高额回报，这种做法一方面减少了国家的财政可支配额度，另一方面加大了财政掠夺的力度，产生了不断加税的动力。而同一时期的斡脱商在某些时候甚至获得了限定行业/地区的包税权，这被称为"买扑"或"扑买"。在此制度下，商人向国家包缴一定税收即可，转而向百姓征收更高税额以额外获利。《新元史·太宗本纪》记载，1239 年年底窝阔台经斡脱商游说，决定把中国北方的税收权力交给商人奥都剌合蛮，买扑中原银课二万二千锭，以四万四千锭为额，这就是 100% 的毛利。次年正月，窝阔台任命奥都剌合蛮为提领中原诸路课税所官。由于税收额度加大，百姓苦不堪言，只能借斡脱商的高利贷来交税，当年就导致了很多人卖儿鬻女来交税或者还贷，乃至被迫逃亡。《新元史·食货志》记载，为了防止债务人借了斡脱的钱逃亡不还，元朝在 1295 年下令，"贷斡脱钱而逃匿者罪之，仍以其钱赏首告者"。

奥都剌合蛮投资和买扑的收益很高，故而不忘窝阔台的恩情。他知道窝阔台喜欢喝酒，于是在 1241 年向窝阔台进献美酒，窝阔台畅饮一夜，第二天早上在行宫暴毙而亡。窝阔台在位十三年，享年五十六岁。

之后，元朝政府为了控制人群和社会的流动性，按职业和民

---

① ［德］傅海波等编，《剑桥中国辽西夏金元史：907—1308 年》，第 439 页。

族划分人户，不同的人户有不同的权利和义务。因此政府还专设了独立的斡脱户。《通制条格·户令一》记载斡脱户是"见赍圣旨、诸王令旨随处做买卖之人，钦奉先帝圣旨，见住处与民一体当差"。

1268年，忽必烈还建立了监督斡脱的总监，政府可以较低利率借钱给斡脱商，这使得斡脱商和政府建立了直接联系，获得金融特许权。他们从政府获得低息贷款，然后以高息将钱款贷给他人，获取高额利润。

在社会动荡、信用体系不健全以及生产力不高的农业社会，金融投资风险很高。古来征战几人回，如果债务人战死或者逃亡，投资可能就收不回。金融资本为了应对高风险，必然提高利息，这是斡脱的一个主要特征。同时，斡脱商作为一个整体和蒙古军队整体建立了金融信托关系，投资风险也得以分散。

斡脱制度在客观上激励和帮助蒙古帝国四处征伐的同时，也为当时的社会经济发展提供了金融和贸易服务。通过斡脱制度，斡脱商在13—14世纪，在欧亚大陆建立了一个庞大商业网络[1]，实现了第一次全球化。

不同于中国历史上的其他朝代采取的抑制商业发展的政策，元朝对商业发展非常支持。忽必烈除了给予斡脱低息的政府贷款，还建设了很多基础设施，方便商人营商。他把大运河延长到北方的大都，并修建了完备的官道和驿站系统，便于贸易的开展。他

---

[1] ［日］杉山正明，《忽必烈的挑战——蒙古帝国与世界历史的大转向》，周俊宇译，社会科学文献出版社2013年版，第201—203页。

命令在道路的两侧每隔两三步就种上树木，这样商人从远处就可以找到官道，并且可以在树荫下休憩。

1276年，元朝大军攻进临安，南宋残余势力沿海岸线逃亡，试图定都泉州。控制泉州的斡脱商蒲寿庚怒于南宋残余势力的轻视，暗通蒙古人，杀了南宋的很多海外宗室，并追杀宋端宗和末帝，逼迫二位皇帝进一步南逃。元朝对蒲寿庚也给了很大的回报。1278年，蒲寿庚被任命为福建行省尚书左丞。同时，元朝给予泉州港优惠的关税：据《元史·世祖本纪》记载，"唯泉州物货三十取一，余皆十五抽一"。这使得在元朝，泉州港一直是中国对外贸易的中心，以斡脱为中心的元朝商业网络已经从陆地扩展到了海上。元朝的造船技术也获得了空前的发展，可以建造大船远航南洋和西洋。到了明朝早期，据《明史·郑和传》记载，郑和下西洋的宝船"修四十四丈、广十八丈者六十二"，其排水量可能已经超过万吨。

斡脱商在中国南部沿海地区通过海运经营国际贸易，中国的贸易船只可以远航到阿拉伯海和波斯湾沿岸地区。马可·波罗很有可能是通过陆路从意大利来到中国，而后乘坐海船从中国南部出发至今伊朗下船，再走陆路回到意大利的。

在忽必烈统治的后期，元朝的财政陷入困境，为了增加收入，大臣卢世荣甚至想停止私人对外贸易，而让政府和斡脱商垄断，获取更高的收益，但是没有成功。[①]作为中西方"海上丝绸

---

① ［德］傅海波等编，《剑桥中国辽西夏金元史：907—1368年》，第685—686页。

之路"的东起点,泉州港在元末之前一直非常繁荣,来自不同民族、信仰不同宗教的商人云集,包括印度人、犹太人,以及日本人等,他们都与中国商人开展各种贸易。元朝末年,战乱四起,商人开始建立武装组织以求自保。泉州势力最大的商人群体成立了号称"亦思巴奚"的民兵组织。1357—1366 年,由万户赛甫丁和阿迷里丁率领的民兵控制了泉州,并一度占领福州和莆仙,对抗元朝政府。① 1366 年,尽管元朝政权已经在风雨中飘摇,亦思巴奚动乱还是被福建行省平章事陈友定平定下来。这场动乱造成了大量色目人死亡,大量外国商人因此逃离或者被驱离泉州,这也导致了泉州港的衰落。史称"波斯戍兵之乱"或者"亦思巴奚兵之乱"。

随着泉州港对外贸易的衰落以及朱元璋等起义军占领了富裕的长江中下游,地方治安的恶化使得国内贸易不再畅通,斡脱失去了海上贸易的出海口以及国内贸易通道。由于权力斗争,元朝和蒙古帝国的其他汗国(钦察汗国、察合台汗国、窝阔台汗国、伊儿汗国)之间存在不可调和的矛盾,欧洲到中国的陆上"丝绸之路"也不再通畅。中国国内,以及中欧之间都已经很难进行贸易。贸易量的减少使得元朝中央政府失去了大量税收,财政更加捉襟见肘,这加剧了元朝末年的经济和政治危机。

等到明朝建立后,朱元璋认为商人的流动性对传统农业社会的稳定是巨大的威胁,于是决定回归保守的统治策略。明朝采取

---

① 《元史·顺帝本纪》记载,(1357 年,即至正十七年)"三月乙亥朔,义兵万户赛甫丁、阿迷里丁叛据泉州"。

了海禁政策，中国的对外贸易陷入低潮。但是，斡脱建立的贸易网络刺激了欧洲诸国在15世纪末开始的大航海活动，为了追求财富，欧洲各国试图通过航海寻找通往中国的道路，这也带来了中国16世纪的开放和晚明的万历中兴，也就是本书提出的第二波全球化。

元朝财政和金融的制度框架：不可调和的结构矛盾

财政资源是政府存在的基础，政府的任何活动都需要财政支出。在古代社会，行政成本、官员俸禄、皇家宗室的赏赐、农业和水利建设、驿站运营等是必要支出，救灾和军事镇压等是随时需要应付的或有支出。为了稳定政权，王朝必须准备充足的资金来应对这类项目。支出是刚性的，但王朝诞生之后随着时间的推进，政府行政效率会不断下降，同时政府规模和财政支出却呈现不断扩大的趋势。建立一个稳定且富有韧性的财政金融体系是维系王朝长久存在的基本条件。危机当前，判断一个政权能否渡过危机的最重要指标就是财政资源。如果资源充足，政治和军事危机大多可以克服。反之，一起微不足道的事件就可能葬送一个恢宏的王朝。

蒙古帝国初期的军事成功不是偶然的，其背后离不开金融、财政以及组织制度的创新。金融方面的助力不再赘述。从作战能力上看，蒙古人在草原上过着游牧生活，马、牛、山羊、绵羊以及骆驼是他们生活中最重要的五种动物。游牧生活需要在不同季节组织动物转场，不同动物的行走速度和需要的食物不同。同时，他们要防止狼等肉食动物的侵袭。这需要很强的组织协调能力、野外生存能力，以及快速机动能力。这些都是军事作战的基础。蒙古本来存在很多部落，部落之间存在各种冲突，导致了长期不统一。成吉思汗建立了十进制的军事单位：十户、百户、千户，以及万户。一个部落一般不允许编排在同一个千户内，这样就用军事组织打破了部落制度，使得分散的传统蒙古部落成了强大的战争机器。

统一全国后，蒙古的对外扩张达到了地理的极限，同时也从南方获得了稳定的税收来源。元朝财政制度的大框架是由契丹人耶律楚材建立的，而后在色目人阿合马的帮助下，元世祖忽必烈建立了相对完备的税收体系。但是由于蒙古人不善于理财，而且没有完备的法律体系，元朝的税收制度经常变动。在蒙古占据中原后的1230年年底，窝阔台接受耶律楚材的建议，在中原的十路任命了征收课税使，负责各地税收。这种税收体制仿照了中原传统的租庸调税制，以征收谷物、布匹、马匹或者为政府服役为主。征收方法主要有两种：一种是政府派人直接征收；另一种是政府把税收承包给商人，让商人代替政府征税，即前文所说的"买扑"。对政府来说，这种税收体制确实减少了征收成本，但商人为了利益而提高税额，加重了百姓的税负。

如前文提过，窝阔台曾将中国北方的税收权力全部交给奥都剌合蛮。《元史·耶律楚材传》中说："自庚寅定课税格，至甲午平河南，岁有增羡，至戊戌，课银增至一百一十万两。译史安天合者，谄事镇海，首引奥都剌合蛮扑买课税，又增至二百二十万两。"百姓无钱交税，被迫借斡脱的高利贷，导致利滚利，苦不堪言。虽然耶律楚材大力反对这种包税制，认为"此贪利之徒，罔上虐下，危害甚大"，但未能阻止买扑制度的推行。

中国传统上的税收体制是官府直接征税，相比于这种包税制，孰优孰劣很难定夺，具体要看百姓和收税人员之间讨价还价的能力。即使是官收体制，如果官员贪赃枉法，百姓的税负也会一样非常沉重；而且政府需要雇用大量的收税员，人员俸禄和行政开支同样不会很小，这就是税收的成本。从现代经济学的角度来说，元朝税收体制的这种民营化尝试不能算失败，它实际维持了元朝政府的长期运转。

由于蒙古帝国和斡脱商长期合作的历史渊源，穆斯林和畏兀尔人后来主导了蒙古帝国（乃至元朝）的金融财政体系，担任元朝财政税收体系的高层官员，而汉人等其他民族则主要充当中下层官员。

忽必烈统一中国后，大规模军事行动比较少，同时出于他的强势以及赫赫武功所积累的威望，贵族封赏和财政支出规模受到严格控制。在两次远征日本失败后，忽必烈放弃了正在筹备的第三次远征，专心处理内部事务。他对元朝税收制度进行了改革，采取了典型的分税制，中央政府的税收主要来自盐引和酒等商品，农业税收则归地方，负担地方的行政支出。对忽必烈来说，农业税"取之于地方、用之于地方"是一个基本原则。因为农业税归地方,所以地方必须取消对商品的过路税。这种制度使得商品可以在元朝境内自由流动,降低了交易成本,形成了统一大市场,使得元朝的商业经济空前发达,这反过来增加了中央政府的收入。①

尽管如此,由于起义不断、农业水利支出增加,以及伴随政局不稳定而来的赏赐扩张,元朝的财政还是基本一直处于赤字状态。元朝中央政府依靠商业税收为主要财政收入的结构也为后来元朝的灭亡埋下了巨大隐患,一旦贸易中断,或者盐产地被占领,元朝政府马上就会出现财政危机。

1292年,《元史·世祖本纪》记载丞相完泽等言:"凡赐诸人物,有二十万锭者,为数既多,先赐者尽得之,及后将赐,或无可给,不均为甚。今计怯薛带、怯怜口、昔博赤、哈剌赤,凡近侍人,上等以二百户为率,次等半之,下等又半之,于下等择尤贫者岁加赏赐,则无不均之失矣。一岁天下所入,凡二百九十七万八千三百五锭,今岁已办者才一百八十九万三千九百九十三锭,其中有未至京师而在道者,有就给军旅及织造物料馆传俸禄者,自春至今,凡出三百六十三万八千五百四十三锭,出数已逾入数六十六万二百三十八锭矣。怀孟竹课,岁办千九十三锭,尚书省分赋于民,人实苦之,宜停其税。"也就是说,当时一年的财政收入才2 978 305锭,而前十个月已经支出3 638 543锭,赤字660 238锭。

---

① [日]杉山正明,《忽必烈的挑战——蒙古帝国与世界历史的大转向》,第154页。

《元史·成宗本纪》记载，元成宗即位后曾问宰相完泽："每岁天下金银钞币所入几何？诸王、驸马赐与及一切营建所出几何？"完泽回答说："岁入之数，金一万九千两，银六万两，钞三百六十万锭，然犹不足于用，又于至元钞本中借二十万锭。自今敢以节用为请。"从这个数目来看，元朝当时的财政规模还不算太大，财政赤字还算可控。

政府推出的改革措施通常会导致官员的数量相应增加，元成宗年间就出现了这种情况：京官本定额2 600人，居然有超过1万人领取俸禄，地方行省的冗员可能更多。官员的俸禄是一笔很大的开销。在忽必烈时期，"给内外官吏俸钞"，即以纸币来支付官员俸禄，并且当月支付。随着纸币发行增加，物价上涨，到了1299年，为了保障官员有稳定收入，维护政权安全，除了增加用纸币支付的俸禄，政府开始"增小吏俸米"，给基层官员支付大米，以抵消通货膨胀对其收入的影响，避免政权动荡。

元朝定都北方，大都和上都需要从长江地区通过河海联运调入大量粮食，供养都城及周边人口，甚至包括居住在草原上的蒙古人。俸米仍主要从江南地区运来，走海运和京杭大运河，在交通运输不便的元朝，"南米北运"无疑是一笔巨大的开销。

《元史·食货志》记载从忽必烈时代的1283年开始，元朝统一全国后，就把从江南运粮北上定为一项基本国策。输入数量不断增加，从最初的4万石增加到了1330—1333年（至顺年间）的300万石以上。之后，由于河南等北方地区粮食产量增加，黄河和淮河发生河患，以及农民起义等多种原因，京杭大运河运输路线受阻，从江南地区调入的粮食开始减少。1341年江南三省运到北方的粮食近280万石，而次年降为260万石。之后由于张士诚起义，到了1360年，南方向北方运的粮食只有11万石，接下来的三年分别为11万石、13万石和13万石。到了1364年，江南彻底中断了向都城运送粮食。

宫廷赏赐：帝国财政的重负

忽必烈去世后，元朝派系斗争日益激烈，政策摇摆不定，因此政府冗员问题十分严重。到了元朝的中晚期，尽管冗员问题没有好转，但其带来的财政负担还勉强可以承受。而元朝政府在忽必烈之后面临的最大财政问题是不断扩大的对宗室和大臣的巨额赏赐，这是一个无底洞。

宗室人口在不断增加。元朝政府在蒙古贵族看来只是成吉思汗子孙（即"黄金家族"）共同的私有财产，财政系统则是蒙古贵族的私人钱袋子，他们每年都按例获得巨额赏赐，来支撑日益奢靡的生活，不断增加的赏赐支出对元朝形成了巨大的财政负担。尤其在元朝的中后期，政治斗争异常激烈，胜利者为了维护合法统治也需要收买人心，所以增加对宗室及大臣的赏赐，是必要的政治贿赂。但是这种支出也把元朝的财政不断地推向破产，只有增发纸币才能平衡预算。而增发纸币会导致通货膨胀，通货膨胀又催生了更大规模的纸币增发，形成了一个恶性循环。

《元史·食货志》里面记录了长长的赏赐名单（"赐赉"），这是其他朝代所没有的详细记录。在北方，赏赐的物品主要为银与丝，在南方则是纸钞。领取岁赐的大多是皇室或蒙古贵族，而岁赐的来源是其封地里的劳动人民。封地上的农户一般在交税给领主的同时，还要向大都的朝廷交税。对普通人，尤其是北方人而言，经济负担是非常沉重的。

自古以来帝王对其宗室姻亲都比较厚待，所谓"明亲亲之义也"。而元朝的统治阶层来自草原，他们对宗室姻亲尤其厚待。凡是诸王、后妃以及公主等，都有赏赐和分地。① 赏赐主要包括户丝、户钞、岁赐和田地四种，这些赏赐对财政造成巨大负担，使得中后期的元朝财政时时处于危机中。

忽必烈可能对历史比较了解，知道宗室开支的扩大会使财政不堪重负。唐朝灭亡的一个沉痛教训就是宗室规模扩大导致开支日增，最后财政不堪重负。当然，纵使强势如忽必烈，也难以改变这种传统，不过由于他个人拥有巨大的政治威望，不需要依靠赏赐等政治贿赂维护地位，所以他当政期间对宗室和官员的赏赐非常谨慎，严格控制规模，甚至可以称为"吝啬"。《元史·世祖本纪》记载，1288年，桑哥对忽必烈说："有分地之臣，例以贫乏为辞，希觊赐与。财非天坠地出，皆取于民，苟不慎其出入，恐国用不足。"忽必烈回答道："自今不当给者汝即画之，当给者宜覆奏，朕自处之。"

从《元史·食货志》长长的赐赉记录来看，忽必烈对极其重

---

① 《元史·食货志》："自昔帝王于其宗族姻戚必致其厚者，所以明亲亲之义也。元之为制，其又厚之至者欤。凡诸王及后妃公主，皆有食采分地。"

要的宗室成员（主要是王子）的赏赐一般都是元钞数千锭。从各种统计来看，忽必烈的赏赐占国家财政支出的比例在5%~15%[①]，算是比较小的。

但是忽必烈以后的历任皇帝由于自身政治威望不足，不得不改变策略，为稳定政治而采取大规模贿赂的政策，赏赐金额也不断提高；他们还分封了更多王公贵族，赏赐面不断扩大。诚然，通货膨胀是赏赐增加的一个重要因素，但通过大规模贿赂获取支持是更重要的原因。

1294年元成宗铁穆耳即位时，皇室成员得到的赏赐比忽必烈时期的金多四倍，银多两倍。《元史·成宗本纪》记载，铁穆耳在1294年给三个驸马赐银的总数就超过了十二万两。巨额赏赐很快造成国库枯竭。铁穆耳即位后两个月，中书省报告："朝会赐与之外，余钞止有二十七万锭。"第二年年初，中书省又报告忽必烈时期的储蓄几乎全被用来支付皇室成员和勋臣的赏赐。[②]

元成宗之后的元武宗海山于1307年即位，他在赏赐方面比元成宗还要慷慨。海山按照铁穆耳时的定例向参加他登基大典的诸王和官员颁发赏赐，但是由于财政储蓄告罄，当年秋季应赐三百五十万锭钞，实际只赐出一百七十万锭。《元史·武宗本纪》记载，海山即位后仅四个月，中书省汇报的政府财政状况为："帑藏空竭，常赋岁钞四百万锭，各省备用之外，入京师

[①] 项怀诚主编，赵云旗著，《中国财政通史·辽、金、元卷》，中国财政经济出版社2006年版，第189页。

[②] ［德］傅海波等编，《剑桥中国辽西夏金元史：907—1368年》，第574—575页。

者二百八十万锭，常年所支止二百七十余万锭。自陛下即位以来，已支四百二十万锭，又应求而未支者一百万锭。"1307年政府开支共需纸钞一千万锭、粮食三百万石，当年支出超过收入的2.5倍，政府陷入了深深的危机，只能增发纸钞，预售盐引。到了1310年秋天，借用钞本（增加发行）超过一千零六十万锭。在元武宗死去的1311年，赏赐的金额达到了整个政府财政支出的50%。

海山在位仅三年，于1311年年初去世，他的继任者元仁宗爱育黎拔力八达也不敢削减对王公贵族以及大臣的赏赐。在海山去世的当月，以诸王朝会普赐金39 650两、银1 849 050两、钞223 279锭、币帛472 488匹。岁赐和海山朝的特殊赏赐照发不误。元朝的财政陷入更深的危机。元仁宗是儒学的信奉者，薄赋轻徭是儒家的准则，他内心应该是不想加税的。但是财政形势逼迫他采取一些改革增加税收，这就是在1314年推出的备受争议的经理制度：他要求江浙、江西和河南三省的土地所有者在40天内向官府报告自己的实际田产情况，报告不实者要受到严厉处罚。这项改革在他看来不是要增加税收，而是要减少税收瞒报，增加税赋公平。但是由于一些地方官员实施不当，江西爆发了大规模农民起义，这项改革被迫终止。

元仁宗在1320年去世后，年仅18岁的元英宗硕德八剌即位，定年号"至治"。他亲政后，意识到了元朝财政危机之深重，采取了强力的改革措施，这就是历史上有名的"至治改革"。硕德八剌也是儒学的信奉者，采取了减轻税负、削减冗员、停止对王公贵族和大臣的岁赐及特殊赏赐的政策。他要求政府裁减在忽必烈之后增加的所有官吏。裁减支出的改革违背了蒙古的传统，触动了蒙古贵族阶层的利益。没有了赏赐，他们很多人很可能会破产。1323年，硕德八剌在蒙古贵族发动的政变中被刺杀，这也使得至治改革终止，元朝失去了一次中兴的机会。

其后接任的是元泰定帝也孙铁木儿，因为帝位不稳，所以他即位后马上恢复了元英宗停发的各种赏赐。元泰定帝于1328年在上都去世，元朝的政治又陷入危机和混乱。几派人马为争夺皇位展开了激烈的争斗。

知枢密院事燕帖木儿在大都决定拥立元武宗长子周王和世㻋为帝，但是因为和世㻋远在漠北草原，燕帖木儿又决定暂时拥护周王之弟——怀王图帖睦尔为帝（元文宗），改元"天历"。丞相倒剌沙在上都拥立9岁的太子阿速吉八（元泰定帝之子）为帝，改元"天顺"。两派为了皇位开战，上都的元天顺帝朝廷在丞相倒剌沙的主持下，派兵进攻大都的元文宗，经过近一个月的激烈战斗，大都朝廷反攻并包围了上都，丞相倒剌沙投降后被杀，元天顺帝阿速吉八在被废皇位后也被杀。打败了上都的政治对手后，元文宗采纳燕帖木儿的建议，照原先的安排让位于自己的兄长和世㻋，是为元明宗。

1329年，元明宗在漠北草原和林之北即位，不到三个月便正式立其弟图帖睦尔为皇太子，又过了三个月，元明宗抵达中都的王忽察都，次日与皇太子图帖睦尔会面，在行殿宴请皇太子及诸王、大臣。紧接着，几日之后，权臣燕帖木儿突然毒死了元明宗。同年，在燕帖木儿等官员的拥戴下，元文宗于上都二次登基，史称"天历之变"。

很明显，图帖睦尔可能参与甚至主导了毒死哥哥元明宗的宫廷政变，因此他的帝位也不是那么稳固。为了争取贵族和官僚的支持，慷慨封赠和巨额赏赐对他来说是重要的收买手段。元文宗在位4年，封了24个王，其中9个是"一字王"。在这9个"一字王"里，甚至有7人不是忽必烈的后人。元文宗不仅在1329年恢复了岁赐，而且连没收上来的政治对手的财产也全部分赐给在帝位争夺中有功的宗王和大臣。

在惊心动魄的政治旋涡中，元文宗只是一个傀儡，整日担惊受怕，大权掌握在燕帖木儿等人手中。元文宗很快在1332年去世，皇位被传给了他7岁的侄子懿璘质班，是为元宁宗。可惜元宁宗即位不到两个月就去世了。随后继位的就是元朝的末代皇帝元惠宗妥懽帖睦尔，他当政直到1368年元朝灭亡。

表2.1 大蒙古国和元朝统治者列表

庙号	蒙古语尊号	名字	年号	统治时间
元太祖	成吉思汗	铁木真	—	1206—1227
—	—	术赤	—	（追尊）
元睿宗	也可那颜	拖雷	（监国）	1227—1229
元圣宗	—	察合台	—	（追尊）
元太宗	—	窝阔台	—	1229—1241
—	—	乃马真·脱列哥那	（称制）	1242—1246
元定宗	—	贵由	—	1246—1248
—	—	斡兀立·海迷失	（称制）	1248—1251

(续表)

庙号	蒙古语尊号	名字	年号	统治时间
元宪宗	—	蒙哥	—	1251—1259
元世祖	薛禅汗	忽必烈	中统、至元	1260—1294
—		阿里不哥	（与世祖争位）	1260—1264
元裕宗	—	真金	—	（追尊）
元成宗	完泽笃汗	铁穆耳	元贞、大德	1294—1307
元顺宗	—	答剌麻八剌	—	（追尊）
元武宗	曲律汗	海山	至大	1307—1311
元仁宗	普颜笃汗	爱育黎拔力八达	皇庆、延祐	1311—1320
元英宗	格坚汗	硕德八剌	至治	1320—1323
元显宗		甘麻剌		（追尊）
元泰定帝	—	也孙铁木儿	泰定、致和	1323—1328
元天顺帝	—	阿速吉八	天顺	1328
元文宗	札牙笃汗	图帖睦尔	天历、至顺	1328—1331
元明宗	忽都笃汗（古图土汗）	和世㻋	天历	1329
元宁宗	—	懿璘质班	（沿用）至顺	1332
元惠宗	乌哈噶图汗（兀哈笃汗）	妥懽帖睦尔	元统、至元、至正	1333—1368

政治危机也在恶化经济状态。出于对皇位背后的权力和经济资源的觊觎，各派之间经常刀兵相见，而胜者也必须要靠大量的赏赐来收买政治对手。元朝的经济和财政形势在连绵不断的政治斗争和不断增加的赏赐中走向了崩溃。

在赏赐之外，宗室的开支也非常庞大。在忽必烈时期，后宫嫔妃、差役、太监的总人数超过一万人。据《元史·文宗本纪》

记载，在1329年，仅皇后一人的日用所需就有"钞十万锭，帛五万匹，绵五千斤"。

宫廷赏赐和宗室用度对后期元朝的财政形成了巨大的压力，导致元朝政府长期处于财政危机，最后政府被迫采取货币化的办法来解决问题。

《元史·张养浩传》记载，1310年，元朝著名政治家、文学家张养浩任监察御史时，看出政府的种种弊端，上万言书给朝廷，指出了十大弊端："一曰赏赐太侈，二曰刑禁太疏，三曰名爵太轻，四曰台纲太弱，五曰土木太盛，六曰号令太浮，七曰幸门太多，八曰风俗太靡，九曰异端太横，十曰取相之术太宽。"第一条和第三条都直指问题所在。上书引起了权贵阶层的不快，他们给张养浩罗织罪名，罢其官职，并令其终身不得入仕。张养浩"恐及祸，乃变姓名遁去"。

抵制增税："三大奸臣"的悲惨下场

既然元朝的财政长期入不敷出，那有没有人试图增加收入和加重税负呢？有过，但是帮助王朝增加收入的官员，即使筹到了必要的资金，也很容易得罪各个利益集团。现代西方经济学的鼻祖亚当·斯密说过，无论经济怎么发展，社会中的大部分人都会处于仅能糊口的状态。因为羊毛出在羊身上，古代的普通百姓基本在温饱线上挣扎，很难再被榨出什么油水，所以税收的增加必然也会增加权贵的负担。这些提倡增税的财政官员大多会在朝堂受到各种指责和指控，通常包括专权、贪污等。一旦财政危机解决，或者增税过程不顺利，他们就成为皇帝的替罪羊，命运大都很悲惨。

元朝内部的分裂在忽必烈时期就已显露端倪，"草原派"和"中原派"政治思想一直在争斗。尽管两派对政权是否汉化、是否加强中央集权存在截然不同的看法，并且斗得你死我活，但他们似乎都不喜欢增税。任何试图增税、解决王朝财政问题的建议都会遭到两派人的共同反对。

传统农业社会创造的税收资源有限。因为农业产出高度依赖于土地，而土地面积是有限的，税收资源因此基本上是固定的，很难有大的增长。增加税收的政策总是遭到社会各界的共同抵制，因为过度征税的结果通常是破坏生产、税源，让问题变得更加糟糕。

儒家知识分子一直认同"省刑薄赋，庶使百姓各遂其生"，减轻税负是他们的信仰，而且这些知识和政治精英大多出身地主阶级，增税必然也会触动他们的私人利益。对蒙古人和色目人来说，元朝政府就是他们的私人财产，他们不仅拥有大片的封地与可观的商业投资收入，每年还要从政府领取赏赐，而且要求赏赐的金额不断扩大，他们凭什么要多缴税呢？

所以，那些试图通过财政改革来增加税收，帮助元朝政府解决财政危机的人，都没有好下场。

这好像是两派人在一间快要倒塌的房子里面打架，如果此时有人想去修缮房子，他通常会受到两派人的同时攻击。忽必烈时期被视为三大奸臣的阿合马、卢世荣、桑哥，除去政策的严苛和对个人道德的批评，他们实际上都曾努力帮助王朝解决财政问题，并且都收效不错，但他们无一例外，都死无葬身之地。他们三人的传记一起被收录在《元史·奸臣列传》中。传前评语说："然奸巧之徒，挟其才术，以取富贵、窃威福，始则毒民误国而终至于殒身亡家者，其行事之概，亦或散见于实录编年之中，犹有《春秋》之意存焉。谨撮其尤彰著者，汇次而书之，作奸臣传，以为世鉴。而叛逆之臣，亦各以类附见云。"

前文说过，蒙古帝国的崛起离不开斡脱商的金融支持，色目人主导了元朝的财政和金融。回人阿合马出生于费纳克忒（今乌兹别克斯坦境内），史书记载，他早年是忽必烈的察必皇后之父按陈那颜的奴隶。1263年，阿合马出任上都同知，到了1264年就升至中书平章政事（从一品官员，位居中书令、右丞相、左丞相之下，相当于副丞相）。此后将近二十年间，阿合马一直负责忽必烈政府的财政事项。为了应付不断扩大的支出，他采取了清理户口、推行专卖以及增发钞票等政策。他首先把登记交税的户数从1261年的1 418 499户扩大增加到1274年的1 967 898户，其次对商人征收更高的赋税，对盐、酒、茶、铁等产品实行国家垄断，并禁止私人生产某些商品。阿合马的总体财政思路是尽量减轻百姓的税负，通过部分商品的国家专卖来筹措资金。实际上他的政策对于减轻百姓负担和增加国库收入是有利的，可以有效应对王朝建设和四处征伐导致的开支增长。然而他通过扩大商人税基和推行专卖来增加国家收入的办法损害了权贵阶层的利益，遭到了儒臣和部分蒙古贵族等既得利益者的憎恨。因为盐酒等产品的买卖基本由权贵控制，所以阿合马被御史指责任人唯亲、贪污腐败、牟取暴利："益肆贪横"，"内通货贿，外示威刑"。1282年，千户王著和僧人高和尚趁着忽必烈北往上都，刺杀了阿合马。在阿合马被刺杀后的几天内，忽必烈回到大都，处死了这两个刺客。不过忽必烈的汉人幕僚以及太子真金进言，使他相信阿合马贪污腐败，罪有应得。结果，阿合马的家产被没收充公，子侄皆被诛杀，党羽被清洗，阿合马本人也被开棺戮尸于通玄门外，"纵犬啖其肉"。

阿合马死去后，在桑哥的推荐下，汉人卢世荣于1284年出任中书右丞（正二品官员，位居中书令、右丞相、左丞相、平章政事之下）。卢世荣是大名（今河北大名东）人，一直在阿合马手下，协助阿合马管理元朝的财政。桑哥"荐世荣有才术，谓能救钞法，增课额，上可裕国，下不损民"，忽必烈接受了推荐。由一个汉人就任这样的高位在元朝历史上是非常少见的。而为了应付不断增加的财政支出，卢世荣继续试图通过增加专卖产品和税额、增加市舶税、发行更多的纸钞，以及任命商人为征税官员等措施来增加政府的财政收入。卢世荣的一个重要政策是把作为"纸钞之母"的银两拿出来一部分，放贷给商人，试图活用这部分沉淀的金银获取收益，实现"一鱼两吃"。这种方法从商人的角度来说确实充分使用了沉淀资金，但是这些银两是纸钞价值的压舱石和稳定器，动用了这部分银两，就等于动摇了纸钞的信用基础，纸钞的信用基础被破坏，带来的必然结果就是政府无节制的印钞及恶性通货膨胀。

卢世荣在改革过程中，为了推进政策，仗着皇帝的倚重，无视丞相等人的意见。对反对自己的人，比如左司郎中周戭，就以"废格诏旨"（不执行皇帝的旨意）的名义，奏而杀之。其他官员都非常害怕他。他在改革前承诺会让物价更低，结果改革后物价暴涨，社会各界更是怨声四起。在一个生产力不发达的时代，增发纸钞的结果只有通货膨胀，没有奇迹。尽管卢世荣成功增加了元朝的财政收入，解决了部分财政危机，不幸的是，他和阿合马的下场一样，也遭到了太子真金、以丞相安童为代表的蒙古贵族和以翰林学士赵孟传为代表的儒臣的普遍反对。1285年，在担任中书右丞四个月之后，卢世荣被免职和下狱。从政治的角度来看，无论卢世荣的出发点是什么，把所有人都得罪了的结果就是死。同年，忽必烈问大臣忽剌出："汝于卢世荣有何言？"忽剌出回答道："近汉人新居中书者，言世荣款伏，罪无遗者，狱已竟矣，犹日养之，徒费廪食。"于是，"有旨诛世荣，刲其肉以食禽獭"。

尽管阿合马和卢世荣都被清算，但元朝的财政问题并没有得到解决。卢世荣被处死后，藏传佛教徒桑哥掌握了财政大权。他于1287年被擢升为新设立的尚书省平章政事，旋升右丞相（正一品官员），开始推行一系列财政改革，以图解决财政危机。他建议采取的措施包括：（1）建议忽必烈控制对王公贵族的赏赐力度，从而控制财政支出规模，前文已提及，他上书忽必烈，"有分地之臣，例以贫乏为辞，希觊赐与。财非天坠地出，皆取于民，苟不慎其出入，恐国用不足"；（2）清查和追缴过去所欠的税收，以增加收入；（3）继续提高商税，以及盐、茶和酒的专卖价格；（4）对币制进行改革，发行新的至元钞，以5∶1的比例把旧的中统钞换成至元钞，相当于让持有旧钞的人财富缩水。桑哥提议的削减赏赐、追缴欠税、增加税率以及变钞等政策，自然同样触动了蒙古贵族和汉人官僚的利益，1291年桑哥被逮捕下狱，同年被处死。

广大官员痛恨桑哥的另外一个原因是他支持杨琏真加，一个在江南地区建造、恢复和整修庙宇的僧人。杨琏真加在修建和改造庙宇的时候，为了筹集资金，挖掘了南宋君臣百余座陵墓，掠夺了大量金银财宝，这种针对前朝君臣墓葬的破坏行为在传统儒家知识分子看来是巨大的侮辱，更是不可饶恕的罪行。杨琏真加同时把南宋的部分宫殿、儒家和道教的建筑也改为佛教寺庙，并将很多大地主的田产没收为寺产。这进一步激化了矛盾。

在逮捕桑哥之前，大臣不忽木对忽必烈进言："桑哥壅蔽聪明，紊乱政事，有言者即诬以他罪而杀之。今百姓失业，盗贼蜂起，召乱在旦夕，非亟诛之，恐为陛下忧。"从这段记载可以看出，桑哥只是"百姓失业，盗贼蜂起，召乱在旦夕"等经济、社会和政治危机的替罪羊而已。

从历史记录来看，这三大奸臣其实都是为扩大王朝的财政来源，维护元朝的统治而推行改革的人。至于任人唯亲，对于推动改革也无可厚非。而对于反对改革的人，当然要采取必要的政治手段反击。但是，不管皇帝有多宠信这些人，从政治层面来说，增税和改革引起的通货膨胀肯定会触动绝大多数既得利益集团（包括蒙古贵族和儒臣集团），甚至普通百姓的利益，因而激起各方（尤其是权贵）的反对，他们死于非命是可以预见的。从忽必烈的角度来说，这些人只不过是他解决问题的工具：需要他们帮助解决部分危机，也需要他们的人头来平息利益受损的贵族、高官以及普通百姓的愤怒。

在忽必烈时期的三大奸臣接二连三被清算后，财政系统和基层官僚系统都陷入混乱，官员甚至无所适从。这也为以后所有的财政改革投下了阴影。所有改革者都对自己的提议非常谨慎，再也没有三大奸臣这样不择手段的理财之臣了。在忽必烈之后，面对入不敷出的财政危机，元朝政府也几次试图增加税收，但最终都不了了之。

到了元仁宗爱育黎拔力八达时期，财政已经到了非常危险的地步，于是就有了前面提过的，元仁宗在1314年重提早年桑哥推行的经理制度，要求江浙、江西和河南三省的土地所有者在40天内向官府报告田产实际情况，并处罚报告不实者。① 在以前南宋的江南地区确实存在有田富民逃税，但是贫民必须卖地缴税的情况，说明税收存在严重的不公。如果经理制度施行得

---

① 《元史·食货志》："其法先期揭榜示民，限四十日，以其家所有田，自实于官。或以熟为荒，以田为荡，或隐占逃亡之产，或盗官田为民田，指民田为官田，及僧道以田作弊者，并许诸人首告。十亩以下，其田主及管干佃户皆杖七十七。二十亩以下，加一等。一百亩以下，一百七；以上，流窜北边，所隐田没官。郡县正官不为查勘，致有脱漏者，量事论罪，重者除名。此其大略也。"

当，不仅能增加国家的收入，还能解决税负不公平的问题。但是当1314年冬天开始正式施行经理制度的时候，部分官员执行政策不当，态度粗暴蛮横，加上部分地主阶层的煽动，该政策激起了广泛的民怨。1315年秋天在江西宁都爆发了大规模农民起义。起义很快被镇压下去，但也让中央政府停止了经理制度。此后，直到元朝灭亡，政府都没有采取任何具体的增税措施来系统性地解决其财政支出不断扩大的问题。

第三章

经济危机与元朝灭亡

盐引：王朝晚期的财政支柱

量入为出是历朝历代财政的基本准则。古代各朝政府的收入来源基本相同，包括地税，丁税，酒醋、盐、河泊、金、银、铁冶六色课，商业常课，以及额外课等。在其他收入有限的条件下，盐课在元朝后期成了中央政府的主要收入来源，帮助延续了国祚。

但是，支出在任何时候都有扩大的倾向，在发生灾害或者起义时尤其如此，"食之者寡"是很难控制的。

元朝打败金朝统一北方后，耶律楚材帮助设定的税率包括：地税上田每亩缴粮三升、中田两升半、下田两升、水田五升，商税为三十分之一，盐价为银一两四十斤。窝阔台登基后把丁税定为每户课粟两石，后因兵粮不够，增加到四石，到了1237年改为按照丁口征收，每丁岁课粟一石，驱丁（指奴隶和仆役等）五升，老幼不需要缴税。到了1280年，忽必烈为了筹备更多粮食，与日本进行第二次战争，又调高了地税和丁税，丁税为每丁三石、驱丁粟一石，地税每亩粟三升。等到1276年年初，元军占领了临安，打败了南宋，宋恭帝投降后，元朝政府在江南地区基本承袭了南宋的税制。为了筹集资金应付连年征战，元朝在北方不断加税，北方百姓的税负非常重；而在统一全国后，江南的税负总体要比北方轻不少。

从蒙古帝国成立到忽必烈打败南宋统一全国，前后经历了七十多年。北方地区经历了长期战争的摧残，人口大量南迁，经济中心也向南转移。占领江南后，忽必烈知道，摧毁当地经济对全国的经济和稳定没有好处：经济上失去了下金蛋的鸡，政治上还会激起南方的反抗，不利于北方政权的稳定。元朝为了维护统治，以及财政收入上的可持续运转，对江南地区采取了比较宽松的政策，并没有横征暴敛。

而元朝政府为了补偿承担重税的北方，私下里对在官场的北方汉人多加照顾和提拔，南方出身的官员人数仅是北方的1/5。其中部分原因是元朝直到1279年才完全统一南方，北方官员早已在朝廷布好了关系网。

1280年，忽必烈定下地税和丁税，元朝以后的税制基本稳定在这个水平，而且农业相关的税收主要用于地方政府的行政开支。忽必烈认为，农业相关税收来自地方，也应该用在地方。1323年左右，全国粮食收入总计12 114 708石。换算为现在的单位，1石大米=73.2千克[1]，当时的国家公粮入仓相当于现在的88.7万吨。按照当时官方人口统计（表3.1），户数为1 340万

---

[1] 据卢嘉锡主编，丘光明分卷主编，《中国科学技术史：度量衡卷》，科学出版社1999年版，第10、第31页。古代1石合120斤，元代1斤合610克，由此推算。

（1330年），人口在5 800万左右。平均下来每人的负担为15.3千克。考虑当时的生产力水平以及人口数量，这个负担不算特别重，但也不算轻。如果再加税，必然会遭到各种抵制和报复。

表3.1　元朝户口数及升降百分比

纪年		公元（年）	户数（户）	口数（人）	户数升降百分比	口数升降百分比
太宗	七年	1235	873 781	4 754 975	6.62%	8.08%
	八年	1236	1 100 000+	—	8.34%	
宪宗	二年	1252	1 200 000+	—	9.04%	
世祖中统	二年	1261	1 418 499	—	10.75%	
	三年	1262	1 476 146	—	11.19%	
	四年	1263	1 579 110	—	11.97%	
至元	元年	1264	1 588 195	—	12.03%	
	二年	1265	1 597 601	—	12.11%	
	三年	1266	1 609 903	—	12.20%	
	四年	1267	1 644 030	—	12.46%	
	五年	1268	1 650 286	—	12.51%	
	六年	1269	1 684 157	—	12.75%	
	七年	1270	1 939 449	—	14.70%	
	八年	1271	1 946 270	—	14.75%	
	九年	1272	1 955 880	—	14.82%	
	十年	1273	1 962 795	—	14.87%	
	十一年	1274	1 967 898	—	14.91%	
	十二年	1275	4 764 077	—	36.03%	
	十三年	1276	15 788 941	—	119.65%	
	二十七年	1290	13 196 206	58 834 711	100.00%	100.00%
	二十八年	1291	13 430 322	59 848 964	101.77%	101.73%

（续表）

纪年	公元（年）	户数（户）	口数（人）	户数升降百分比	口数升降百分比
三十年[①]	1293	14 002 760	—	106.11%	
		11 633 281	53 654 337	88.16%	91.19%
文宗至顺 元年	1330	13 400 699	—	101.55%	

* 本表整理自梁方仲，《中国历代户口、土地、田赋统计》，甲表47。

商业常课的内容也主要由斡脱经营，是贵族阶层私人财富以及中央政府财政收入的一个重要来源。京城的很多商铺都有贵族和高官的直接投资，很多商人和贵族官员是一家，因此增加商业常课的政治压力也很大。在法律上，元朝设立了专门负责色目人经商的政府部门——斡脱府，为斡脱商人提供金融扶持和特别的政策优待，给他们发放低息贷款。

在一般性税收很难增加的时候，面对财政危机，除了多发行钞票，其他办法就是发掘酒醋、盐、河泊、金、银、铁冶六色课的财政潜力。在历朝历代，盐的专卖都是财政收入的主要来源。

《元史·食货志》盐法部分开宗明义提出："太宗庚寅年（1230年），始行盐法，每盐一引重四百斤，其价银一十两。世祖中统二年（1261年），减银为七两。至元十三年（1276年）既取宋，而江南之盐所入尤广，每引改为中统钞九贯。二十六年（1289年），增为五十贯。元贞丙申（1296年），每引又增为

[①] 1293年人口和户籍数据有两个不同的出处，分别是《元史·世祖本纪》和《元史·食货志》。

六十五贯。至大己酉（1309年）至延祐乙卯（1315年），七年之间，累增为一百五十贯。"盐引的价格一直保持在这样的高位，一百五十贯折合至大银钞三锭。1342年（至正二年）的河间运司申："本司岁办额余盐共三十八万引，计课钞一百一十四万锭，以供国用，不为不重。"这说明，到了1342年，盐引价格还是三锭。

这段内容把元朝财政对盐引的依存刻画得清清楚楚。盐是百姓的必需品，通过控制盐而提高盐价，获取巨额财政收入，以支撑王朝的统治，是一件非常残忍的事情，也是一个残酷的现实。元朝对盐的管理比较系统化，采取了专卖和征税相结合的办法：对大盐，比如江浙地区的海盐，采取了盐引和专卖制度；对于自制土盐和四川等地的小型井盐，采取了征税的办法。

据《元史·食货志》记载，1330年总共出售盐引2 564 000余引，盐课钞收入达到了7 661 000余锭。如果考虑常赋岁钞400万锭左右的收入[1]，盐课已经超过了常赋，占国家正常财政收入的70%以上。如果加上酒、茶、醋等专卖收入，这些收入就基本支撑了元朝后期中央政府的主要财政支出。

按照蒙古史专家杉山正明的研究，盐引收入占到了元朝中央政府收入的80%左右，还有10%~15%的收入来自酒税和关税等商业课税。[2]货物税不再在沿途征收，只在最终消费地征收。前面已经提到，货物税一般为1/15，而泉州低至1/30。把所有的

---

[1] 《元史·武宗本纪》记载，1307年中书省报告："帑藏空竭，常赋岁钞四百万锭。"
[2] ［日］杉山正明，《忽必烈的挑战——蒙古帝国与世界历史的大转向》，第234页。

鸡蛋放到一个篮子里面的时候，也是风险最大的时候，因此元朝政府失去对盐引控制的时候，也就是其垮台的时候。中国的好盐产地主要在两淮和两浙：历史上两淮的盐占到中国盐产量的 30% 以上，而且是质量高的海盐；两淮和两浙的盐产量合起来则超过总产量的 50%。

谁占领了两淮，谁就控制了巨大的收入来源。这个时刻很快就来了。当张士诚（张士诚原来就是盐贩，因不堪盐官压迫于 1353 年起义）、朱元璋、陈友谅的军队控制了江浙一带的富裕地区时，京杭大运河的交通也随之断绝，不仅北方需要的粮食无法满足，盐引的收入也没有了，财政支柱瞬间就垮塌了，这是元朝很快崩溃的主要原因之一。1350 年前后，元朝的士兵骁勇善战，他们在脱脱的带领下，也曾经多次打败张士诚的起义军，此时政府军和起义军实力相当，而由于元朝未能建立一个有韧性的财政体系，当财政的根基被挖断后，唯有滥发钞票，其最终的历史走向也就了然可见了。

卖官制度：财政收入的不成功补充

到了元朝末期，财政的入不敷出非常严重。扩大征税的政策经常遭到各种抵抗。如果说有什么成功的经验，那么主要可以总结出这两条：加强盐业专卖的管理和卖官。元文宗图帖睦尔在 1330 年开始实施所谓的入粟补官制度。

当年，天下大旱，太师答剌罕等大臣建议在江南、陕西和河南等处实施捐米买官的制度，没有米也可以折合等价钞票，具体的折算价格为陕西每石八十两、河南每石六十两、江南每石四十两，并且实授茶盐流官。一般用来卖的官阶在七品以下，各个品级的官位明码标价。

据《元史·选举志》记载，在陕西，官员的价格为："一千五百石之上，从七品；一千石之上，正八品；五百石之上，从八品；三百石之上，正九品；二百石之上，从九品；一百石之上，上等钱谷官；八十石之上，中等钱谷官；五十石之上，下等钱谷官；三十石之上，旌表门闾。"而在江南三省，由于当地比较富裕，价格就比较贵："一万石之上，正七品；五千石之上，从七品；三千石之上，正八品；二千石之上，从八品；一千石之上，正九品；五百石之上，从九品；三百石之上，上等钱谷官；二百五十石之上，中等钱谷官；二百石之上，下等钱谷官。"

尽管元朝对各种宗教都比较宽容，但是也对师号有所控制，以便引导宗教的发展。到了元朝晚期，佛教和道教信徒也可以通过捐米获得国家赐予的师号。"僧道入粟：三百石之上，赐六字师号，都省给之；二百石之上，四字师号，一百石之上，二字师号，礼部给之。"

入粟补官在元文宗时期仅仅实施了几个月就暂停了。到了1345年，由于灾荒等原因，财政再次陷入巨大的危机。为了赈灾，元朝政府又恢复了这一做法。1355年，农民起义不断，国家没有足够的财政资源来镇压起义，甚至无力维持政府的正常运转。于是元朝政府大张旗鼓，命令官员到处宣传，尤其要到富裕的江南地区宣传入粟补官，一手交银，一手交印，交完钱马上上任，可以购买的官员级别也上升了不少，这时可以购买的官位主要为州县五品到七品官员，级别比十多年前的最高品级（七品）提高很多，由此可见国家财政的紧迫程度。为了筹措财政收入，元朝政府已经到了病急乱投医的程度。

尽管如此，处于危机中的百姓仍然没有足够的银子来购买官位，有钱人也看到了元朝的末路而不愿意购买，入粟补官并没有填补财政的巨大缺口。

财政货币化：崩溃前的无奈选择

元朝在中国金融和货币历史上具有分水岭的意义。它在中国历史上第一次统一以银为货币计价单位，并演变成后来历史中以白银为流通货币的情况，而在宋以前主要以铜钱为计价单位。此外，元朝也是历史上第一个大规模发行纸币的朝代，不限年月，全国通行，而之前宋、辽、金等朝发行的纸币大部分只是金属货币的代用品。元朝大部分时期不铸造铜钱，并禁止前朝铜钱流通。①

元朝的货币运营给后来中国乃至世界的货币发展都留下了很多经验和教训。当然，由于纸币本身没有贵重价值，刚开始还和白银挂钩，可自由兑换，但是后来财政入不敷出，作为纸币价值

---

① 项怀诚主编，赵云旗著，《中国财政通史·辽、金、元卷》，第266页。

基础的白银储备被挪用后，纸币发行就成了无本之木，完全依靠国家的信用强制发行。通货膨胀是所有以纸币作为信用货币的国家都会遇到的问题，元朝也一样。通过货币化来解决财政危机是必由之路，最后引发的通货膨胀也加速了元朝的灭亡。

蒙古族在入主中原以前，与中亚的花剌子模等国有贸易往来，彼时白银已经在中亚和西亚流通多年。成吉思汗因此知道白银作为货币的重要性，所以贸易、借贷以及对王公贵族的赏赐都以白银实施，计价单位也是白银，并且铸造了银币。

蒙古大军打败金朝刚刚进入中原时，他们主要以丝和银两样有价值的物品支付给征用的人员。1236年，鉴于宋金两朝发行纸币的经验，以及银等实物的缺乏，元太宗窝阔台决定发行纸币，但是发行金额不多，仅为万锭左右。1253年，忽必烈在京畿地区设立交钞提举司，开始印发钞票，其钞以丝为母，但这仍然属于地方性货币。

元朝大规模发行纸币是在忽必烈登上可汗大位的1260年，他发行了两种纸币。年初印造了交钞，以丝为本位，以两为单位，丝钞二两，值银一两。同年十月，又开始发行"中统元宝宝钞"，简称"中统钞"。[①] 当时习惯称钞一贯为一两，五十贯为一锭，百文为一钱，十文为一分。为了便于交易，中统钞一共有十种面额：十文、二十文、三十文、五十文、一百文、二百文、三百文、五百文、一贯、二贯。细致的钞票面额说明钞票在当时

---

① 彭信威，《中国货币史》，第380—381页。

是很有价值的。

中统钞在中国历史上具有重要意义，它有以下这些特点：（1）中统钞以银为本位，法定比价为钞二贯同白银一两；（2）中统钞不限年月、不限地点在全国始终通行；（3）实行纯纸钞制，所有的交易和赋税等必须用纸钞支付，禁止金银流通；（4）元朝初期发行纸钞时要求实物准备金充足，各地领取新钞，必须先交金银为本，集中全国现银保存于国库，以安定民心，而国家为稳定物价，以一万二千锭白银为基金（母），用于调剂物价和维持钞价；（5）刚开始发行纸钞时，每年不过十万锭（见表3.2），数量不大；（6）实行银钞相权，使用白银作为储备，政府也准许民众随时兑换白银，每两只收工墨费三分。这些措施保障了元钞推广过程比较顺利，百姓接受程度较高，物价还算稳定。元钞的大规模发行，使得货币的交易规模不再受制于贵金属的数量，克服了通货紧缩，商品流通加速，促进了忽必烈时期经济的快速增长和国家的富强。

表3.2 元朝纸钞发行额表

纪年	公元（年）	发行额（锭）	加权累积额（锭）	人均（文）
中统元年	1260	73 352	73 352	62
二年	1261	39 139	108 823	92
三年	1262	80 000	183 382	155
四年	1263	74 000	248 213	211
至元元年	1264	89 208	345 010	293
二年	1265	116 208	443 967	377

（续表）

纪年	公元（年）	发行额（锭）	加权累积额（锭）	人均（文）
三年	1266	77 252	499 021	424
四年	1267	109 488	583 558	496
五年	1268	29 880	584 250	497
六年	1269	22 896	577 933	491
七年	1270	96 768	645 804	549
八年	1271	47 000	660 514	561
九年	1272	86 256	713 744	607
十年	1273	110 192	788 249	670
十一年	1274	247 440	996 276	847
十二年	1275	398 194	1 344 656	1 143
十三年	1276	1 419 665	2 697 088	2 293
十四年	1277	1 021 645	3 583 879	3 047
十五年	1278	1 023 400	4 428 085	3 765
十六年	1279	788 320	4 795 000	4 077
十七年	1280	1 135 800	5 391 325	4 584
十八年	1281	1 094 800	6 216 559	5 286
十九年	1282	969 444	6 876 175	5 847
二十年	1283	610 620	7 142 986	6 074
二十一年	1284	629 904	7 415 741	6 306
二十二年	1285	2 043 080	9 088 034	7 728
二十三年	1286	2 181 600	10 815 232	9 196
二十四年	1287	83 200	10 357 671	8 807
同年	同年	5 088 285	15 445 956	13 134
二十五年	1288	4 608 060	19 281 718	16 396
二十六年	1289	8 900 465	27 217 097	23 144
二十七年	1290	2 501 250	28 357 492	24 113

（续表）

纪年	公元（年）	发行额（锭）	加权累积额（锭）	人均（文）
二十八年	1291	2 500 000	29 439 617	25 033
二十九年	1292	2 500 000	30 377 636	25 831
三十年	1293	1 300 000	30 158 755	25 645
三十一年	1294	968 530	29 619 347	25 186
元贞元年	1295	1 550 000	29 688 380	25 245
二年	1296	2 000 000	30 203 961	25 684
大德元年	1297	2 000 000	30 693 763	26 100
二年	1298	1 499 550	30 658 625	26 070
三年	1299	4 500 375	33 626 069	28 593
四年	1300	3 000 000	33 944 765	28 865
五年	1301	2 500 000	34 747 527	29 547
六年	1302	10 000 000	43 010 150	36 573
七年	1303	7 500 000	48 359 642	41 122
八年	1304	2 500 000	48 451 660	41 200
九年	1305	2 500 000	48 529 077	41 266
十年	1306	5 000 000	51 102 623	43 625
十一年	1307	5 000 000	53 547 492	45 533
至大元年	1308	5 000 000	55 870 117	47 509
二年	1309	5 000 000	58 076 611	49 385
三年	1310	36 259 200	91 431 980	77 765
四年	1311	10 900 000	63 314 162	53 838
皇庆元年	1312	11 211 680	71 360 134	60 681
二年	1313	10 200 000	78 092 127	66 405
延祐元年	1314	10 100 000	84 287 521	71 673
二年	1315	5 100 000	85 173 145	72 426
三年	1316	2 100 000	83 014 488	70 590

（续表）

纪年	公元（年）	发行额（锭）	加权累积额（锭）	人均（文）
四年	1317	2 500 000	81 363 764	69 187
五年	1318	2 100 000	79 395 576	67 513
六年	1319	7 500 000	82 925 697	70 515
七年	1320	7 500 000	86 279 141	73 367
至治元年	1321	5 050 000	87 015 184	73 992
二年	1322	4 050 000	86 714 425	73 736
三年	1323	3 550 000	85 918 704	73 060
泰定元年	1324	3 150 000	84 772 769	72 086
二年	1325	2 100 000	82 634 130	70 265
三年	1326	2 100 000	80 602 423	68 539
四年	1327	2 100 000	78 672 302	66 898
天历元年	1328	1 585 110	76 323 797	64 901
二年	1329	6 000 000	80 507 607	68 459
至顺元年	1330	2 300 000	78 782 227	66 991
二年	1331	4 455 250	79 298 865	67 430
三年	1332	4 984 000	80 317 447	68 297
元统元年	1333	7 500 000		
二年	1334	6 000 000		
至元元年	1335	4 960 000		

* 本表整理自彭信威，《中国货币史》，第 403、408、409 页。

中统元宝交钞所用材料最开始为棉质纸，边缘饰以秀金绸，后来改用桑树皮纸印造，钞纸长 16.4 厘米，宽 9.4 厘米，正面上下方及背面上方均盖有红色官印。

忽必烈由于需要筹集大量资金以支持对南宋和日本的多年征战，而当时生产力又比较低下，土地和商业税源有限，所以在资金不足的时候，只能不断增发中统钞应急，这必然导致通货膨胀。表 3.2 中我们明显看到了纸钞发行速度越来越快，发行额越来越大。到了 1280 年，一贯中统钞的购买力只及往日一百文的价值，通货膨胀率超过十倍。通货膨胀也逼迫忽必烈改变了国家军事策略，在 1286 年被迫宣布放弃第三次远征日本的军事计划，尽管第三次远征的船只制造和士兵征集等准备活动正如火如荼。

1287 年，鉴于物价上涨，为整顿财政金融，元朝在桑哥的主导下又发行了至元通行宝钞，简称"至元钞"，至元钞一贯折合中统钞五贯，两者并行流通，一直到元朝灭亡。① 同时，尚书省颁行《至元宝钞通行条画》，其中规定：禁止民间私自买卖金银，也禁止民间使用铜钱；金银必须集中于官府，由官府买卖金银。这种发行新币的做法是典型的掠夺，如前所述，桑哥本人犯了蒙古贵族和汉人高官的众怒，他遭到弹劾并被处死也是必然的结果。

在元朝货币史中也发行过几次新钞，除了上述的中统钞和至元钞，1309 年还短暂发行过至大银钞，后来在 1350 年的通货膨胀时期则发行过至正交钞，但老百姓一直认可中统钞，中统钞也一直通用。即使有了至正交钞，各种赏赐和军饷等还是以中统钞为计算基准。

前文也提到过，元成宗铁穆耳即位（1294 年）后，马上开始大规模赏赐，进一步加剧了财政危机。除了增发纸钞，皇帝还

---

① 彭信威，《中国货币史》，第 381 页。

开始挪用钞本。朝廷于1294年下令诸路平准库将作为钞本贮藏的银936 950两,除留192 450两作钞母外,全部运往都城,用以支付日常开支。四年后又借用了20万锭钞本,作为钞本的银两基本被掏空了。此后元朝政府更加肆无忌惮地发行钞票。到1299年,元朝的财政形势更为恶化,一半的花费借自钞本,即新增发行纸钞。这又极大地削弱了纸钞制度的信誉,并引发了恶性通货膨胀,其程度远比1280年前后的那次通货膨胀严重得多。

财政的紧缺以及货币化,从元朝使用纸钞开始就是不可避免的命运。政府基于不同的政治目的,货币发行越来越宽松,但偶尔也有个别皇帝采取紧缩政策。元武宗海山即位后,迫于财政压力,在1309年进行了财政税收改革,重组尚书省,令其负责财税相关的改革。1310年发行新的纸钞——至大银钞,以5∶1的比例兑换至元钞,且禁止金银的流通,但是在元朝历史上第一次铸造了两种铜钱作为辅助货币,分别为"大元通宝"和"至大通宝"。也就是说,1260—1310年的50年间,纸币贬值到了1/25。[①] 不过海山很快就去世了,继位的是他的弟弟元仁宗爱育黎拔力八达,他是一位儒家文化的信仰者和支持者。在海山去世三天后,元仁宗采取了截然相反的紧缩政策,先撤销了负责税收的尚书省,裁减了相关官员,紧接着废止至大银钞,恢复印造、行用中统钞和至元钞。他还裁减官员人数到1293年忽必烈末年的水平,曾经升级的各级官署则恢复到忽必烈时期的规格,海山

---

① [德]傅海波等编,《剑桥中国辽西夏金元史:907—1368年》,第586页。

批准的各项公共建设计划亦全部停工。

我们在前面论述过，由于元朝政治经济体制受蒙古传统的影响，财政支出是刚性的且不断增加，但农业时代经济不发达，税收是有限的。因此增发纸钞的结果必然是通货膨胀。粟价在1266年为每石600文，1267年为450文，米价在1270年前后为每石1 400文。① 到了1330年，《元史·食货志》记载的粮食价格为陕西每石80两、河南每石60两、江南每石40两，折合中统钞价格分别为400两、300两和200两。六十年间粮食价格上涨接近千倍。这还只是官方的数据，民间价格可能更高。

到了1350年，灾荒和农民起义此起彼伏，财政严重入不敷出，元朝处于风雨飘摇中。黄河决堤，需要大量的资金新修河堤；到处都是农民起义，更需要大量的资金镇压。受灾荒和起义影响，中央政府对地方的控制力减弱，增加土地、盐业、商业等传统税收又是不可行的，而且由于商业活动减少，这些税源大多都在不断萎缩。于是右丞相脱脱着手改革币制，扩大纸钞发行，以解决财政危机。按照现代的术语，就是量化宽松，更准确的说法为"财政的货币化"。脱脱等提出了所谓的更钞法。《元史·食货志》中详细地记载了"变钞"办法：一、印造至正交钞（实际上是用旧的中统交钞加盖"至正交钞"字样的印章，故又称"至正中统交钞"），新钞一贯合铜钱一千文，或至元宝钞二贯，两钞并行通用，看起来至正交钞的价值比至元宝钞提高了一倍；二、

---

① 彭信威，《中国货币史》，第400页。

发行至正通宝，与历代旧币通行，使钱钞通行，并以铜钱来充实钞法；三、与以往的纸钞发行不同，这次的至正交钞以纸钞为母，铜钱为子，也就是说纸钞的发行不需要任何硬通货作为储备。

劣币驱逐良币在那个时代当然也成立，当时的官员也发现了这个现象。铜钱和纸钞并行，且纸钞发行不受限制，大家当然都知道铜钱会涨价，所以任何理性的人都会窖藏金属货币，而尽量使用纸钞，这会导致纸钞的相对贬值，铜钱等金属货币的相对升值。于是，更多人窖藏金属货币，进一步加剧了通货膨胀，进入恶性循环。

《元史·食货志·钞法》中记下了当时元朝最高层的官员在一次会议上关于发行新钞的争论，不同官员的意见、态度、责任心以及政治涵养都跃然纸上，很有画面感。

1350年，脱脱准备改革币制，与中书省、枢密院、御史台及集贤、翰林两院高官一起商量。吏部尚书偰哲笃及武祺都欲迎合丞相的意思。偰哲笃提出了"更钞法"：以纸钞为母，铜钱为子，一贯纸钞价值铜钱一千文。众人皆唯唯诺诺，不敢说话。

只有集贤大学士兼国子监祭酒吕思诚一人反对说："中统、至元自有母子，上料为母，下料为子。比之达达人乞养汉人为子，是终为汉人之子而已，岂有故纸为父，而以铜为过房儿子者乎！"大家哄堂大笑。吕思诚接着又说："钱钞用法，以虚换实，其致一也。今历代钱及至正钱，中统钞及至元钞、交钞，分为五项，若下民知之，藏其实而弃其虚，恐非国之利也。"

偰哲笃、武祺又说："至元钞多伪，故更之尔。"

吕思诚说："至元钞非伪，人为伪尔，交钞若出，亦有伪者矣。且至元钞犹故戚也，家之童稚皆识之矣。交钞犹新戚也，虽不敢不亲，人未识也，其伪反滋多尔。况祖宗成宪，岂可轻改。"

偰哲笃曰："祖宗法弊，亦可改矣。"

吕思诚曰："汝辈更法，又欲上诬世皇，是汝又欲与世皇争高下也。且自世皇以来，诸帝皆谥曰孝，改其成宪，可谓孝乎！"

武祺又欲钱钞兼行。吕思诚辩论道："钱钞兼行，轻重不伦，何者为母，何者为子？汝不通古今，道听涂说，何足以行，徒以口舌取媚大臣，可乎？"

偰哲笃说："我等策既不可行，公有何策？"

吕思诚说："我有三字策，曰行不得，行不得。"又曰："丞相勿听此言。如向日开金口河，成则归功汝等，不成则归罪丞相矣。"

脱脱见其言直，犹豫不决。御史大夫也先帖木儿说："吕祭酒言有是者，有非者，但不当坐庙堂高声厉色。若从其言，此事终不行耶！"

第二天，有御史开始弹劾吕思诚，吕思诚于是在家装病不出，接着朝廷就决定了更钞，并上奏给皇上。

皇上下诏说："朕闻帝王之治，因时制宜，损益之方，在乎通变。惟我世祖皇帝，建元之初，颁行中统交钞，以钱为文，虽鼓铸之规未遑，而钱币兼行之意已具。厥后印造至元宝钞，以一当五，名曰子母相权，而钱实未用。历岁滋久，钞法偏虚，物价腾踊，奸伪日萌，民用匮乏。爰询廷臣，博采舆论，佥谓拯弊必合更张，其以中统交钞壹贯文省权铜钱一千文，准至元宝钞二贯，仍铸至正通宝钱与历代铜钱并用，以实钞法。至元宝钞，通行如故，子母相权，新旧相济，上副世祖立法之初意。"

尽管那个时候经济学理论还不发达，但是国子监祭酒吕思诚也观察到了劣币驱逐良币的经济现象，知道发行没有锚定的新钞票，必然会导致恶性通货膨胀以及金融危机。但是面对财政短缺的现状，别无他计。

1351年，朝廷设置宝泉提举司，负责铸造至正通宝和印造交钞，令民间通用。首次一下子就印发了二百万锭的纸钞，用来支付黄河水利工事的劳工工资和材料费用。祸不单行，黄河河堤刚刚修好，淮河又在同年夏天决口，灾民暴动四起。新钞发行如同脱缰的野马，一发不可收。毫无意外，恶性通货膨胀马上出现了。《元史·食货志》记载，"行之未久，物价腾踊，价逾十倍"，"京师料钞十锭，易斗粟不可得"，"舟车装运，轴轳相接，交料之散满人间者，无处无之"，"所在郡县，皆以物货相贸易，公私所积之钞，遂俱不行"。

币制改革到了最后，人民需要用舟车装钱去交易，导致所有人都不再使用纸钞，变钞的结果是完全失败。到了1356年，纸钞基本失去了价值，人们选择银铜金属货币或者易货贸易。恶性通货膨胀的结果就是政府失去了有效财政收入，也失去了百姓对政府的信任和支持。发行新钞不仅没有解决问题，反而让问题恶化。这样的悲惨结果在后来的纸钞社会不断上演。

670年前，人们对市场和货币的理解可能没有今天这般透彻，

第三章 经济危机与元朝灭亡

但是当时争论的所有内容和现在其实也差不多。这也就是说，从元朝建立到今天已经超过了700年，很多东西并没有改变，历史总是在重复。

元朝经济历程：四个阶段

至此，我们回顾一下元朝的经济发展历程，大体可以分为四个阶段。

1206年，在斡难河源头举办的忽里勒台大会上，铁木真受到诸王和群臣拥戴，被尊称为"成吉思汗"。这只是庞大的蒙古帝国的开始，成吉思汗随后在欧亚大陆开疆拓土。他首先在1205—1209年五年间三征西夏，逼迫西夏称臣，随后终止了与金朝的朝贡关系，并进入战争状态。经过多次战争和掠夺，1234年（此时成吉思汗已经去世），在新大汗窝阔台的指挥下，蒙古大军与南宋联合灭了金朝。南宋采取"联蒙灭金"的战略，志在一雪靖康之耻。不过金朝灭亡，南宋失去了金朝这个屏障，在客观上也加快了自己走向灭亡的步伐。

在灭金前的二十多年里，河北、山西以及山东等地的中原大地屡遭战乱和掠夺，生灵涂炭，农业生产凋敝，经济活动萎缩。蒙古财政收入的主要来源就是掠夺，这可以看作蒙古经济发展的第一阶段，是纯粹的流寇行为。蒙军征伐后，人口和经济的恢复需要很长时间，有可能长达几代人。对流寇而言，要维持统治，只有不断扩张，掠夺新的经济资源。窝阔台即位时，蒙古人已经深入中原十多年，窝阔台意识到只靠掠夺是不可持续的，占领政策必须及时调整。不过，部分蒙古贵族的想法则是在占领中国北方后，屠杀大量民众，没收中原的农田改为牧场。《元史·耶律楚材传》记载，大臣耶律楚材建言道："陛下将南伐，军需宜有所资，诚均定中原地税、商税、盐、酒、铁冶、山泽之利，岁可得银五十万两、帛八万匹、粟四十余万石，足以供给，何谓无补哉？"于是，窝阔台接受了耶律楚材的建议，在占领地开始实行税收制度。这就开启了第二阶段，可以看作从流寇向坐寇的转型。

1230年年底，窝阔台在中原十路都任命了征收课税使，负责各地的税收。这些征收课税使都是汉人，基本上是金朝的前官员，除了地税、商税等通常税收，基于战争的需要，还对马、牛、羊等大型牲畜采取了百一制税制：每百头牛每年要上缴一头母牛，每百匹马每年要上缴一匹母马，每百只羊每年要上缴一只白色公羊作为税收。[①] 母马对蒙古军队的征战非常重要，一方面，母马可以生下马驹；另一方面，母马可以生产马奶，解决长距离征战的补给问题。蒙古战士可以仅仅依靠母马的乳汁，行军数日甚至数周。

窝阔台之后的大汗，包括贵由和蒙哥等人，基本延续了窝阔台的政策，在中原稳定社会秩序，恢复农业生产，并创建可持续的财政收支制度。

此外，精确的数字统计是战争动员和可持续财政收入的基

[①] 项怀诚主编，赵云旗著，《中国财政通史·辽、金、元卷》，第38页。

础。从成吉思汗开始，历任大汗对中原的人口等经济状况进行准确的统计。尤其在蒙哥汗任内的1252年，蒙古统治者对中原的人口数量、职业、牲畜、果园、铁盐等进行了统计，相当于在中原实施非常详细的经济普查。按照普查的结果收税，并征用军队和物资，实现对外扩张。

职业普查非常重要，可以识别有技能的工匠和专家，把他们分派到武器制造部门、采矿部门、农业生产部门以及特种兵部队，比如修路建桥、制造武器或指导经济生产。这些工匠和专家是蒙古帝国长期扩张的重要力量，蒙古人懂得科技在军事行动和经济生产中的重要作用。因为蒙古人自己的工匠很少，他们的很多生活必需品都由外族提供，有时为获得铜铁，甚至会与外族开战；所以蒙古人格外尊重和保护工匠。蒙古政府设立了一些专门机构来保证手工业者的就业。在皇家设立的将作院中，这些匠人在完成给皇室提供珠宝和纺织品的任务后，还可以到市场上销售自己的作品。这些匠人在户籍中被编为匠户，一共30万户，实行世袭制度。

第三个阶段开始于元世祖忽必烈即位的1260年。1271年年底，忽必烈在大都宣布建立"大元"，他自身也从蒙古大汗转变为大元皇帝，元朝正式建立。尤其到了1279年，忽必烈彻底灭亡南宋，统一全国，开始扩大各种建设，农业、商业、手工业等开始全面恢复，财政和货币也有新的政策，国民经济、科技和文化都呈现蓬勃发展的局面。在原南宋的领地，他释放了大批被俘虏的士兵和平民，禁止蒙古士兵掠夺农田，并建立常平仓（粮食储备制度）来保障灾年有充足的粮食供应。忽必烈没有没收江南地主的土地，没有改变原先的土地所有制，也没有改变原有的税收制度框架，但是在原有体制之上加了一个新的"寄生"阶层——蒙古贵族。田赋以及盐、酒、茶专卖的价格也不高，各个阶层承受得住。忽必烈在原南宋领地基本上采取了一种以稳定为基础的经济政策，所以元朝在江南地区的统治并没有遭到社会广泛的抵抗。忽必烈统一中国南方后，可扩张的区域已经非常有限了，剩下的区域主要就是隔海的日本。他知道维持南方经济的稳定，获得充足的税收和粮食，给蒙古贵族阶层提供丰富的物质享受，对维持他在北方的统治，以及可能对日本的跨海作战都是非常有益甚至是必要的。

这就是国家政策从流寇向坐寇彻底转型的信号，也就是从扩张向建设的转型。

忽必烈是现实主义者，注重平衡各方的利益。他既尊重汉人儒臣，又维护蒙古贵族的利益。尽管他尊重儒家思想，推行部分汉化政策，但是直到他去世也没有恢复科举。1271年定都大都时，他还保留了草原上的上都作为他的第二个都城，每年夏天都会从大都北移到上都，在那里度过夏天，处理政务，很好地保持了和草原部落之间的联系，因为那里是他权力来源的基础和后路。当晚年的忽必烈觉得蒙古贵族开始怀疑他受到汉族知识分子过多的影响，可能要限制蒙古贵族特权的时候，他又开始故意疏远那些汉人儒臣。

由于忽必烈是元朝的开创者和统治制度的建立者，是一位

第三章 经济危机与元朝灭亡　　085

强势皇帝，他在任内平衡了各种政治势力，因此内部政治斗争被压制，整个政权能够专心致力于军事、经济、文化和社会的发展。忽必烈在1294年去世，其孙铁穆耳继任，铁穆耳是典型的守成者，基本继承了忽必烈的政策遗产。这两任皇帝任内，元朝的经济活跃发展，被视为元朝经济的高峰，史称"至元、大德之世"。

第四个阶段就是1307年后的元朝。铁穆耳于1307年去世，元朝随即进入政治混乱时期。在这个阶段，由于没有了强势的皇帝，传统中原儒家集权思想和蒙古草原贵族特权思想之间的派系斗争愈演愈烈，元朝政府在儒家加强中央集权的"中原派"政策和蒙古贵族维护特权与传统的"草原派"政策之间摇摆不定，失策层出不穷，中下层官员无所适从，消极应对，直到元朝灭亡。为了应对政治斗争，稳定自己的皇位，每一位新即位的皇帝都采取了滥发赏赐、政治收买的策略。在财政收入不能扩大甚至萎缩的背景下，为了维持收支平衡，只能滥发货币，最后导致了恶性通货膨胀，使元朝走向了灭亡。

小结：元朝灭亡的启示

元朝作为少数民族政权，践行草原游牧文明。即使统一了全国，元朝也一直没有适应农耕定居文化，不能完全适应传统的中央集权体制。

从政治方面来看，蒙古草原贵族特权阶层的分权思想和中原农耕定居传统的中央集权思想之间的矛盾一直没有调和，这个政权一直没能从流寇彻底转化为坐寇，汉化的过程一直不是很顺利。蒙古贵族担心元朝汉化后成为中央集权国家，会强化皇权，影响自己的特权。而且即使在蒙古的上层统治阶级当中，权力斗争也一直不断，政变和谋杀时有发生，政治危机层出不穷，一直持续到元朝的灭亡。这是元朝灭亡的根本性和结构性原因。有了这样的内部矛盾，元朝到了中后期，政治动荡剧烈，权力斗争异常血腥，出现了很多短命的皇帝。于是我们一次次看到新帝登基后的大量赏赐。这些赏赐超出了元朝财政所能负担的范围，形成了财政危机。

也正是由于这个结构性矛盾，元朝政府在增税方面遇到了前所未有的困难，中原儒家知识分子与草原贵族尽管在政治路线上存在分歧，却有一个重要的共识：不喜欢增税。元朝能够延续到1368年，依靠的是食盐专卖的收入和财政货币化，这本身就是一个奇迹。到了后期，食盐专卖的收入在有些年份竟然高达元朝中央政府正常收入的70%以上。而财政货币化导致的就是恶性通货膨胀，没有例外。

1330年后期，由于气候变化等原因，各地出现了旱灾和水灾，政府没有足够的资源去赈灾，引发灾民起义。起义军占领了富裕地区，尤其是张士诚和朱元璋的军队所占领的江淮地区，他们控制了盐引收入和粮食运输，进一步削弱了元朝本就脆弱的财政根基。元朝政府只能更加依赖于货币化，使局势进一步恶化，导致了系统性的、全面性的崩溃。

1356年，朱元璋在采石矶击败了元朝的水军，随后占领了集庆（今南京），并改名"应天府"，从此有了稳定的发展基地。他采纳了学士朱升的意见："高筑墙，广积粮，缓称王"。这就是充分实现从流寇向坐寇的转型，建立可持续的财政制度。在江淮富裕地区，经过十一年的稳步发展，朱元璋先后打败了陈友谅和张士诚等其他军队，逐步统一南方。他在1367年开始北伐，次年，兵强马壮的大军就攻进了大都，元顺帝退回了草原。中国开始了又一个新的王朝。

蒙古贵族回到了他们的草原，回到了草原文化当中。在之后的整个明朝期间，尽管和明朝政府时有冲突，但成吉思汗的后代——黄金家族还是统治着草原。直到末代大汗林丹汗在1634年被皇太极彻底打败后病死，其家族，包括六位夫人（有两位夫人改嫁皇太极）和两个儿子都归顺清朝，蒙古和清朝的联合为后来清朝统一全国奠定了政治和军事基础。

第四章

明朝制度的建立与转变

保守和封闭的政策：元朝灭亡的教训

1368年，朱元璋在应天府正式称帝，定年号洪武，建立了明朝。他随后开始了北伐和西征，当年夏天，明军就攻占了大都，元惠宗退回草原，标志着元朝的灭亡。朱元璋出身低微，能做到一代开国君主，自然具雄才大略，对元朝灭亡的原因了然于心。为防止明朝重蹈覆辙，他采取了一系列针对性政策：在军事面，多次北征草原，打击北元（元朝退居漠北时的政权）残余势力，稳定北方边境，防止元朝势力死灰复燃，掐灭一切可能的叛乱；在政治面，加强中央集权，废除相权，防止斗争，并诛杀功臣；在经济面，采取保守封闭的政策，在继续使用纸钞的同时，严格贯彻薄赋轻徭政策，削减官僚规模，严格控制财政开支，并实施严格的海禁。

这些政策初期成功稳定了明朝的统治。但是随着时间的推移，明朝再无强势和勤勉如朱元璋的皇帝，各种腐败由小到大，不断腐蚀王朝体制，外部势力也在不断渗透，这些政策都从根本上被破坏了。

为了打击北元残余势力，朱元璋和朱棣数次北征草原，军事行动耗费巨大，百姓不堪重负。从朱棣的儿子明仁宗朱高炽开始，朝廷一改扩张策略，休养生息，取消军事行动，结果造成了边防不稳，在 1449 年酿成了险些颠覆明朝的土木之变。这使得明英宗之后的明朝皇帝比起开国时期军事上的对外进攻战略，都更倾向于保守的防御战略。

我们转过头来看世界。哥伦布发现新大陆之后，大航海时代开始了。世界又一次进入全球贸易联通的时代，这是第二次全球化。

葡萄牙人欧华利于 1513 年到达中国珠江口，在屯门登陆，开启了欧洲和中国以及日本之间的贸易，明朝被卷入全球化浪潮。1567 年，明穆宗顺应历史潮流，实行"隆庆开关"，同意民间国际贸易，正式打开国门。贸易带来的大量白银造就了晚明的繁荣，史称"万历中兴"。但西班牙和日本在 17 世纪初停止了贸易，明朝国内的自然灾害也同时爆发，王朝晚期的几位弱势皇帝又没有能力及时调整和改革（表 4.1），于是政治斗争此起彼落，金融危机接二连三，财政入不敷出，起义层出不穷……这些相同的问题在明朝末年一一重现。

历史总是在重复，究其原因，还是由于人的经济学、社会学和生物学的本性没有改变。

表 4.1 明朝皇帝列表

庙号	姓名	年号	统治时间
太祖	朱元璋	洪武	1368—1398 年
惠帝	朱允炆	建文	1398—1402 年
成祖	朱棣	永乐	1402—1424 年
仁宗	朱高炽	洪熙	1424—1425 年
宣宗	朱瞻基	宣德	1425—1435 年
英宗	朱祁镇	正统	1435—1449 年
		天顺	1457—1464 年
代宗	朱祁钰	景泰	1449—1456 年
宪宗	朱见深	成化	1464—1487 年
孝宗	朱祐樘	弘治	1487—1505 年
武宗	朱厚照	正德	1505—1521 年
世宗	朱厚熜	嘉靖	1521—1566 年
穆宗	朱载垕	隆庆	1566—1572 年
神宗	朱翊钧	万历	1572—1619 年
光宗	朱常洛	泰昌	1620 年（实际在位一个月）
熹宗	朱由校	天启	1620—1627 年
思宗	朱由检	崇祯	1627—1644 年

加强中央集权

朱元璋吸取了元朝速亡的教训，为永享国祚，明朝初期采取了很多措施加强中央集权，避免形成大的政治派系，相互斗争而导致分裂。这些措施包括：（1）撤废丞相，加强皇权，皇帝亲临朝政，减少偏爱，降低信息传递的不对称；（2）诛杀功臣，防止权贵家族结党营私，发生纠缠不休的政治斗争；（3）开展特务统治，创建锦衣卫，防止潜在的权力挑战。这些政策一开始还算有效，但是到了明朝中晚期，随着皇权的衰弱，各种权宜之计和陈规陋习渐渐制度化，新的结构性问题出现，造成了太监干政以及东林党的崛起。正所谓，朝中无派，千奇百怪。

废除了相权，皇帝就要事无巨细地处理大小政务，但个人的能力和精力都是有限的，明朝皇帝不可能个个都如朱元璋那样精力旺盛、深谋远虑，这就给太监攫权创造了机会。太监无法生育，所以皇帝会比较放心地将权力委托给他们，这样就形成了内廷太监对外廷官僚的天然制约。在外廷，传统的集权统治依靠的都是经过科举选拔的专业文官集团，他们在一套道德体系的制约下充当国家统治的工具人。为了提高公务处理的效率，朱棣设立内阁，任命数位大学士辅佐皇帝处理公务，到了明英宗时期，内阁又设首辅大臣。首辅不是正式的官职，而是政治实践的产物，内阁首辅大臣其实承担了丞相的部分职责，一切又回到了原来的轨道。这种制度演化当然也在客观上形成了权力斗争。起初，这种权力斗争并非出于理念不合，而是纯粹的争权夺利。

但是随着东林党的崛起，明朝又回到了传统的思想派系斗争上。东林党从儒家经典出发，在纯粹权力之外建立了一个道德体系来衡量官僚的表现：他们让社会形成了用道德伦理而不是能力来评估官员表现的舆论氛围，从理念的维度促成了晚明的政治斗争，加速了明朝的灭亡，而这恰恰又在重蹈元朝的覆辙。

薄赋轻徭

在经济和财政政策方面,朱元璋采取了非常保守封闭的政策。他回归儒家传统,彻底贯彻薄赋轻徭的理念,采取节俭政策,削减财政规模,减轻百姓负担,防止百姓因为负担过重而造反。具体措施包括削减官僚规模,严惩贪污行为,并通过一系列政策降低百姓的税负。《明太祖宝训》里记载朱元璋多次指出"无使过制,以病吾民。夫善政在于养民,养民在于宽赋",以及"夫步急则蹶,弦急则绝,民急则乱"。具体而言,朱元璋针对税赋、军队饷粮、官员冗员问题都做出了相应安排。

朱元璋设定的田赋税率在3%以下,而且主要征收实物。《明史·食货志》记载:"凡官田亩税五升三合五勺,民田减二升,重租田八升五合五勺,没官田一斗二升。惟苏、松、嘉、湖,怒其为张士诚守,乃籍诸豪族及富民田以为官田,按私租簿为税额。而司农卿杨宪又以浙西地膏腴,增其赋,亩加二倍。"

朱元璋为了强化财税征收,在1371年创设了粮长制度。《明史·食货志》记载,粮长要选择地方上"田多者为之,督其乡赋税",负责田赋的催征、经收和解运。具体而言,税粮一万石为一区,一区设粮长二名。该制度主要在浙江、南直隶、湖广、江西、福建等粮食主产区实行。

《明史·食货志》记载:"洪武二十六年(1393年),官民田总八百五十万七千余顷。夏税,米麦四百七十一万七千余石,钱钞三万九千余锭,绢二十八万八千余匹。秋粮,米二千四百七十二万九千余石，钱钞五千余锭。"这说明，明初政府一年征收的粮食总重量为2 944.6万石。1393年，粮食价格开始处于低位。1391—1400年的粮食价格为每公石0.130 2两（表4.2），这些粮食换算成银两约383.4万两。

表4.2　明代米价表

期别	每公石值银（两）数	期别	每公石值银（两）数
1361—1370	0.111 2	1511—1520	0.178 3
1371—1380	0.347 3	1521—1530	0.201 4
1381—1390	0.173 5	1531—1540	0.213 0
1391—1400	0.130 2	1541—1550	0.204 8
1401—1410	0.105 9	1551—1560	0.227 5
1411—1420	—	1561—1570	0.226 0
1421—1430	0.128 7	1571—1580	0.196 6
1431—1440	0.963 0	1581—1590	0.251 8
1441—1450	0.104 1	1591—1600	0.252 2
1451—1460	0.123 8	1601—1610	0.266 0
1461—1470	0.150 7	1611—1620	0.225 7
1471—1480	0.153 3	1621—1630	0.363 7
1481—1490	0.183 9	1631—1640	0.335 7
1491—1500	0.223 1	1641—1650	0.471 1
1501—1510	0.213 0		

资料来源：本表整理自彭信威，《中国货币史》，第498页。

《中国历代粮食亩产研究》中指出明朝一石米相当于今天的102.25升[1]，一升米以1.5市斤计算，明朝一石相当于153.375市

---

[1] 吴慧，《中国历代粮食亩产研究》，农业出版社1985年版，第235页。

斤。我们可以计算出明朝初年国家征收粮食总量为225.8万吨。

1393年,全国耕地总面积为850.7万顷,明朝的1顷等于100亩,1亩大约相当于今天的0.92市亩,即明朝初年的耕地总面积为约7.84亿市亩。这样我们可以估算一下,一亩地需要缴纳的粮食相当于5.77市斤。

《中国历代粮食亩产研究》认为明朝一季水稻亩产量为2.72石,复种水稻亩产量为2石,大、小麦的亩产为1石。大、小麦的播种面积为7%左右。各作物加权后的亩产量为2.36石,换算成现代单位,粮食每市亩产量为约362市斤。从这个角度来看,明朝初年正常田赋在1.6%左右,不算很重。

绢收28.8万匹,1匹绢当时的价格约合0.44两白银,绢的收入约为12.7万两。钱钞收入为4.3万锭,一锭钱钞在明初为50两白银。这样算下来钱钞收入为215万两。

表4.3　明朝历朝户口、田地的总平均数

朝代	户	口	田地（百亩）
太祖朝	10 669 399	58 323 933	3 771 231
成祖朝	9 867 204	53 165 705	—
仁宗朝	9 940 566	52 083 651	4 167 707
宣宗朝	9 783 231	51 468 284	4 199 760
英宗朝（正统）	9 533 021	52 730 601	4 282 140
代宗朝（景泰）	9 462 126	53 578 081	4 249 815
英宗朝（天顺）	9 403 357	54 325 757	4 249 753
宪宗朝	9 146 327	62 361 424	4 783 650
孝宗朝	10 000 043	51 152 428	8 279 382

(续表)

朝代	户	口	田地（百亩）
武宗朝	9 274 406	60 078 336	4 697 233
世宗朝	9 602 368	62 594 775	4 311 429
穆宗朝	10 008 805	62 537 419	4 677 710
神宗朝	10 030 241	56 305 050	11 618 948
熹宗朝	9 835 426	51 655 459	7 439 319

资料来源：本表整理自梁方仲，《中国历代户口、土地、田赋统计》，甲表65，第272页。

明初的田赋主要以实物的形式征收，到了明神宗一条鞭法改革期间都没有什么变化，因为户、口以及田地的统计都没有大的变化（表4.3）。但是我们看到了粮食价格不断上涨（表4.2），而钱钞收入部分随着大明通行宝钞（简称"大明宝钞"）的贬值（表4.4）而不断降低。这也是晚明一条鞭法改革所带来的影响。

表4.4 大明宝钞价格

纪年		公元（年）	官价（每贯值银钱数）		市价（每贯值银钱数）	
			钱数（文）	银数（两）	钱数（文）	银数（两）
洪武	九年	1376	1 000	1.00	1 000	1.00
	十九年	1386	（200）	0.20		
	二十四年	1391		0.20		
	二十五年	1392			160	
	二十七年	1394			160	
	二十八年	1395	（100）	0.10		
	三十年	1397	（71）	0.071 53		
永乐	五年	1407	12	0.012 5		

（续表）

纪年		公元（年）	官价（每贯值银钱数）		市价（每贯值银钱数）	
			钱数（文）	银数（两）	钱数（文）	银数（两）
	十一年	1413	（47）	0.047 6		
	中					0.012
宣德	元年	1426		0.002 5		
	四年	1429	（10）	0.01		
	七年	1432	（10）	0.01		
正统	元年	1436				0.000 9
	十三年	1448			1~10	
景泰	三年	1452	（2）	0.002		
	七年	1456		0.001 42		
成化	元年	1465	4	（0.005）	0.9	
	三年	1467	4	（0.005）		
	六年	1470	2	（0.002 5）		
	七年	1471			2~3	
	十三年	1477	（4）	0.005		0.000 45
	十六年	1480	（4）	0.005		
	二十三年	1487	（20）	0.025	0.9	
弘治	元年	1488	1~2	0.001 428~0.003		
	六年	1493	（2.1）	0.003		
	时					0.001 333
	十四年	1501	0.3~0.437 5	0.000 444~0.000 625		
正德	二年	1507	0.311			
	六年	1511		0.001 43		
嘉靖	四年	1525	（2.1）	0.003		
	六年	1527		0.001 143		

(续表)

纪年		公元（年）	官价（每贯值银钱数）		市价（每贯值银钱数）	
			钱数（文）	银数（两）	钱数（文）	银数（两）
	七年	1528	1.57	0.000 9		
	八年	1529	（2.1）	0.003	（0.24）	0.000 8
	十四年	1535	0.279 6	0.000 4		
	四十五年	1566		0.000 2		
隆庆	元年	1567		0.000 6		
万历	四十六年	1618			0.1	（0.000 18）

资料来源：本表整理自彭信威，《中国货币史》，第 465 页。

《明史·食货志》记载："弘治时，官民田总六百二十二万八千余顷。夏税，米麦四百六十二万五千余石，钞五万六千三百余锭，绢二十万二千余匹。秋粮，米二千二百十六万六千余石，钞二万一千九百余锭。"这个财政数据应该是 1502 年的，加总收入可知粮食总收入为 2 679.1 万余石，绢 20.2 万余匹，钞约 7.82 万锭。按照《明史·食货志》记载："户部定：钞一锭，折米一石。"按照官方比率：一两银兑换粮食二石，相当于钞二锭；那 7.82 万锭钞应该相当于白银 3.91 万两。但是到了明朝中晚期，由于大明宝钞已经严重贬值，7.82 万锭钞的购买力已经远远低于 3.91 万两白银了。

"万历时，官民田总七百一万三千余顷。夏税，米麦总四百六十万五千余石，起运百九十万三千余石，余悉存留，钞五万七千九百余锭，绢二十万六千余匹。秋粮，米总二千二百三万三千余石，起运千三百三十六万二千余石，余悉存留，钞二万三千六百余锭。"这是1578年的税收数据。粮食总收入为2 663.8万余石，绢20.6万余匹，钞8.15万余锭。由于通货膨胀严重，8.15万余锭钞折算成白银，区区之数。此外，"屯田六十三万五千余顷，花园仓基千九百余所，征粮四百五十八万四千余石。粮草折银八万五千余两，布五万匹，钞五万余贯，各运司提举大小引盐二百二十二万八千余引"。

明朝税收的主要组成部分是粮食等实物，对通货膨胀影响不大。税收不在国家范围内集中分配，所有的税收物品在集中到中央之前，就按照支出需求在当地府州县范围内分流了。[①] 这是一种典型的分权思想，把财政权力分散到地方。征收而来的实物中30%~40%上缴中央，或者起运边关充当粮饷；超过一半留在地方，主要用于地方卫所、宗藩禄廪、生员廪食、官员俸禄、转送上级政府等。《大明会典》卷二十四到二十六详细记录了各地税收征收和支出的情况。地方政府要定期（通常是每季）向中央政府汇报粮食状况。

尽管明朝的税负看起来不重，但是如果一个地方有突发状况，通常会被加上一项临时的摊派，比如大官过境服务或镇压起义的军费等。这样的制度在执行初期由于朱元璋个人的强势风格，对减轻农民负担非常有效。但是到了中后期，由于灾害和战乱频发，政府不断加大临时摊派，以图增加财政收入来化解危机，百姓苦不堪言。这些摊派一旦形成，往往会制度化和长期化，变成

---

① ［英］崔瑞德等编，《剑桥中国明代史.下卷，1368—1644》，杨品泉等译，中国社会科学出版社2005年版，第106页。

百姓的长期负担。

除了日常税收，军队饷粮在古代也是一项巨大的开支。为开源节流，明朝从立国之初便采取传统的屯田制度，即所谓的寓兵于农策略，此举既能保持战斗力，又减轻了国家的财政负担。明朝建立之后，朱元璋就在全国范围内推行屯田，命令"天下卫所，分兵屯种"。他将全国军队分为十七个都司，每个都司下设若干个卫，每个卫有五千六百人。而这些卫所不仅承担地方的军事防御职责，还必须从事农业生产。边疆的军队，三分守城，七分屯种；内地的军队，两分守城，八分屯种。国家给每个军人五十亩土地，定为一分，同时给予耕牛、种子等生产资料，并传授耕种技术。屯田所需要缴纳的税收起初为一亩地一斗。1402年设立了新的规则，军田一分需要上缴粮食十二石，储存在屯仓，给本军使用，余粮为该卫所官军的俸粮。① 屯田制度起初是非常有效的，不仅能解决军队粮食的供给问题，而且能为市场提供额外的粮食，从而稳定物价，还在一定程度上解决了官军的俸禄问题。

这样良好的制度，到了明朝中期，也由于人口变动和贪污腐化而难以为继。尤其是明中期，明英宗之后，屯田制度开始腐化，粮食产量只有明朝开国时的2/3。据《明史·食货志》记载，到了1488—1505年（弘治年间），一亩地上报的产量居然只有三升。屯田需要两个因素：土地和人。到了明朝中后期，由于朝廷采取保守策略，长时间没有大规模战事，军人地位相对下降，屯

---

① 《明史·食货志》："三十五年定科则，军田一分，正粮十二石，贮屯仓，听本军自支，余粮为本卫所官军俸粮。"

田的土地被太监和军官大量霸占。普通的屯田户被军官欺压、奴役，不得不逃离屯田，屯田所产粮食也被瞒报，而后被官员中饱私囊。由此，边关军队战斗力和凝聚力大幅下降，为明朝后期努尔哈赤等人发起的边关叛乱以及明朝的灭亡埋下了隐患。

削减和控制官员数量也是明初重点。"国家经费，莫大于禄饷。"为达到薄赋轻徭的目的，需要控制官员的数量。这样做一方面可以减少正式的官饷支出，另一方面也减少了官员贪腐和欺压百姓的机会。朱元璋在明朝建立时，严格控制官员的数量。据《广阳杂记》记载，明朝初期，整个国家行政系统文官总数为8 000多人，武职2.8万余人，锦衣卫211员。三级行政单位制下，设立153个府、234个州、1 171个县。每个县的正式编制官员仅寥寥数人。国家权力不干预乡村的管理，乡村主要依靠乡贤和宗族主导下的自治。乡村治理不依靠国家法律，而是用儒家的道德约束。

其实任何政权都有相似的、不断膨胀的内在动力。在古代社会，官员主导有限资源的分配，在稳定的合法俸禄之外，还有不少灰色收入，因此大家都拼命想挤入政府体系。和元朝一样，明朝政府的官员规模在朱元璋死后很快就膨胀起来，地方政府的非正式编制人员更甚，数量非常庞大。到了1465—1487年（成化年间），据《明史·刘体乾传》记载，政府正式文职官员数量超过2万，武职增至8.1万余人，锦衣卫1 700多人，合计超过10万。这只是正式的官员，有些地方政府非正式的官员是正式官员数量的几十倍。吴思根据《虞谐志》计算，明朝晚期常熟县政府

第四章　明朝制度的建立与转变

的吏员规模为 5 900 人，超编 20~30 倍。

朱元璋在明朝初期设计的这些制度到了中期多被腐化，人民再次走向不堪重负的境地。

到了明朝中后期，膨胀程度最大的机构就是宗室。宗室的人口急剧膨胀，到了 1612 年，宗室人口已经达到 60 万人，据《明神宗实录》记载，皇帝已经没法定期支付宗室的费用。在紫禁城一个很小的地方，以皇帝及其家族为中心聚集了大量服务人员，包括武器制造、食物供给、衣服织造，以及金属加工等各个行业，在 15 世纪中期，士兵、工匠、太监和宫女等各种皇城服务人员已经超过了 10 万人。[1] 这些人的生活开支、日常供给、重大典礼、皇陵建设和管理、对外国使臣和贵族的赏赐等支出，加起来是一笔非常庞大的款项。每人年支出十两白银，一年就需要上百万两。皇城内部的经费支出和管理，没有清晰的历史记录，账目名义上由内库负责，但实际上就是皇帝亲自管理。明朝的内库始设于朱元璋，内库的官方正式称号为"内承运库"，其实就是皇帝的私人小金库，主要用来应付内廷的各种开支。

据《明史·食货志》记载，当时，宗室的俸禄为："亲王万石，郡王二千石，镇国将军千石，辅国将军、奉国将军、镇国中尉以二百石递减，辅国中尉、奉国中尉以百石递减。公主及驸马二千石，郡主及仪宾八百石，县主、郡君及仪宾以二百石递减，县君、乡君及仪宾以百石递减。"这种经济激励导致了宗室人口

---

[1] 黄仁宇，《十六世纪明代中国之财政与税收》，阿风等译，生活·读书·新知三联书店 2001 年版，第 9 页。

规模扩大，而皇家的排场和生活水准不能下降，导致内廷开支巨大。尽管有户部的拨款，但是其数量永远不能满足内廷的开支需求。所以，内廷经常会以各种理由侵占户部的钱款，使得明朝中期之后的大部分时间里，财政都处于亏空状态。远在外地的宗室的俸禄长期不能足额发放，宗室成员集体讨薪时有发生，甚至发生了宗室成员朱充灼在1545年勾结蒙古军队，试图恢复元朝统治的荒唐事件。

此外，皇帝派宦官去地方采购瓷器和丝绸等物品的开支，通常也要地方政府买单，这自然会占用地方的税收收入。还有宦官被派去各地的银矿等矿山监督生产，其实也是为内廷获取收入，这些收入直接进入内库账户。

名义上，中央政府的财政收入和支出都归户部管理，但是整个明朝政府财务管理的实际负责人是皇帝，所以户部尚书是最难干且最危险的职位之一。首先，户部的人手严重不足。1390年，户部官员的定额是51人，外加160名处理文书的吏。到了晚期的1570年前后，官员定额略有增加，达到74人，吏增加到165人。[1]而仅有的这些定额人员，还经常因借调等原因而不能满员到岗。那么点人手要管理这么大一个国家的财政问题，很显然是不够的。其次，由于内廷的财政需求巨大，再加上军事征伐和救灾等不定期大额支出，户部通常不能满足皇帝的需求，因此皇帝经常对户部尚书的工作不满意。根据黄仁宇的统计，1380年

---

[1] 黄仁宇，《十六世纪明代中国之财政与税收》，第16—17页。

之后的明朝一共任命了89名户部尚书，其中25人致仕，22人转任他职，16人被解职，7人死于任上，7人因病或服丧而辞职，3人被处死，2人被流放而终身不得录用，1人被放逐，1人未经许可而离职，1人死在战场，最后一任户部尚书倪元璐在明亡时自缢。这些官员中，还有多人被皇帝监禁。这些尚书致仕、被杀或者被监禁的大部分原因是和内廷太监发生了争执，不能满足皇帝的财政要求。①

打击腐败

朱元璋来自社会底层，深知元朝灭亡的教训之一就是地方官吏贪赃枉法，无视中央权威，激起了民众的反抗。地方官员大肆贪污的收益属于个人，而责任却是皇帝的。地方官员作为中央权力和皇帝的代理人，他们的胡作非为如果不严加惩处，会让皇帝失去百姓的信任和爱戴，继而让政府失去统治的合法性。

明朝采取了严酷的手段来惩治官员的腐败。明初，朱元璋颁布了《御制大诰》，列举了官员贪污的一些典型案例。官员即使只贪了一点银钱，通常也会受到死刑甚至法外酷刑的威胁，很多官员因贪污腐败被处死，官位因此空缺严重。例如，法律规定贪污60两银子以上者受"枭首示众，仍剥皮实草"之刑，并将首级挂于官府公座两旁。在《御制大诰三编》中就记录了68名

---

① 黄仁宇，《十六世纪明代中国之财政与税收》，第13—14页。

进士和53名监生被处以死刑的案例。明初仅郭桓贪污一案，朱元璋就处死了上万人。《明史·刑法志》记载了郭桓案："郭桓者，户部侍郎也。帝疑北平二司官吏李彧、赵全德等与桓为奸利，自六部左右侍郎下皆死，赃七百万，词连直省诸官吏，系死者数万人。"由于官员数量有限，一些官员在被惩处之前，还要继续处理公务，包括审理地方案件等。

但是，反腐的效力在朱元璋死后慢慢减退。权力总是伴随着腐败，绝对的权力伴随着绝对的腐败，这是千古不变的真理。随着内廷太监势力崛起，官员也开始结党营私。他们的关系盘根错节，于是，皇帝采取了很多措施，包括增设各种特务机构（比如东、西厂）来监督官员的言行。但由于朱棣之后继任者的威望和能力不足，各种腐败慢慢地在冠冕堂皇的借口下被制度化；授予官员或者太监新权力，不仅没能解决问题，反而带来了新的腐败，还加剧了政治斗争的血腥程度。比如，在大太监刘瑾和魏忠贤，以及贪官严嵩等人被清算后，人们发现他们及其党羽贪墨成风、富可敌国。

严格海禁

与元朝支持商业的政策不同，朱元璋回归儒家传统的加强中央集权和重农抑商轨道。古代王朝都会严格限制农民的移动，把农民固定在土地上，这样才便于管理。商业的流动性会加大政府控制的难度，破坏所谓的儒家秩序。明王朝初期非常注意抑制商业活动。

朱元璋对外实行严格的海禁，禁止出海贸易和捕鱼，要求"片板不得出海，寸货不许下番"。《大明律》中明确规定："若奸豪势要及军民人等，擅造二桅以上违式大船，将带违禁货物，下海前往番国买卖，潜通海贼，同谋结聚，及为向导，劫掠良民者，正犯比照谋叛已行律处斩，仍枭首示众，全家发边卫充军。"《明太祖实录》中也有"敢有私下诸番互市者，必置之重法，凡番香、番货，皆不许贩鬻，其见有者，限以三月销尽"的规定。

海禁有两方面的考虑：一方面，控制对外贸易，抑制商业活动，可以维持沿海地区的传统秩序；另一方面，实施海禁也可以打击走私和海盗。当时倭寇在沿海出没，恣意横行，海禁可以减少对海盗和倭寇的供给，维护沿海地区的社会稳定。

随着蒙古人退回草原，色目商人在中国失去了政治支持，加上朱元璋的海禁政策，中国对外贸易进入低潮。尽管在明成祖到明仁宗时期，皇帝派遣太监郑和七下西洋，最远到达西亚和北非，发展了对外贸易，展现了明朝的国威，拓展了朝贡关系，但是民间贸易仍被严格管控。

但随着意大利人哥伦布在 1492 年首次到达美洲，葡萄牙人也在 16 世纪初到达了广东沿海，世界进入大航海时代，全球进入海洋时代，贸易空前发展。

面对全球化贸易带来的巨额利润，即便官方有禁令，民间贸易也无法彻底停止。沿海百姓为了追求更好的生活，甘愿冒法律风险，发展对外贸易；沿海地区官员为了社会稳定和地方经济繁荣，对这种违法行为也睁一只眼闭一只眼，因此对外贸易于16世纪初在东南沿海盛行。保守的明朝也不得不顺势而为，开放海禁。这就是1567年的隆庆开关——"请开市舶，易私贩为公贩"；随后福建漳州开放了一个小港口——月港。明朝对外开放减少了海盗侵扰，同时也增加了关税收入，而这些关税收入都进入皇帝的内库，成了皇帝的私房钱。隆庆开关为明朝带来了长达半个世纪的繁荣。从此中国走上了新一轮全球化的道路，尽管对外开放的门户时大时小，但是一直没有关闭。

成也纸钞，败也纸钞

货币是经济体系的血液，决定国家的兴衰更替。滥发纸币的长期后果是通货膨胀，这是常识。

纸币诞生于宋朝，元朝由于滥发纸币，导致了恶性通货膨胀，纸币失去信用，税收减少，加速了元朝的灭亡。朱元璋作为明朝的开国皇帝，自然知道纸币滥发的危害。但明朝仍仿照前朝继续使用纸币，并且严格禁止金银作为货币流通使用。这一方面是因为政府可以借此加强对民间经济的控制；另一方面是因为白银在元朝被政府大量掠夺，运送到中亚和西亚，用于与鞑靼人和波斯人的交易，因此白银在中国的现实交易中存量不足，不能支撑起整个交易体系。由于金、银、铜等贵金属的匮乏，朱元璋只好继承前朝的实际操作，发行大明宝钞，辅以铜钱。当时国内也铸造铜钱，一年大概铸造1.9亿文左右，数量有限。按照官方统计，明朝人口基本稳定在 6 000 万左右，也就相当于每人 3 文，就流通而言，是完全不够的。①

朱元璋知道滥发纸币会带来通货膨胀，导致实际税收减少，以及宗室和官僚集团生活水平下降，进而影响王朝的稳定。为了减轻通货膨胀的不利影响，朱元璋采取了几条配套措施：第一，禁止金银作为货币流通，没有硬通货，就消除了"劣币驱逐良币"的危险；第二，国家的税收形式主要为粮食和绢等实物，避免了通货膨胀对国家财政收入造成影响；第三，用纸钞支付官员薪俸等，对政府和官员形成抑制通货膨胀的激励机制。

明朝刚刚建立，内外不稳，仍需用兵。而刚刚经历了多年战乱的社会，经济落后，财力非常有限。明朝初年，为了稳定政权，朱元璋发动了西征和多次北伐，这需要大量经费。由于白银和铜币等硬通货不足，税收收入也非常有限，他无奈之下还是增加了纸钞的发行，用来补充财政收入，这果然引发了通货膨胀。

到了朱棣时代，由于他是通过政变夺取侄子皇位的，所以他上位后为了展现自己的文韬武略，采取了对外扩张的战略，多次御驾亲征，带领几十万大军北征蒙古草原，南征安南。同时，朱棣还斥巨资制造大型海舶，让太监郑和带领庞大的舰队六下西洋，对内还建造了宏伟壮观的北京紫禁城。这些行动都要消耗大量资金。明朝作为一个农业国家，又经过多年的内战，税收资源非常有限，因此这些支出还是只能靠发行钞票来应对。1402—1424

---

① 彭信威，《中国货币史》，第 461 页。

年，明成祖一朝的通货膨胀尤其严重。

彭信威的《中国货币史》比较了大明宝钞和白银之间的价格比。按照官方价格，1376年比率是1，到1397年，比率已经下降到了约0.071，宝钞的价格贬值到了原有价格的约1/13。到了1426年，每贯只值0.002 5两。50年间宝钞贬值到了原来的1/400，反过来说就是物价是原来的400倍。如果以民间价格计算，通货膨胀更加严重。到了1477年，官价比率为0.005，而民间的比率为0.000 45，官价是民间价格的11倍多（表4.4）。

宝钞滥发引发了严重的通货膨胀，而货币价值和政府的信用是挂钩的。货币的大幅贬值必然伴随政府信用的降低，危害王朝的统治。尽管政府表面上还是禁止金银流通，但纸币的通货膨胀过于严重，白银的价值比较稳定，因此白银越来越受到百姓的喜爱，在现实中更多地流通。这反映了我们熟悉的"金银天然不是货币，但货币天然是金银"。

为了维护王朝政府和皇帝的信誉，顺应白银日趋流通的现实，朱棣改变了朱元璋的政策，加大力度开采银矿，在陕西、湖广、贵州、四川、福建、云南、浙江等多处开新矿，增加银产量。慢慢地，在实际流通中，越来越多的交易以银来完成。明英宗即位后，采纳了田赋税收把米麦折银的建议，也就顺势废除了禁止金银流通的法令。合法化之后，银的流通范围就扩大了。尽管官方仍然承认纸钞的合法性，但是纸钞相对银子不断贬值，民间交易基本不再使用纸钞，只有官员俸禄还是按照市价折钞支付。1506—1521年，政府也不再印制新的纸钞，纸钞基本不再流通。

官员俸禄沿用纸钞支付，但随着纸钞购买力的不断下降，特权阶级苦不堪言（表4.5）。1380年（洪武年间中期），官员俸禄都是发米。一品大员每月可以得到约116公石大米，到了1433年，部分俸禄改搭宝钞，于是收入急剧下降，实际购买力只有约46公石大米了。到了1444年（正统年间），搭配的宝钞比例更高，实际只值约35公石，到了1471年时就只有21公石了。二品官员只有约15公石，三品及三品以下收入都在10公石以下。低阶官员搭配宝钞比例较低，是由于他们本身收入就低，如果仅依靠合法的收入，生活难以为继。①

表4.5 明朝官员月俸

（单位：公石米）

官级	1380年制	1387年制	1433年制	1444年制	1471年制
一品	116.32	93.41	45.94	34.80	21.02
二品	98.42	65.50	32.21	24.40	14.73
三品	80.53	37.58	21.76	14.00	8.35
四品	62.63	25.77	14.86	9.60	5.80
五品	33.10	17.18	12.70	6.40	3.86
六品	18.79	10.74	8.01	4.75	3.46
七品	14.32	8.05	6.69	3.56	2.59
八品	10.74	6.98	5.79	3.08	2.23
九品	8.50	5.91	5.90	2.61	1.90
从九品	8.05	5.37	5.37	2.54	1.73

资料来源：本表整理自彭信威，《中国货币史》，第466页。

---

① 彭信威，《中国货币史》，第466页。

通货膨胀带来的另一个恶果是国家实际财政的收入下降。除了米、麦、绢等实物税收（不受通货膨胀影响），明朝还有部分基于纸钞的税收，这给王朝的财政提供了流动性。这部分收入名义上有所上升，按照《明史·食货志》记载，1393年明朝钱钞收入为4.3万锭，到了1502年，钱钞收入增加到7.82万锭，1578年钱钞收入为8.15万锭。但是考虑到严重的通货膨胀（表4.4），纸钞贬值严重，到万历时期，纸钞收入的价值只相当于白银几千两，对于王朝庞大的财政需求只是九牛一毛。从流动性的角度讲，明朝的财政陷入巨大危机，不改革财政体制，王朝可能会在一瞬间崩溃。这可能就是张居正实行一条鞭法的根本原因。

16世纪初，正德皇帝停止发行宝钞，开始全面以金银和铜钱硬通货作为流通货币。此时，世界正在发生一场翻天覆地的变化。荷兰人、西班牙人以及英国人都陆续抵达东亚，开始和中国、日本进行贸易。中国出口大量陶瓷、丝绸、茶叶和香料等物品，大量白银从日本和南美流入中国，大幅促进了国内货币的流通，刺激了经济的繁荣，这就是万历中兴的一个重要原因，它也支撑了一条鞭法改革。

尽管有大量白银流入，但在整个16世纪，米价相当稳定（如果用白银来衡量），没有发生显著的价格上涨。直到进入17世纪，在明朝崩溃的前夕，整个社会兵荒马乱，经济危机、政治危机、社会危机和军事危机全面爆发，粮食供给不足时，粮食的价格才上涨。

在王朝灭亡的前夕，由于军费支出数额庞大，财政收入不足。可怜的崇祯皇帝又想起了发行纸钞。可是，百姓已经经历过多次纸钞贬值，在有大量白银流通的情况下，谁还会傻乎乎地使用纸钞呢？最后这个提案也就不了了之。

土木之变：巨大危机和政治转折

为了打击北元的残余势力，稳定北方边境，朱元璋在1370—1396年进行了多次北伐，除了1372年的第二次，其他北伐都取得了胜利，沉重打击了北元的经济和军事实力。朱棣的封地就在北方边境，于是他篡位后索性迁都北京。朱棣继承了朱元璋的战略，继续采取军事手段打击北元，任内进行了五次北伐，最后于1424年病逝于第五次北伐回师的路上。

尽管进行了超过五十年的连续军事打击，蒙古势力也只是暂时被削弱，明朝没有彻底解决边患。在朱棣死后的第25年，即1449年，发生了土木之变，御驾亲征的明英宗朱祁镇被蒙古瓦剌部擒获。

土木之变对明朝来说是一场深重的政治、军事危机，明军精锐几被全灭，动摇了明朝的国本，而且土木之变余波荡漾，明英宗于次年被送回后，又发生了复辟的政变——夺门之变，以及夺门之变的功臣石亨和曹吉祥的不成功政变——曹石之变。

从经济角度来分析，土木之变是一个必然事件。

1424年朱棣死后，他的长子朱高炽继位，这就是明仁宗，年号洪熙。明仁宗意识到明朝存在一系列问题：开国以来，不断对外用兵；郑和七下西洋耗费巨大，财政不堪重负；滥发货币导致恶性通货膨胀；赋役征派繁重，民众生活疾苦，导致山东等地出现了农民起义，反抗政府的横征暴敛。明仁宗遂采取一系列政治、经济、军事改革，休养生息：对外减少用兵，对内实行宽政，减少税赋，减轻刑罚，修正明太祖时期的法外用刑制度。

很可惜，明仁宗在位时间很短，仅约290天。史书记载他身材臃肿，健康欠佳，可能患有糖尿病，最后因遭大臣李时勉在朝廷上侮辱而被气死。[①]明仁宗的长子朱瞻基在1425年继承了皇位，定年号宣德，继承了他父亲的休养生息政策，认真听取大臣意见，认为"不必远征，疲敝中国"，首先取消了远征安南的军事计划，其次对北元残余势力采取防守政策。明朝经济在明仁宗和明宣宗两位皇帝任内稳步发展，人民生活水平提高，史称"仁宣之治"。这是明朝两百多年历史中的第一个经济高峰。

1435年正月，明宣宗驾崩，享年37岁。他年仅9岁的儿子朱祁镇即位，这就是明英宗，年号正统。明英宗初期由太皇太后张氏辅政，内阁由杨士奇、杨荣和杨溥（史称"三杨"）等老臣主持，仁宣之治得以延续。1442年，明英宗16岁时，张太皇太后去世，"三杨"以年老为由淡出政坛，宦官王振开始专权，这是明朝的第一次宦官专权。休养生息和宦官专权给土木之变埋下了伏笔。

蒙古由很多部落构成，大体可以分为东西两部分：东部蒙

---

① 《明史·李时勉传》："仁宗大渐，谓夏原吉曰：'时勉廷辱我。'言已，勃然怒，原吉慰解之。其夕，帝崩。"

古也称为"中央蒙古"，由成吉思汗的黄金家族统治；西部蒙古以瓦剌部为主。在 1368 年元朝灭亡后，东西蒙古一直明争暗斗，都想统一蒙古。朱元璋和朱棣时期采取了抑强扶弱的政策：对强大的部落采取军事打击，对弱小的部落采取怀柔和扶助的政策，防止蒙古再次统一。

1423 年，东部蒙古的首领阿鲁台与明朝关系恶化，被朱棣率军击败。西部瓦剌首领脱欢趁火打劫，在饮马河（今克鲁伦河）打败了阿鲁台，缴获大量牲畜等战利品。饮马河之捷，让脱欢的政治、经济和军事实力都得到加强，他进而统一了西部蒙古的瓦剌各部。

朱棣驾崩后的休养生息政策又给了瓦剌部进一步扩张的机会。脱欢在 1434 年出兵攻打东部蒙古，统一了东西蒙古。而由于脱欢不是黄金家族的后裔，所以他拥立元朝后裔脱脱不花为大汗，将自己的女儿嫁给脱脱不花，自任太师，掌握实权。1439 年，脱欢病死，他的儿子也先继位，称太师淮王，掌握实权，维持扩张政策，瓦剌军事和经济实力进入全盛时期，势力从哈密延伸到辽东，对明朝造成了巨大威胁。尽管明朝很多官员意识到了这一问题，主张提升戒备，但是王振收了也先的贿赂，明朝并未加强北方边境的边防。

蒙古各部落的壮大和发展离不开和明朝的边境贸易以及朝贡所得。明朝政府为了控制边境贸易，在秦州（治今甘肃天水）、洮州（治今甘肃临潭东）、河州（治今甘肃临夏）以及雅州（治今四川雅安）等地设立了茶马司，后来增加了岷州（治今甘肃岷县），最后调整为西宁（治今青海西宁）、河州、洮州、岷州、甘州（治今甘肃张掖）以及庄浪（治今甘肃庄浪县）六大茶马司。蒙古部落在边境市场用牛羊肉、毛皮以及马匹等与明朝交换茶叶、粮食、食盐等生活和军事物资。但是，这种贸易通常受到国家边关政策的影响。瓦剌部崛起后，明朝政府断绝边境贸易，以防止其进一步扩张。瓦剌只能通过传统的朝贡方式来获取所需物资，但朝贡所得的赏赐和顺路采购的资源非常有限，已经无法满足蒙古部落的生活和军事活动的需要，因此他们要求明朝政府进一步开放边贸。而瓦剌现在也具备了反击明朝的能力，只差一个借口。

1449年，瓦剌遣使向明朝贡马。他们虚报使者人数，冒领朝廷赏物。朝廷在核实使者人数后按实际人数发放赏赐，又对贡马削价，仅付1/5的价钱。瓦剌贡使称贡马是迎娶明朝公主的聘礼，明朝廷则明确否认许婚之事。实际上瓦剌确实提过与明朝皇室通婚，也得到了明朝翻译官员的私下许诺，但后者事后未奏报朝廷。瓦剌以为通婚成功，才遣使贡马以为聘礼。

也先称，明朝刁难贡使，撕毁婚约，随意克减岁赐。这些成了他进攻明朝的借口。秋七月，也先召集诸部，兵分四路进攻明朝边境。由于长时间休养生息，明朝边防松懈废弛，边境的屯田也多为豪强所占，服役的士兵生活非常艰难，月粮过低且常被军官克扣，难以养家，导致军队士气低落，战斗力低，连吃败仗。太监王振于是鼓动年轻的明英宗向明成祖和明宣宗等先辈学习，御驾亲征。罔顾很多大臣反对，明英宗亲率五十万大军（古代经常虚报将士数量，实际参战士兵远远少于五十万）出征。由于准备不充分、指挥混乱等，五十万大军在居庸关外的土木堡几乎全军覆没，明英宗本人也被生擒。

同年，也先以"奉皇帝还"的名义，挟持明英宗再度率军南侵，廷臣联合奏请皇太后立明英宗之弟郕王朱祁钰为帝，这就是明代宗（年号"景泰"），遥尊被俘的明英宗为太上皇，同时任命兵部尚书于谦组织军队迎战，最终击退了进攻北京城的瓦剌军。于谦在击退了瓦剌后，力主与瓦剌议和。瓦剌首领见到明朝新君已立，认为明英宗已无利用价值，也不想因为明英宗而阻碍和明朝修好，于是同意放回明英宗。与此同时，明朝也同意开放边境，与蒙古各部恢复"通贡互市"。

明代宗朱祁钰在迎回明英宗后，仍尊其为太上皇，但把他软禁在南宫。1457年，趁着朱祁钰病重，石亨、徐有贞等大臣带一千余士兵夜袭紫禁城，撞开南宫宫门，接出明英宗直奔东华门。守门武士不开门，明英宗于是上前说道："朕太上皇帝也。"武士只好打开城门。等到了早朝，众大臣只见明英宗坐于龙椅之上，大臣徐有贞高喊："太上皇帝复位矣。"群臣附和，于是政变成功。这次政变史称"夺门之变"或"南宫复辟"。明英宗复辟后，朱祁钰被迁至西宫，不久去世。

明英宗复辟后展开清算，明代宗时期的很多大臣被惩处，于谦以谋逆罪被处死，而夺门之变中有功的大臣都加官晋爵，并获授免死铁券。将领石亨、太监曹吉祥因从龙之功而受到宠信，权势日重。因为尝到了政变成功的甜头，二人再次试图谋反。1460年，石亨以谋反罪被下狱、抄家，一个月后，便死于狱中；次年，曹吉祥的侄子等人谋反并攻进皇宫，但最后政变失败，曹吉祥被凌迟处死，史称"曹石之变"。

土木之变促成了明朝政治的巨大转折，明朝对外扩张的锐气受挫，战略从攻势转为守势，开始大修长城以防范北方游牧民族入侵。内部则发生了残酷的政治对抗，稳定大局的重臣于谦等人被杀，造成了政治混乱。

开中制和茶马制：边关稳定制度的建立和破坏

不管什么朝代，边疆防卫永远是国家最大的挑战。没有边疆的稳定，整个政权都可能动荡不安。军人驻守边疆需要吃饭，打仗需要马匹和兵器，而在古代，交通不发达，运输成本高昂，给边疆的守军提供充足的粮草和马匹是各个朝代的难题。

明朝建立后创设开中制，招商运输米粮至边塞而给予盐引，把盐引和边关军粮供应联系在一起，解决了边关粮食供应的问题。明朝万历年间每年盐课240万两，大概有一半的收入留在地方，剩下约100万两进入户部，是明朝中央财政收入的重要部分，在明朝中晚期约占太仓（明朝中央金库）收入的一半[①]，支撑了明朝中央的运转。

明朝有219个县产盐，产盐区域被划分出来设置盐场，这些盐场分别处于6个都转运盐使司（两淮、两浙、长芦、山东、

---

① 黄仁宇，《十六世纪明代中国之财政与税收》，第359页，表23。

福建、河东）、7个盐课提举司（广东、海北、四川、云南，其中云南提举司有4个：黑盐井、白盐井、安宁、五井），以及1个陕西灵州盐课司。其中两淮和两浙的海盐质量最好、价格最高，一众商人竞相购买。明朝初期，盐课每年总量为约4.59亿斤，而两淮和两浙分别约为1.41亿斤和0.88亿斤，占比分别为约30.7%和约19.2%，两淮和两浙约占总量的一半。[①]

明廷接着采取茶马制，在边关地区，对少数民族控制茶叶专卖，以茶叶换取马匹，解决了马匹短缺的问题。

开中制和茶马制这两个制度的创设，在明朝的中前期很好地维护了边关的稳定。当然，在实际政策中，分配盐引除了开中制，还有计口授盐、私盐等方法。

随着时间的推移，任何制度设计都会被人性的自私腐蚀，被各种权宜之计和政策补丁破坏，从而使制度沦为某些特权阶级的牟利工具，百弊丛生。开中制和茶马制也一样，这两个制度在运行了一段时间后，影响了边关的稳定，也为明朝后来的崩溃埋下了隐患。

开中制

《明史·食货志》记载，1370年，山西行省建言道："大同粮储自陵县运至太和岭，路远费烦。请令商人于大同仓入米一石，

[①] 项怀诚主编，陈光焱著，《中国财政通史·明代卷》，中国财政经济出版社2006年版，第77—78页。

太原仓入米一石三斗,给淮盐一小引。商人鬻毕,即以原给引目赴所在官司缴之。如此则转运费省而边储充。"于是"帝从之。召商输粮而与之盐,谓之开中。其后各行省边境多召商中盐以为军储。盐法边计,相辅而行"。入粟开中制其实在元朝就已经实行[①],但是到了明朝才大规模实施,并成了行之有效的制度。

开中制在实际的操作过程中可以分解为报中、守支和市易三个环节。报中就是商人按照榜文要求的开中项目,贩运粮棉等军需物资供应边关驻军,然后从官府领取盐引作为交换条件。守支就是商人完成报中任务以后,凭盐引到指定盐场守候支盐,无引支盐或越场支盐均会受到惩罚。市易就是商人在官府规定的行盐区售盐,获取利润。

为了获得盐引,在明朝初年,各个边关的开中商人招徕民众在边关开垦种地,并且筑起堡垒聚在一起,互相保护。边关的粮食需求主要来自军队,所要不多,所以供应边关的粮食成本不高,因此开中制的利润空间很大。所以在现实中,报中、守支和市易三个环节,按照社会分工慢慢分离。

开中制是一种典型的激励制度设计,通过市场激励机制把边疆粮草供应和食盐专卖挂钩,巧妙解决军粮供应的难题。朱棣即位后,北京诸卫缺粮时就停下其他地方的开中盐,专门供应京卫,很快京卫便粮食充足。朱棣率领大军攻打安南的时候,遇到军粮不足的情况,也靠开中制解决。这一制度为国家稳定和战争胜利

---

① 项怀诚主编,赵云旗著,《中国财政通史·辽、金、元卷》,第276页。

做出了巨大贡献。

开中制实施了一百多年，到了1465—1487年（成化年间），边关和平无战事，粮食需求有限，所以粮食价格比较便宜。甘肃宁夏的粟一石价格为二钱，对开中者来说，利润巨大。据《明史》，商人只要提供粟两斗半就可以获得一盐引，价值五分；而盐引实际市场价格为四钱二分，边商的利润是成本的数倍之多。

明朝政府认为商人利润太高，相当于财政收入流失，要求改变规则。1492年，商人困于守支环节，户部尚书叶淇建议成立纳银运司，把盐引直接卖给盐商，价格设定为每引三四钱，视米价变动而调整。再将银子统一解交太仓，然后再分给边关，边关以此购粮。如此一来，商人无守支之苦，太仓银也累积到了百余万两，然而边关粮食供应和盐引就此脱钩，使得赴边开中之法作废，《明史·食货志》记载"商屯撤业，菽粟翔贵，边储日虚矣"。

盐引和边关粮食脱钩后，商人自然就没有了激励，也不会再冒风险往边关输送粮食。边关粮食价格一路上涨，到了后来，边关一石稻米的价格在某些地方甚至超过五两银子，盐法也是弊端丛生。①

到了1565年，边关粮草等战略物资储备不足，影响了国家稳定，嘉靖下诏，试图部分恢复开中制。由于内地的盐法已经千疮百孔，盐产量增加，余盐过多，盐场大量存积，私盐也多有流通。很多商人已经数年没有领取盐引，所以也不愿意购买盐引，

---

① ［明］陈子龙编，《明经世文编》，卷一百八十六，《霍文敏公文集·哈密疏》。

而边商可以直接优先购买河盐,导致内商盐引价格更加低迷,更没有人愿意购买。

到了1568年,屯盐都御史庞尚鹏建议政府停止河盐的销售,以挽救开中制和低迷的海盐价格,皇帝同意了。但是,食盐专卖利润巨大,政府和各级官员(包括首辅严嵩、大太监刘瑾等人)都想插手,牟取私利,政府官员也常为了利益互相争执。《明史·食货志》中就明确记载:"千户尹英请配卖没官盐,可得银六万两。大学士张位等争之。"同时,政府一旦有事,财政短缺,就希望增加盐引发售,后果就是盐引价格暴跌。有些贪官、奸商大量低价收购盐引,再高价出售,牟取暴利。对边商来说,由于盐引价格较低,遵循开中制已经没有利润空间,还不如直接贩卖粮食。

叶淇改革开中制,破坏了朱元璋在开国时为王朝稳定设立的一块压舱石,为王朝的覆灭埋下了一颗炸弹。即使后来皇帝想恢复开中制,也无能为力了。

叶淇作为户部尚书,应该知道开中制对国家稳定的重要性,他怎么会为了一点短期商业利益而动摇这块压舱石呢?有一种解释是:他是淮安人。两淮的盐质量最高,产量也占到全国的近四成,为了增加两淮地区盐场的短期收入,他将纳粮开中改为纳银开中。另外一种更合理的解释是,由于通货膨胀,明朝中央政府的现金收入越来越少,流动性越来越低,而改革开中制,明朝中央政府就可以获得更多的现金税收。但是,这种短视的做法毫无疑问破坏了边疆的长久安定。

叶淇的改革初衷是想在一个已经腐败的体制上恢复当初设计

第四章　明朝制度的建立与转变

良好的制度，可惜回天乏术，各种利益纠葛使叶淇的想法成为不可能的任务。这就是良好的长期政策被便宜行事的现实政治破坏的一个案例。

茶马交易

古代的战争需要马匹，所以马匹是国家重要的战略物资。中国古代以农耕文化为主，马匹的获得需要通过和北方、西方游牧民族的贸易实现。游牧民族以肉食和奶酪为主食，需要茶来解腻，所以也需要从农耕地区买入茶叶。这就为茶马交易提供了基础。宋朝以后，国家在边境地区设立了专门机构，用以管理茶叶和马匹的易货贸易。茶马交易，一方面可以"固番人心"，另一方面又可以"强中国"，对政治、军事和经济等方面都有益处。

明朝对茶马互市非常重视，设立了专门机构——茶马司来管理茶马交易，并制定了一套严密的措施，保障茶马互市的实施。1371年，明朝在秦州设立了第一个茶马司，随后又设河州茶马司、洮州茶马司，负责与西北方的蒙古和藏族等游牧部落的茶马贸易。1383年，明朝撤销了洮州茶马司，把其功能并入了河州茶马司。1397年，明朝把秦州茶马司转移到西宁，设立了西宁茶马司。

明朝官员认为，番人以茶叶为生，必须以严刑峻法来禁止茶叶走私。《明史·食货志》记载，有大臣认为通过交易马匹，可以"制番人之死命，壮中国之藩篱，断匈奴之右臂"。所以法律规定"私茶出境与关隘失察者，并凌迟处死"，对贩卖私茶的处罚非常严厉。但是，对于茶叶在游牧民族那里的作用，官员理解得不准确。这种曲解一直持续到鸦片战争之后，清朝的官员也认为西方人离不开茶叶，否则就会便秘而死，因此制定了灾难性的错误政策。

明朝刚开始的时候，朱元璋对私茶管理极其严格。如果茶叶贸易品种、数量与执照（茶引）不符合，茶商就会被严惩，重则被判死刑。1397年，驸马欧阳伦就因私贩茶叶出境而被处死。[①] 在严刑峻法下，明朝初期茶马贸易非常顺利。

但商人要逐利，而市场存在多种不确定性。茶市和马市的行情有好有坏，在某些行情不好的时候，某些官员或者政府会设定一些相应的政策补丁，改变规则，使得规则有利于某些特定群体。而这些权宜之计，由于路径依赖，制定后往往演变成长期制度。和其他的制度设计一样，茶马交易随着时间的推移而腐败日重，最后积弊甚多，"茶法、马政、边防于是俱坏矣"。

《明史·食货志》中记载，明朝初年，"长河西等番商以马入雅州易茶，由四川岩州卫入黎州始达。茶马司定价，马一匹，茶千八百斤，于碉门茶课司给之。番商往复迂远，而给茶太多。岩州卫以为言，请置茶马司于岩州，而改贮碉门茶于其地，且验马

[①] 《明史·公主列传》："安庆公主，宁国主母妹。洪武十四年（1381年）下嫁欧阳伦。伦颇不法。洪武末，茶禁方严，数遣私人贩茶出境，所至绎骚，虽大吏不敢问。有家奴周保等尤横，辄呼有司科民车至数十辆。过河桥巡检司，擅捶辱司吏。吏不堪，以闻。帝大怒，赐伦死，保等皆伏诛。"

第四章　明朝制度的建立与转变

高下以为茶数。诏茶马司仍旧，而定上马一匹，给茶百二十斤，中七十斤，驹五十斤"。到了1403—1424年（永乐年间），皇帝对马商施行怀柔政策，提高了易马茶叶的斤数。茶马市场出现了波动，买卖的人很多，而茶叶不足。由于茶禁放松，也出现了很多私茶的出境贸易。碉门茶马司用了八万多斤茶叶，居然仅换得七十匹马，且多瘦损。于是朝廷开始加强茶禁，设立洮州茶马司，并增设甘肃茶马司于陕西西行都司地。

汉中茶叶和四川茶叶供给少，但质优价高，是官方茶马司交易茶叶的主要品种。但到了明朝中后期，湖南产茶增多，价格比较便宜，商人通常越境私贩，不肯通过茶马司交易，这样官方的茶马贸易就很难维持了。户部于是引入新的改革，茶引（一引一百斤）以汉茶为主，湖茶为辅。商人竞购茶引，优先购汉中茶叶和四川茶叶，等汉中茶叶和四川茶叶售完，才能以湖南茶叶补足。

商人在茶叶正引之外，会获得官员赏赐的一些由票（小于一引的小额许可证，一由六十斤），使得私茶得以交易。边关可以交易的时候都是和平时期，战马的重要性不能体现，导致游牧民族的上等好马都卖给了奸商，茶马司所得的马匹都是中下等的。游牧民族得到茶叶，就不再受制。官吏又以私马冒充番马，冒支上等茶叶。

这样，整个茶马交易体系，包括茶法、马政以及边防，已经被腐败彻底侵蚀，失去了当初的战略作用。在和平时期，这些腐败除了为个人牟取一些利益，对整个国家的稳定看起来没有大的影响,但是到了战时,没有了战马和粮草,胜负的天平就容易倒向另一边,这就会成为压垮明朝这匹骆驼的一根稻草。

腐败,就是一项制度的参与者共谋,改变制度设计的初衷,扭曲制度朝向,以便有权者中饱私囊。开中制和茶马制就是明朝腐化堕落过程的写照。

第五章

对外开放和全球化不平衡：
晚明的繁荣与崩溃

隆庆开关

明朝开国虽然实行海禁，但是对外的海上交流一直存在，明初政府在浙江宁波、福建泉州和广东广州设有三个市舶司，用以管理对外贸易船只。不过，需要指出的是，明朝初期的对外交往完全出于政治目的，是为了展现明朝的对外政策，和外国维持朝贡关系。所以，王朝对外交易的主要原则是"厚往薄来"，政治优先，经济利益是其次的。在朱棣时期，朝廷耗费巨资组织建成庞大舰队，六下西洋，就是基于这种原则而开展的一种交流活动（当然也有《明史·郑和传》中的简短记载，称下西洋是为了寻访下落不明的明惠帝）。当时中国的造船技术和航海能力不比西方差，但不计成本和利润的航海活动是不可能持续的，也不能促进历史的重大进步。

尽管明朝开国皇帝朱元璋定下海禁政策，抑制商业活动，害怕人员流动会动摇王朝的统治基础，但是封闭保守的农业社会能提供的资源是很有限的，马尔萨斯定律总是像幽灵一样，不时发挥作用。当一个朝代升平日久，人口扩张，有限的土地不能支持庞大的人口数量时，封闭的体制就会被迫发生改变。明朝中叶之后，人口扩张，内部不稳，边疆也越来越不太平；由于土地兼并严重，财政收入不能增加，人民生活困苦，财政时常处于紧张的状态。二十四年不上朝、专心修道的嘉靖皇帝也要不时分心关注财政收入问题，派太监和官员到各地寻找新的财源。

清官海瑞在1566年上疏嘉靖皇帝，引起了轩然大波，这就是著名的《治安疏》，其中指出："天下吏贪将弱，民不聊生，水旱靡时，盗贼滋炽。自陛下登极初年亦有之，而未甚也。今赋役增常，万方则效。陛下破产礼佛日甚，室如悬磬，十余年来极矣。天下因即陛下改元之号而臆之曰：'嘉靖者，言家家皆净而无财用也。'"

在大明王朝的外部，大航海时代已经开始。葡萄牙人也在1513年到达了广州的外海，在屯门设置了葡萄牙人居留地。1521年屯门海战失败后，葡萄牙人转往澳门寻求定居地。葡萄牙人试图向中国传教，并开始与中国和日本做生意。尽管朝廷按照祖训，拒绝了葡萄牙人的请求，但是地方官员接受了贿赂，给予葡萄牙人便利，葡萄牙人后来以岁租二万两白银在澳门租下了一块土地，作为贸易的基地。封闭的明朝意识到开放贸易的重要性，与外国开展贸易成为增加人民收入和财政收入的一个很好的手段。但是，当权者也担心过度开放会造成人员流动与新思想的传播，甚至动摇王朝的统治。

在明朝政府的支持下，戚继光这些杰出的军事将领艰苦作战，在中国沿海基本肃清了倭寇，也为沿海贸易提供了良好的政治环境。尽管明朝政府的海禁政策还在，但福建、广东沿海地区的民间贸易已经盛行。其实，倭寇的一大部分也并非日本人[①]，他们亦商亦寇，以武装来保证自己的商业贸易。

葡萄牙国王曼努埃尔一世（1495—1521年在位）对中国的青花瓷非常着迷。在葡萄牙人航海到达中国之前，他就从印度得到了一些瓷器，并不时向欧洲的贵族们炫耀。但是，这些美丽的瓷器很快就不是皇家的专属了。1530年前后，青花瓷就出现在葡萄牙首都里斯本和比利时安特卫普的市场，这说明了中国和欧洲之间贸易扩张的速度之快。来自中国的瓷器在欧洲被称为"白色的金子"，被欧洲王室争相收藏，图5.1就是两件收藏在德国慕尼黑皇宫博物馆中的青花瓷精品，来自16世纪的中国。

图5.1 慕尼黑皇宫博物馆中的青花瓷藏品

到了1565年，西班牙人携带大量金银，从南美洲跨过太平洋到了菲律宾，以此为基地和中国商人发展贸易。17世纪，荷

[①] 《明史·日本列传》："大抵真倭十之三，从倭者十之七。"

兰人也到了亚洲，以澎湖列岛和台湾作为贸易基地。通过航海，整个世界的贸易已经连成一片。

16—17世纪，西班牙人和葡萄牙人开展国际贸易，开辟了不同的航海路线，让世界开始连成一片。首先，葡萄牙人和西班牙人跨过大西洋，各自从自己的殖民地攫取大把金银等资源，把金银和其他货物直接从南美殖民地运送回国。然后，西班牙人从位于太平洋东侧的墨西哥阿卡普尔科出发，向西穿越太平洋到菲律宾，与中国的商人做生意。葡萄牙人则从本国的里斯本出发，经过非洲好望角、印度洋以及马六甲海峡到中国东南沿海的澳门，与中国、日本商人进行贸易。[①] 从某种意义上讲，这就是第二次全球化，它的教训、经验以及影响，直到今天都是非常深刻的。

中国的陶瓷、丝绸、茶叶、香料以及一些手工艺品在西方和日本市场大受欢迎。航海贸易的利润巨大，有时可以超过成本几倍，甚至十倍以上。面对海上贸易巨额利润的诱惑，官方的海禁已经形同虚设。1567年，嘉靖皇帝驾崩，他的儿子朱载坖登基，定年号隆庆。同年，福建巡抚涂泽民奏请开放海禁，得到了朝廷的同意。隆庆皇帝也意识到禁止贸易已经不符合时代潮流，不仅不可能实现，还可能导致海盗增加，影响王朝的稳定。而放开贸易可以让一些海盗转为商人，促进社会稳定，增加人民收入，还

[①] 可参见 Brown Mark (2013). The Corolla Wreck Exposed: Historical Archaeology Analysis of North Carolina's Oldest Shipwreck. Master Dissertation, the Faculty of the Department of History, East Carolina University, North Carolina, USA. P22 (Figure 10)。该地图画出了16—17世纪葡萄牙人和西班牙人的国际贸易路径。

可以征收部分关税，增加朝廷的收入，缓解朝廷的财政危机（关税大部分流入了内库，成了皇帝的私房钱）。"市通则寇转而为商，市禁则商转而为寇"是他同意开关的政治原因。

就这样，明朝延续了二百年的海禁被正式废除了。这是时代的潮流，谁也挡不住。中国开始大规模地和西方通过贸易打交道。[①]

隆庆开关迅速扩大了中国的对外贸易规模，外国商人向中国输入银子，中国向他们出售各种商品，包括丝绸、陶瓷、茶叶等。1580年以后，菲律宾吕宋岛进入繁荣时期，每年从中国到菲律宾的贸易船只大概为25~30艘。根据全汉昇先生的研究，1586—1643年，西班牙人每年在菲律宾输入的中国货物价值约133万银元。[②]据庄国土先生统计，1500—1650年，南美洲产银13万~15万吨，其中40%~50%通过不同路径流入中国。一部分如上述，从南美直接运到菲律宾，再转运流入中国。另一部分白银则从南美运抵西班牙，葡萄牙人又通过走私将白银从欧洲运入中国。

16世纪时的日本，银冶炼技术已十分成熟，白银成为重要的出口商品。日本学者估计，在17世纪初，由日本人、中国人、葡萄牙人和荷兰人从日本运出的白银每年达150~187.5吨。最终，大部分流入中国。[③]

[①] 晁中辰，《明代隆庆开放应为中国近代史的开端——兼与许苏民先生商榷》，载于《河北学刊》，2010年第6期。

[②] 庄国土，《16—18世纪白银流入中国数量估算》，载于《中国钱币》，1995年第3期。

[③] ［英］崔瑞德等编，《剑桥中国明代史．下卷，1368—1644》，第380页。

已经有大量研究对明朝流入中国的白银总量进行了估算，但是具体数量可能存在一些差异。总体看法是明朝流入中国的白银数量超过1亿两。譬如，王裕巽先生认为明朝中国从马尼拉贸易中得到的白银为8 775万两，即1亿1 700万比索（约合4 212吨）[1]；而万明先生认为中国从马尼拉转口贸易获得的白银达7 620吨[2]，通过欧洲转口而获取约5 000吨，合计流入明朝的白银超过2亿两。据梁方仲的估计，从1572年到1644年明朝灭亡前夕，除了国内银矿产的银，海外输入中国的银元至少在1亿两以上。[3]

贸易顺差带来大量的白银流入，使得江南地区经济空前繁荣，1573—1620年（万历年间）政府税收大增，史称"万历中兴"。虽说宰相张居正推行的一条鞭法改革对万历中兴功不可没，但是张居正改革的核心是折合各种赋役为银两。如果没有西班牙、葡萄牙以及日本等国与中国贸易而输入的大量银两，张居正的改革也无法成功。

在隆庆开关之前，明朝的岁入非常有限。1549—1570年，嘉靖中后期和隆庆年间，每年中央财政（太仓）的正常收入只有200多万两白银，而每年财政支出在350万~800万两，亏空通常在

---

[1] 王裕巽，《明代白银国内开采与国外流入数额试考》，载于《中国钱币》，1998年第3期。

[2] 万明，《明代白银货币化：中国与世界连接的新视角》，载于《河北学刊》，2004年第3期。

[3] 梁方仲，《明代国际贸易与银的输出入》，载于《中国社会经济史集刊》，成文出版社有限公司1986年版，第267—324页。另见 Atwall, W. S. (2005). Another Look at Imports into China, ca. 1635—1644. *Journey of World History*, 16(4), 467-489.

200万两以上,明朝财政严重透支(表5.1),需要靠各种临时摊派和加饷来平衡预算。在隆庆开关之后,明朝的财政状况得到了根本改善,到了1580—1590年(万历前期),岁入通常超过400万两,国库充盈。

表5.1 明朝中后期太仓银两收支

(单位:万两)

纪年		公元(年)	收入	支出	亏空
正德	元年	1506	150	625	475
嘉靖	七年	1528	130	241	111
	二十八年	1549	200	347	147
	二十九年	1550	395	412	17
	三十年	1551	200	600	400
	三十一年	1552	500	800	300
	三十二年	1553	200余	500	300
	三十三年	1554	200	400	200
	四十四年	1565	247	363	116
隆庆	元年	1567	201	596	395
	二年	1568	200以上	440	240
	三年	1569	220	370	150
	四年	1570	230	380	150

资源来源:本表整理自项怀诚主编,陈光焱著,《中国财政通史.明代卷》,第16页。

万历中兴:张居正的一条鞭法改革

隆庆皇帝于1572年去世,他年仅10岁的儿子朱翊钧即位,这就是神宗皇帝,年号万历。大明王朝经过二百余年的发展,官僚主义盛行，腐败或深或浅地侵蚀了王朝的每一寸肌肤，王朝犹如一个迟暮的老人，痼疾缠身。儿童皇帝朱翊钧能让这个王朝焕发新生吗？

朱元璋为了加强中央集权，废除了丞相，强化皇权。遇到儿童皇帝，这种体制就容易出现权力真空问题。不过，明朝从朱棣开始就在实际政治运作中设立了内阁大学士，这个职位慢慢从皇帝的秘书演变为皇帝决策的参与者。到了明英宗在位期间，首席内阁大学士出现，俗称"首辅大臣"，该官员实际上承担了丞相的职责，只是没有丞相之名。儿童皇帝继位在明朝也不止一次，明英宗第一次登基时也只有9岁，依靠太皇太后张氏和"三杨"辅政，政治平稳，经济发展顺利。

作为万历皇帝的老师，内阁大学士张居正获得了摄政的皇帝生母李太后（权倾天下的李太后在史书中没有留下具体姓名）的信任①，在秉笔太监、东厂提督冯保的帮助下，他又很快获得了首辅大臣的位置，全面掌控朝政直到1582年去世。上天给了张居正10年时间，也给了迟暮的明朝10年时间来延续国祚。张居正通过改革为晚明带来了昙花一现的万历中兴。

到了万历年间，明朝最大的问题还是财政。只要有钱，什

---

① 《明史·后妃列传》："孝定李太后，神宗生母也，漷县人。侍穆宗于裕邸。隆庆元年三月封贵妃，生神宗。即位，上尊号曰慈圣皇太后。旧制，天子立，尊皇后为皇太后，若有生母称太后者，则加徽号以别之。是时，太监冯保欲媚贵妃，因以并尊风大学士张居正下廷臣议，尊皇后曰仁圣皇太后，贵妃曰慈圣皇太后，始无别矣。"

危机、改革与崩溃：元明清七百年的金融秩序　　　　138

么事儿都不是事儿，这句话对任何封建王朝来说都是正确的。朱元璋开国时设立了薄赋轻徭的原则，而在一个以农业为主的社会，此举限制了财政收入。到了晚明，由于制度设计不合理，从百姓到豪强地主都想出了各种逃税办法，王朝的各种统计数据都充满了水分，比如朱元璋开国时要求准确登记土地和人口等信息以用于税赋征收，而记数的黄册到此时已经充满了假数据，很多地区出现了大量百岁以上老人。

明朝律令按照儒家礼教制定，对社会阶层设定了非常严格的限制，富贵贫贱和职业分类非常明确，阶层和职业跨越非常困难。作为社会精英的官绅阶层，享有免税的特权。明朝成立之初，皇帝把很多土地赐给王公大臣，以地租充当他们的俸禄。这些土地被记载在金册上，王公大臣享受不与民田一体当差，免除税粮和徭役的特权。1368—1398年（洪武年间），朱元璋进一步扩大了官员的优待面，现任官员全家"悉免其徭役"，退休的官员也享受终身免役的特权，生员（习惯上所谓"秀才"）除了自身还免除户内二丁徭役。这个制度到了明朝中期以后，演化为"论品免粮"或"论品免田"。比如在1573—1575年（万历年初），京官一品可以免田1万亩，以下递减，到了八品可以免田2 700亩，京外官员免半，退休官员免除本品的六成，未仕乡绅优免最高达3 350亩，生员和监生优免80亩。[①]

明朝的徭役负担非常重，尤其是地方上各种临时加派的劳

[①] 赵克生、许文继，《一本书读懂明朝》，中华书局2010年版，第144页。

务，使得百姓疲惫不堪。在这样的优免制度下，普通百姓为了避免沉重的徭役，会主动把自己的土地交给官绅家族，成为这些家族的仆人或长工，这就是所谓的投献。获得投献的朝廷大官还可以通过奏请皇帝钦赐土地，把这些土地算入金册，从而免除税粮和劳役。

这就是经济学中的"眼镜蛇定律"①：只要国家设定一个制度激励，很多人都会利用这个制度为自己谋利，从而有可能让一个当初有良好目的的制度设计走向反面。投献的结果就是国家失去了对人口和税赋的控制。土地兼并严重，百姓更加贫穷，国家税收减少，"私家日富，公室日贫，国匮民穷"。从政治角度来看，投献长期存在，国家的命运就被少数大地主兼大官僚的一个阶级集团控制，晚明东林党就是在这样的背景下兴起的。

朱元璋已经预见到了投献的发生和对国家治理的伤害。《大明会典》记载："凡民间赋税，自有常额，诸人不得于诸王、驸马、功勋、大臣及各衙门妄献田土、山场、窑冶，遗害于民，违者治罪。"1372年朱元璋戒勅功臣的铁榜中也严禁投献，规定"凡公侯之家，除赐定仪仗户及佃田人户，已有名额，报籍在官，敢有私托门下，影蔽差徭者，斩"。《大明律》中更是详细规定："若将互争不明田产及他人田产妄作己业，朦胧投献官豪势要之

---

① 这一定律源自英国殖民印度时期。当时为解决眼镜蛇在城市出没的问题，政府奖赏杀死眼镜蛇的人。结果人们开始养殖眼镜蛇去领赏，而不是去抓野生眼镜蛇。政府只得取消这一赏金制度，于是养蛇者纷纷放生养殖的眼镜蛇，导致蛇患更为严重。

人，与者、受者各杖一百，徒三年。"①

在明朝两百多年的历史中，多位皇帝下旨强调防止投献。但在巨大经济利益的刺激下，严刑峻法并不能阻挡投献风潮。官绅之家接受投献后，地产规模扩大，不承担税负；而投献之人虽然失去了土地所有权，但基本还是耕种原来的土地，收入可能略微下降，但是不用再承受繁重的地赋和徭役。对投献双方来说，这是一种合谋对付国家繁重徭役的手段。据统计，内阁首辅大学士徐阶拥有二十多万亩田地，很大一部分就源于投献。

综上，由于对官绅特权阶层的税赋优免制度设计不合理，普通百姓为减轻徭役而投献，导致了土地兼并，进一步缩减了国家税源。国家为了维持税收，只能对普通百姓继续加税，从而逼迫更多的普通百姓加入投献的队伍。这就造成了一个恶性循环。《明史纪事本末》第六十一卷写道："豪强兼并，赋役不均，花分诡寄，偏累小民。"

到了明朝晚期，财政支出不断膨胀，到处都需要钱，到处都缺钱。首先，经过两百年的发展，宗室人口增加，生活更加奢靡，支出必然不断扩大。万历皇帝为了修建定陵，耗银800余万两，这相当于明朝两年的财政收入。其次，到了中后期，政治腐败，豪强欺压百姓，农民起义不断。而军队也被腐败侵蚀，军饷不足，加上边关战火不断，更需要大量军事支出。

1521—1590年，大体跨嘉靖、隆庆和万历三朝，太仓银两

---

① 转引自张显清，《明代土地"投献"简论》，载于《北京师院学报（社会科学版）》，1986年第2期。

收支严重不平衡,每年缺口至少达 100 万两白银,多的时候则超过 400 万两。黄仁宇对中晚明的太仓做了一个估计(表 5.2),我们可以看出,明朝中央政府的收入一半依靠盐课,而正赋折银只有 25 万两,这对一个以农业为主的王朝来说显然是不合理的。

表 5.2　明朝中晚期的太仓基本岁入估计(1521—1590 年)

(单位:万两)

正赋折银	25
田赋的附属附加税	
马草	34
农桑丝绢	9
人丁丝绢	1
麻	3.8
盐课银	100
来自杂项的最低收入	36.4
总计	209.2

资料来源:本表整理自黄仁宇,《十六世纪明代中国之财政与税收》,第 359 页,表 23。

财政收入不足,国家统治的制度基础已动摇,明朝的赋税制度到了不得不改的时候了。这就是张居正一条鞭法改革的背景。

张居正是一个非常聪明、勤勉和认真的人,事必躬亲。他通过掌控内廷、吏部、户部、御史以及部分地方官僚,以高压的办法实行改革,解决财政危机。基于量入为出的原则,他的主要政策包括三条:(1)实行考成法,整顿官风;(2)裁减冗员,减少支出;(3)一条鞭法改革,增加财政收入。

首先，考成法要求对官员的履职情况进行考核。一般京官六年一考，地方官三年一考。张居正尤其注重考察地方官征税的情况。朝廷于1576年发布规定，地方官员未能完成税收任务的八成，就会被停俸；未能完成任务的九成，且不能征收往年欠税的二成的，也要受罚；如果侵占税款，那更要接受刑罚。于是很快，地方官风大变。

其次，裁减冗员，削减预算。政府都有扩大官员编制的内在冲动。张居正裁减政府冗员，优化军事力量，减少军事支出以及皇室的开支。但可能也是因为他削减皇室开支，得罪了很多权贵，死后没能免于清算。

最后，实行"丈田均亩，一条鞭法"改革。这是重要的财政开源之举。1581年，他在福建首先试点丈量田亩，随后正式向全国推行。主要的内容包括：（1）把各种赋役合并成一条，简化了税则和征收手续，减少了豪强和贪官徇私舞弊、征收各种附加税役的机会，减轻了人民的负担；（2）将传统的按照人丁户口征派的徭役改为"量地计丁"，部分徭役摊入田亩，减少了无地或少地人民的负担；（3）赋役改为征银，明朝开国后采取直接征收各种实物为税的制度，而运送粮食等实物去京师太仓成本高昂，把税收货币化，政府可以直接雇人，方便取消力差。

张居正的改革效果很明显。清丈土地确实发现了很多隐瞒的田亩；量地计丁减轻了无地和少地人民的负担；货币化税负，国家税收显著增加，且减少了很多交易成本。财政短缺问题在改革后很快得到了解决，收入每年超过400万两。《明史纪事本末》记载，张居正"力筹富国，太仓粟可支十年，囷寺积金至四百余万"。

一个良好政策的实施需要时机。其实在1530年，大学士桂萼就提出了一条鞭法的思想，后来一些地方官也小范围试验过。到了1572年，张居正掌握了政权，通过和摄政的李太后、大太监冯保等高层的政治结盟，才有能力推动这项改革，而且王朝也到了不得不改革的时候。更重要的原因是，前文提过的在16世纪的大航海时代，中国扩大对外贸易，从欧洲、南美以及日本流入了大量的白银，为税收货币化奠定了基础。天时、地利、人和，所有条件在这个时候都出现了，给了明朝一次改革自救的机会。

可惜，张居正在一条鞭法改革全面推开一年后（1582年）就去世了。仅仅过了半年，1583年，20岁刚出头的万历皇帝亲临朝政，他决定清除张居正的政治盟友大太监冯保，下诏剥夺了张居正的封号和谥号，查抄张家。

至于皇帝为什么要对张居正进行死后清算，这是历史之谜，其中当然有张居正政治对手江西道御史李植等人举报的原因，但是决定权在皇帝本人。当然，皇帝开始亲政，需要清除张居正的势力，这可以算是一个理由；作为老师的张居正对年幼的皇帝非常严格，在后者幼小的心灵种下不满的种子，也是一种可能。

一条鞭法改革，无论是否合适，晚明财政收入大幅增加都是不争的事实。只要收入增加，就会产生收入分配的变化，多缴税的人对制度自然是不满的。一条鞭法使得税收体制更加透明公正，普通百姓（尤其是无地百姓）的负担没有增加多少，那这部分增加的税收就主要由权贵来承担，这些人必然对改革不满，也对张居正不满。张居正死后被清算是必然的事情，而且改革已经基本成功，这时清算张居正恰恰能够收买那些对改革不满的群体。张居正生前极尽荣华，死后被清算，也是前朝忽必烈时期三大奸臣（阿合马、卢世荣、桑哥）的翻版。任何试图增加财政收入，从权贵那里虎口夺食的人，下场都不会太好。

张居正一条鞭法改革留下了丰富的历史遗产。他解决了王朝迫在眉睫的财政危机。万历皇帝到 1620 年才去世，在位 48 年，是明朝在位时间最长的皇帝。在他死后仅仅 24 年，明朝就灭亡了。

之后的清朝也继承了一条鞭法，并在入关后严格执行，获得了稳定的财政收入，在中原大地上站稳了脚跟。到了康熙和雍正年间，一条鞭法更是发展为摊丁入亩，带来了康乾盛世。

贸易中断：17 世纪初经济危机的开始

整个 16 世纪的对外贸易给明朝带来了大量的白银，茶叶、陶瓷、丝绸、香料以及工艺品的出口为东南沿海带来了巨额的商业利润，当地也建立了成熟的商业文化和完备的海外贸易网络，这些条件推动了当地数百年的持续发展。

1600 年左右，中国经济空前发达。尽管有不同的估算数字，但是对外贸易带来巨量白银流入中国的事实是确定的。要知道，明朝太仓在张居正的一条鞭法改革之前，正常岁入仅 200 万两，而在改革之后，岁入增加到了 400 万两。巨量的白银流入无疑和经贸活跃相关。

万历皇帝因为不满大臣干涉立储一事，采取了软抗拒的办法，从1588年起就开始了神隐生活，不再临朝，明史学者将他的做法总结为"六不"准则："不郊、不庙、不朝、不见、不批、不讲"。虽然帝师张居正此时已被清算，但是他的一条鞭法还是暂时解决了王朝的财政问题，太仓充盈，人民生活富足。这一切看上去都是那么美好，但危机很快就来了，而且是所有危机一起爆发。

白银大量流入是不可能永远持续下去的。在以白银为硬通货的时代，全世界的白银都流向中国的时候，西班牙等国发生了通货紧缩。1610年后，中国对外贸易突然减少，甚至中断。可能的原因有以下三个。

首先，英国和荷兰海盗兴起，他们在马六甲海峡等关键航道抢劫商船，使得海上贸易的风险加大，利润减少。况且，这种抢劫行为背后多有其政府的支持甚至授权。

其次，西班牙一方面白银大规模外流，另一方面进口了大量的物品，其国内货币供给不足，陷入通货紧缩。西班牙政府开始铸造新的比索，在银币中混合更多的铜。此外，西班牙此时深陷欧洲的三十年战争，需要大量金钱。南美开发的银矿并没有给西班牙及其王室带来更多收入。西班牙开始有意识地控制在马尼拉的贸易，并于1636年开始在南美洲的阿卡普尔科打击腐败和走私，这使得西班牙和中国商人之间的关系恶化。1639年8月，两艘从阿卡普尔科驶往马尼拉的帆船在途中沉没，损失惨重，华商拿不到欠款，加剧了西班牙人和华人的对立。同年，西班牙人强迫华人缴纳高额的身份税和租税，遭到了反抗，引发了吕宋岛屠华事件。从 1639 年 11 月到 1640 年 3 月，西班牙人屠杀了大概两万华人，这导致了中国和西班牙之间数年的贸易停滞。

1638 年，一位在菲律宾的西班牙官员说："最近从中国来了一小批杂货商品，但对马尼拉的商人来说已经是极大的安慰了。在过去的两年里几乎没有货船来过。墨西哥运来的白银很少，这使得他们担心今年中国人又不会来做买卖。"

最后，日本的德川幕府主持朝政后，从 1612 年开始锁国，1635 年下令只允许在长崎进行和中国、荷兰的贸易，1639 年把葡萄牙人彻底赶出了日本。日本反对葡萄牙人贩卖日本人到外国为奴，以及在日本传播基督教，认为这些行为威胁德川幕府的稳定。日本引入荷兰人代替了葡萄牙人，而且严格控制日本和中国贸易的规模。这毫无疑问对中日贸易产生了巨大影响。因为葡萄牙人一直占据澳门作为与日本和中国进行贸易的据点，葡萄牙人被禁止进入日本，必然会影响中国的白银收入。

贸易中断带来的冲击是巨大的，中国马上陷入巨大的经济危机。

首先，出口减少，非食物产品价格降低，而食物价格上涨（表 4.2）。丝绸、陶瓷和茶叶的主要产地为江南，因为贸易中断，这些产品价格暴跌；粮食供给不足，导致粮食价格上升。经济危机对江南地区的打击尤为严重。据记载，17 世纪 40 年代早期长江三角洲下游地区的经济活动实际上已接近停滞，生铜、铜币、生丝、丝绸、棉织品、桑蚕、土地和其他非食用物品的价格急剧下降。

苏州吴江文学家叶绍袁在《启祯记闻录》描述当时江南的经济危机惨状，粮食价格越来越高，饿殍遍野。1637年"米价向来腾涌，冬粟每石一两二钱，白粟一两一钱，此荒岁之价，而吴民习为常矣。自去秋及春，油价增至每斤净钱七八十文，大为可骇"；到了1640年春天，"米价加至每石一两六钱，未几，一两八钱"；接着在1641年正月，"糙粟每石二两二钱，冬粟二两五钱……油价每斤一百三十文"；"况疫疠盛行，有全家伏枕者，有数口中死亡过半者……鸭卵至十五文一枚，后加至二十三四文……米价已逾三两，切面每斤卖三十六文……十月中，糙米价至二两八九钱。白粟三两之外，凡中人之家，皆艰于食……父老竞传万历十六年（1588年）为大荒，然米价止一两六钱，又不月余而减"；到了1642年，"因米值每升至九十文有零，实难得食耳。民房多空废坍颓，良田美产，欲求售而不可得"。按照叶绍袁的记载，江南在1588年也发生了大灾，当时的米价最高也不过每石一两六钱，而且也就持续了一个多月就开始下降。到了1641年，米价竟然高达二两八九钱。到了1642年，价格更高，一升居然价值九十文，按照市场价格相当于一石米价值纹银八两一钱（当时市价一千文钱价值九钱纹银），而且有价无市。

　　从叶绍袁的记载来看，粮食价格高涨的主要原因显然不是自然灾害，而是经济危机。贸易兴盛多年，曾经用来种植粮食的土地被用来种植茶树、香料和养蚕的桑树，土壤也被挖来制作陶瓷，粮食产量下降。同时，崇祯皇帝为了镇压李自成的农民起义和对抗东北的清军，多次临时给军队加饷，导致大量农民破产。

其次，因为中国采用的是银和铜的双货币体系，白银输入减少，其相对价格不断上升。如果人们预期银价继续上升，就会窖藏银子，这样银子的流通更少，价值更高，一个不断强化的恶性循环便会出现，和元朝末年的经济危机一样，又回到了"劣币驱逐良币"这个问题。银子相对于铜币（钱）的价格在 1630 年之后快速上涨。1640 年，苏州作为长江三角洲地区的商业和银行业中心，叶绍袁注意到 1638 年时"净钱千文，重六斤余，值白银九钱有零；今仅值五钱零。其次通行之钱，止四钱五六分"。

最后，经济危机必然造成政府收入的减少。江浙地区一直是中央政府的钱袋子，那里发生经济危机对政权的危害是致命的。同时，经济危机和其他危机叠加在一起，促使人们窖藏白银，以备不时之需。这进一步推动了白银货币价值的提升，使得经济进入螺旋式的收缩状态。

在白银和铜钱共同流通的双货币体系下，老百姓平常的交易大部分用标准化程度高的铜钱；而白银由于价值较高，通常用于政府税收和大额交易。白银大幅度升值，铜钱相对贬值，这就导致了百姓税收加重和政府税收减少。崇祯后期，面对李自成的农民起义和东北清军的威胁，政府只得继续加税，这使得江南富裕地区人民不堪税务重压，只能逃亡，明朝政府的税基遭到了彻底破坏。贸易中断带来的危机，只是王朝全面瓦解的第一环，它首先带来了金融和经济危机，接下来，所有的危机都会爆发。

明朝的对外贸易是一种长期的单向贸易：中国出口丝绸、陶瓷、茶叶和香料等，从日本、美洲和欧洲进口大量的白银。这种长期单向贸易尽管持续了一百多年，但不会永远持续。当这种不平衡贸易无法维持，欧洲、美洲和日本没有足够白银出口中国的时候，市场就会用一场惨烈的危机来均衡贸易：明朝的崩溃和西班牙帝国的衰落同时发生。全球化的王朝兴衰给我们留下了很多思考空间。

东林党争：王朝内部政治结构的裂缝

从元朝灭亡的教训中我们可以看到，蒙古贵族的特权思想和中原儒家知识分子的加强中央集权思想，彼此纠缠争斗，导致政府政策出现分化和摇摆。

朱元璋建立的明朝严守儒家经典理论，经由科举考试选拔出来的大臣对儒家的道德和秩序坚定不移，这就容易造成君臣之间的对抗。皇帝是所有权力的来源，受命于天，所以皇帝不希望受到束缚；而大臣希望皇帝建立良好的道德典范，内圣外王，所以大臣可以基于道德标准对皇帝指手画脚。一直以来，大臣的进谏都被认为是一种对国家和皇帝忠诚的行为，皇帝如果因为大臣的进谏而处罚大臣，就会被认为昏庸无道。在明朝，皇帝有时拿大臣也没有办法，比如明仁宗就被李时勉的进谏气死；万历皇帝为了对抗大臣，则采取了软对抗政策，28年不上朝。

在朱元璋时代，皇帝废除相权，依靠非常残忍的镇压手段以及巨大的个人威望，压制住了内部的思想分裂，推进儒家执政思想。但是后继皇帝之中，除了朱棣，个人威望均不足以压制整个官僚体系，这就导致了后来的党争。到了明朝晚期，面对王朝的腐化堕落，一群有理想的读书人开始在一些仕途不得意的官员的带领下，以东林书院为中心，通过讲学实现政治联合，渐渐影响了中央政府高级官员的思想，东林党作为一个拥有巨大政治影响力的团体慢慢崛起。

东林党的崛起，与明朝官场以往的权力斗争不一样。比如之前的大太监刘瑾，或者张居正与冯保的联合，乃至朱棣发动靖难之役夺了侄子的皇位，明英宗发动夺门之变从弟弟那里夺回权力等，这些基本还是纯粹以权力为中心的斗争，不涉及思想。但是东林党不仅争权，更糟糕的是，他们还在执政思想方面造成国家内部分裂，让明朝在晚期重复了元朝灭亡的悲剧。

《弘光朝伪东宫伪后及党祸纪略》亦载："党祸始于万历间，浙人沈一贯为相，擅权自恣，多置私人于要路；而一时贤者如顾宪成、高攀龙、孙丕扬、邹元标、赵南星之属，气节自许，每与政府相持。而高、顾讲学于东林，名流咸乐附之，此东林浙党所自始也。"

东林党成立并扩大影响的契机是明朝的"国本之争"。万历皇帝即位后，立太子的问题摆上了台面。其皇后一生未生育子女，万历皇帝的长子朱常洛由王氏（万历皇帝生母李太后宫中的宫女）所生，他对王氏没有感情，所以对长子怀有偏见。他最喜欢的儿子是他所宠爱的郑贵妃所生的第三子朱常洵，所以他想立朱常洵为太子。可皇位继承在每个朝代都是一个重大问题，涉及国之根本。儒家传统提倡立长子为继承人，且在明朝，皇位的继承制度有明确的规定，父死子承，有嫡立嫡，无嫡立长；帝无子嗣，兄终弟及。从制度设计的角度，这确实减少了政治斗争。如果破坏长子继承的规矩，则意味着所有皇子都有机会继承皇位，会不断发生残酷的政治斗争，国家容易陷入动乱，这样的事情在元朝就接连发生。如果皇帝不立长子，这样一个不合传统的示范也很容易扩展到民间，引起社会秩序混乱。

几乎所有官员都给皇帝上书，要求立皇长子为太子，皇帝一直置之不理。迫于压力，1593 年，皇长子朱常洛、皇三子朱常洵和皇五子朱常浩一并封王，这个折中方案获得了首辅王锡爵的支持。① 此举意味着这三个儿子都有机会继承皇位，对很多官员来说是不能接受的。吏部文选司郎中顾宪成上书反对皇帝和王锡爵的"三王并封"，导致 1594 年被免职。于是顾宪成回到家乡无锡，复开东林书院，讲学、写信、辩论，针砭时弊，提倡加强个人道德修养。

在此之前，东林党的思想其实已有萌芽。顾宪成、高攀龙、钱一本等被贬官员在东林书院定期聚会讲学，针砭时弊，讽议朝政，裁量人物。东林党的核心人物都曾高居朝堂，他们反对王阳明的心学，反对空谈，崇尚实践。"知辅行主""崇实黜虚""学问不贵空谈，而贵实行""学问必须躬行实践方有益"是他们的主要观点。

他们针对当时的一些实际问题，提出了一些具体的政策，并

---

① 历史有很多巧合，王锡爵的曾孙王掞在清康熙年间官至大学士，卷入康熙继承人之争。

造势宣扬，影响了一大批官员的理念。在经济上，东林党人主张既重视农业，也重视工商业，希望政府减少税赋，垦荒屯田，兴修水利，反对皇帝派遣矿监税使到各地疯狂掠夺；政治上，他们反对宦官专权，"政事归六部，公论付言官"，使天下"欣欣望治"；在军事上则希望加强辽东军事力量，积极防御北方游牧民族的进攻。

在这些政策之外，他们还提倡皇帝和官员讲究道德，以身作则，让国家治理臻于郅治。这符合儒家修身、齐家、治国、平天下的理念。

晚明政治混沌，而东林书院提倡道德，回归儒家传统，崇实黜虚，在实践中坚持自己的观点。很多官员慢慢接受东林书院提倡的观念，团结在东林书院周围，东林党由此形成。

在评价个人是非的时候，我们总喜欢用"君子"和"小人"的二分法。《东林事略》开卷就说："尝观国家之败亡，未有不起于小人倾君子之一事，而小人之倾君子，未有不托于朋党之一言。"东林党人"多以风节自持，然议论高而事功疏，好名沽直"。从很多关于东林党人德行的相关文献中可以看出，东林党的创始人顾宪成保持了很高的道德水准，即"清节姱修，为士林标准"，但不是所有的东林党人都有良好的道德品性。因为东林党人聚集在一起不是基于利益，而是基于理念，没有严格的选拔和筛选机制。东林党的核心人物李三才就不能算是一个道德完美之人。1609年内阁缺人，东林党和西北官员推荐了漕运总督李三才，但是工部屯田司郎中邵辅中等人上书参奏其"贪、险、假、横"，以

第五章　对外开放和全球化不平衡：晚明的繁荣与崩溃　　153

及"起建花园，吞占国家祖宗相传木厂地百余亩"等罪名。李三才是一个很有能力的人，敢于对抗宦官税使的横征暴敛，减轻百姓负担，同时他生活奢侈、为人豪爽，笼络朝士，结交者遍天下，和顾宪成交好。其实这些大臣参奏李三才的真实目的也不是要惩治贪腐，而是要掀起反东林党派与东林党之间的政治斗争。

由于以东林党人为核心的官员不断施压，万历皇帝终于在1601年让步，立虚龄已二十的朱常洛为太子。这可以算是东林党人的一个（或许是唯一一个）巨大胜利，这个胜利也鼓舞和强化了他们的联合。

东林党等人对皇帝的批判导致了万历后期的怠政，皇帝和官员之间的关系也恶化了。虽然万历皇帝不认同东林党人的政见，但也没有对他们痛下杀手，大多数时候只是漠然视之，放任东林党和反东林党之间的斗争。

东林党人在经济领域强调既要发展农业，也要发展工商业，反对朝廷与民争利——这不仅和他们的道德诉求一致，也和他们作为地主和富豪阶层的利益代表的身份相符。1573—1620年（万历时期），东林党人参与了另外一场著名的政治斗争：矿税之争。由于内廷消耗巨大，内库入不敷出，皇帝为了增加税收，派出宦官作为矿监对各地矿山严加稽查。但由于宦官和豪强勾结，串通一气，导致腐败横行，工商凋敝。从道德的角度来看，这样的政策违背了"不与民争业"的准则，于是东林党人从道德出发批判皇帝。

但从经济利益角度来看，东林党人主要出身于富裕的江南地区。因为明朝对有功名的士绅免税，因此出现了前文提到的投献风潮，土地兼并非常严重。官僚具有多重身份，他们是知识精英，也是地主和富豪，例如松江出身的首辅徐阶就是当时的大地主之一。作为理性的经济人，他们自然在朝堂内外呼吁王朝减少赋税，从而有利于其家族资产的保值与增值。尤其在明晚期，随着对外贸易规模的扩大，资本主义已经萌芽，江南吴越地区的工商业非常发达，这些官员自然希望减少商业干预、减税、促进经济发展。朱棣迁都北京后，将南京设为"留都"。1441年，明朝的中央政府分为北南两京，并成为定制。南京的政治地位确实不如北京，但其象征性地位一直没有变化。南京的政府负责江南地区的安全保卫和税赋征收。两京之间政治联系密切，无锡的东林党和南京的很多重要官员联系紧密，从而影响北京的朝廷。但是，南京政府没有北京政府强势，对文化比较宽容，对工商业发展比较支持。东林党人虽然对成员籍贯没有限制，但是东林书院设在无锡，很多重要和有影响力的成员都来自江南地区，因此东林党在一定程度上代表了江南的地主和富裕工商阶层的利益，他们基于自身的利益关系，自然反对加税。

万历皇帝也有难处，在他统治的中后期，烽火四起，内外不稳，尤其是"万历三大征"，军费开支巨大。1592—1600年，明朝先后在中国西北、东北、西南边疆展开了三次大规模军事行动；平定蒙古哱拜的宁夏之役（1592年）、抵御日本丰臣秀吉入侵朝鲜的朝鲜之役（1592—1599年），以及平定播州土司杨应龙的播州之役（1599—1600年）。尽管三战皆胜，但国力损耗巨大。《明史·王德完传》记载："近岁宁夏用兵费百八十余万，朝鲜之役七百八十余万，播州之役二百余万。"另外，《明史·陈增传》记载："宁夏用兵，费帑金二百余万。其冬，朝鲜用兵，首尾八年，费帑金七百万。二十七年，播州用兵，又费帑金二三百万。三大征踵接，国用大匮。"这三场规模不算太大的战争一共耗去了约一千二百万两银子，基本耗光了万历中兴所积攒的家底。所以明中央政府到了1600年之后，又变得非常缺钱，不得不与民争利。

1620年，万历皇帝在位48年后驾崩，太子朱常洛即位，这就是明光宗，年号泰昌。

朱常洛的顺利继位对东林党人来说是利好，因为朱常洛一直以来都得到东林党人的支持，他与东林党人也非常亲近。朱常洛即位后马上推行了东林党人的部分政策主张。正当东林党人准备大展拳脚的时候，即位仅仅一个多月的朱常洛就去世了。当然，他的死引发了很多争议，这就是红丸案。

继位者是朱常洛的长子朱由校，这就是明熹宗，明朝第十五位皇帝，年号天启。1620年是明朝也是中国历史的关键一年。这一年，明朝换了三个皇帝，尤其是万历皇帝的去世，代表了万历中兴的结束，明朝也彻底走向崩溃。

天启皇帝登基时只有16岁，没有接受过良好教育，在刚刚即位的时候，因感激东林党人拥戴之功，他提拔了一大批东林党人。但是，皇帝生母李氏利用皇帝年少而试图干政，东林党人左光斗和杨涟等对此都持反对态度，不让李氏与皇帝同住，迫使她移居别处，这就是移宫案。移宫案发生后，孤独的皇帝越来越信任陪他长大的大太监魏忠贤。而天启皇帝本人最喜欢的事情则是做木工，他把朝政大事都委托给了魏忠贤。在魏忠贤的周围形成了一个权力团体，史称"阉党"，阉党和东林党的政治斗争非常激烈。由于天启皇帝信任魏忠贤，魏忠贤利用自己所掌握的东厂，大举清除东林党人，共有十余名核心东林党人被处死，其中就包括杨涟和左光斗，皇帝甚至在1626年下令拆除了东林书院。

天启皇帝在1627年夏天驾崩。他没有儿子，于是依例由他17岁的弟弟朱由检继位，这就是明朝的末代皇帝明思宗，年号崇祯。崇祯皇帝即位后马上清除魏忠贤的势力，迫使魏忠贤自杀。随后部分东林党人的名誉和官位得以恢复，但是东林党的声势和影响力已经大不如前。由于崇祯厌倦党争，也想摆脱党争，所以他试图在内阁里平衡东林党和非东林党的势力。内阁里虽有东林党人，但是首辅由反对东林党的大臣（包括温体仁、周延儒等）或者持中立态度的大臣担任，并且不断有东林党人因被举报贪污、失职等而被解职，其中也包括钱谦益、何如宠、孙承宗、钱象坤等名臣。崇祯皇帝试图回避朝廷的党争，却恰恰不断陷于党争，导致政策持续摇摆，加速了明朝的灭亡。

东林党人以道德为准则践行人生，但是，对于一个风雨飘摇中的王朝，面对如火如荼的农民起义和强大的边境敌军，最需要的是有能力解决问题的人，而不是在什么时候都按照道德的准则来评价官员和皇帝的人，后者必然会带来政策的混乱。尤其是因为东林党反对加税，政府增加收入的举措一直受阻，导致没有足够的财政收入来支撑军事行动。

王朝的灭亡：危机全面爆发

对刚愎自用的崇祯来说，坏消息真是越来越多。西班牙人和日本人基本上切断了和中国的贸易，江南地区出现严重的经济危机。这时北京的朝廷还在为道德问题争论不休，自然灾害和兵灾又叠加肆虐。江南灾害连连，1639—1640年浙江北部发生水灾，1641年又发生旱灾和蝗灾，1642—1643年同时发生水灾和旱灾。因为中国出口的产品主要为丝绸、陶瓷和茶叶，生产这些商品需要大量土地，不得不与粮食种植争地，而灾害使得粮价飞涨，民不聊生。从1637年年底到1642年，五年间米价上涨逾六倍。

在李自成和努尔哈赤攻势扩张的背景下，在田赋等正税之外，各种摊派和加饷越来越多。明朝末年临时加派的三大饷：辽饷（明末辽东驻军饷项，又指为筹措该项而加派的赋银）、剿饷以及练饷，给百姓造成了沉重的负担。

在东北，清军不断壮大，明朝在1630年前后军费急剧扩张，1631年辽饷的总额达到了10 299 602两白银[1]，考虑到正常年份的明朝中央政府预算为200万两左右，可以发现辽饷竟然占明朝中央预算总支出的大约83.7%。在西北，1630年年初发生旱灾，李自成带领饥民揭竿而起，四处劫掠。为了镇压李自成的农民起义，明朝在1637年不得不开征剿饷。

1626年甚至开始实行辽饷预征制，每年十月预征第二年辽饷，

---

[1] 项怀诚主编，陈光焱著，《中国财政通史.明代卷》，第138页。

百姓负担越来越重。我们可以从表5.3看到从1620年起大多数年份的辽饷金额都超过400万两,这是正常年份一整年的收入。

表5.3 明万历、天启、崇祯三朝田赋加派占辽饷总数的百分比

纪年		公元（年）	（1）辽饷合计（两）	（2）田赋加派（两）	（3）杂项增加（两）	（4）盐课加派（两）	（5）关税加派（两）	（6）田赋占合计百分比
万历	四十七年	1619	2 000 031	2 000 031	—	—	—	100%
	四十八年	1620	5 200 060	5 200 060	—	—	—	100%
天启	元年	1621	4 456 186	4 251 513	116 006	59 425	29 242	95%
	二年	1622	2 916 096	1 810 525	689 383	363 716	52 472	62%
	三年	1623	4 659 376	3 515 712	1 010 000	68 424	65 240	75%
	四年	1624	4 245 355	3 610 000	500 000	70 015	65 240	85%
	五年	1625	4 992 680	3 610 000	1 200 000	117 440	65 240	72%
	六年	1626	5 497 240	3 610 000	1 150 000	537 000	200 240	66%
	七年	1627	5 450 120	3 610 000	1 100 000	540 000	200 120	66%
崇祯	元年	1628	3 910 000	3 000 000	600 000	210 000	100 000	77%

资料来源：本表整理自朱庆永，《明末辽饷问题》，原载于《政治经济学报·经济统计季刊》，1935年第4卷第1期。（2）—（5）的数据均引自该文，并据此计算（1）（6）两栏。朱文原载的辽饷"实收总数"有七项与田赋、杂项、盐课、关税等加派的合计总数不符，可能因为田赋加派等四栏系额徵数，亦可能是计算或排印错误所致，提请读者注意。

明朝经过两百多年的发展，官僚机构急剧膨胀。按照历代官制，汉朝公务员编制满员为7 500人，唐朝为18 000人，宋朝冗员较多，扩张为34 000人。到了明朝，从1469年起，武职公务员达8万人，文武公务员合计在10万以上。明末有民谣："职方贱如狗，都督满街走。"虽然朝廷强调官员节俭，但是衙门冗

员还是越来越多。宗室人口和皇城规模更是空前扩张。到了万历年间，宗室人口已超60万，试想，每人每年就算只得10两的赏赐，这一项的开销也有600万两，财政自然不堪重负。在紫禁城，围绕皇帝和宗室的各种服务人员，包括卫士、太监、宫女、工匠、艺人等，也已经超过了10万人。皇城内机构臃肿，设有十二监（比如司礼、尚衣、印绶等）、四司（如钟鼓、宝钞等）和八局（如浣衣、巾帽、针工等），合称"内官二十四衙门"。这些开支加上皇家各种庆典、修建陵寝，构成了庞大的国库支出。

崇祯本身算是一位勤勉的皇帝，但他刚愎自用，导致君臣关系非常紧张。他有几个人格缺陷：第一，好面子，遇到好事都觉得是自己圣明，遇到坏事则没有担当，希望臣子给他背锅；第二，遇到挫折、心情不好的时候，要杀大臣泄愤。崇祯在位17年间，换了19名内阁首辅，同时有7名兵部尚书死于非命。崇祯这种性格，导致整个朝廷在面对重大危机的时候，没有大臣愿意提出解决方案，而皇帝又总是等待大臣主动给他出主意。大臣们知道，面对战争与议和这样的重大问题时，在打不过李自成和清军的前提下，无论提出议和还是请降，最后都难逃被皇帝惩处的下场。就这样，皇帝在等待中迎来了京师被围、被迫自杀和大明亡国的结果。

1627年崇祯登基时就面临一系列严重的政治、经济和军事危机。"崇祯元年，陕西大饥，延绥缺饷，固原兵劫州库。"面对经济危机，朝廷不得不采取开源节流的方法。"开源"就是增加税收，尤其是对江南地区加税。1639年的增税与灾害叠加，民不聊生，百姓拖欠税款，无法耕作，只得背井离乡，因而盗匪猖獗。政府越发失去威信，抗租和抗税频繁发生，起义四起。"节流"就是对公务员裁员分流，尤其是裁减基层的驿站人员，1629年年初，全国1/3的驿站被裁，但皇室和贵族成员奢侈的生活支出并未减少。这样的裁员政策，反而壮大了起义军队的实力。受过专业军事训练的基层官员不断加入，起义军的组织能力得到加强。李自成原本就在驿站工作，正是因为失业才揭竿而起的。

加税没能增加收入。政府的收入因经济危机的爆发而急剧下降，但是支出由于各种原因无法削减。皇帝拼命维持将倾的明朝，但到了1644年，就再也无法继续了。1644年年初，政府所欠军饷已达数百万两，而南方收来的税款只有几万两，国家粮仓已经空虚。当时有民谣："明军不满饷，满饷不可敌。"本就捉襟见肘的军饷，被各方贪污、克扣，士兵甚至无法糊口。当北京城被李自成包围时，明朝驻军已经五个月没拿到军饷，士气涣散，无法抵抗起义军。《明史·李自成传》记载："京师久乏饷，乘陴者少，益以内侍。"崇祯皇帝在1644年自尽，时年三十四岁。次日凌晨，李自成骑着乌驳马，率领军队出现在北京城的大街上。

1644年年初，李自成在西安称王，定国号"大顺"。李自成可能是被逼无奈才攻打北京城的，我们如果从经济角度分析，就很容易理解这一点：上百万起义军需要庞大的军饷，但是起义军不事生产，没有建立可持续的财税体系，抢劫富人是他们主要的收入来源。明朝有一首关于闯王李自成的民谣：

> 朝求升，暮求合，近来贫汉难存活。
> 早早开门拜闯王，管教大小都欢悦。
> 杀牛羊，备酒浆，开了城门迎闯王，闯王来了不纳粮。
> 吃他娘，着她娘，吃着不够有闯王。
> 不当差，不纳粮，大家快活过一场。

这些起义军"不纳粮"，且又吃又喝，粮食和钱财从哪来？起义军一路从陕西打来，经过山西、河南、河北等省，不断有饥民加入，规模空前壮大。他们一路征战厮杀，沿途能够掠夺的富人财产已经被掠夺得差不多了，再无资源支撑不断扩大的军队。这就是我们前面所讲的流寇模式。当然，李自成一定会想到北京的太仓，那里应该有更多财富支撑他。

李自成刚入北京城时，士兵纪律严明，李自成下令，敢有伤人及掠夺财物、妇女者杀无赦，故而北京城秩序恢复良好。可惜，李自成在皇宫和国库并没有发现他所期待的金银珠宝，无奈之下，他在一周之后开始实施"助饷"政策，任命大将刘宗敏和李过等人搜刮京城官员富户的财产，据《甲申核真略》记载，他规定助饷额度为："中堂十万，部院、京堂、锦衣七万或五万、三万，科道吏部五万、三万，翰林三万、二万、一万，部属而下则各以千计矣。"除了普通的拷打，刘宗敏还专门制作了一些残酷的刑具，北京城顿时成了人间地狱，到处都是人们被毒打的惨叫声。

经过多年的战乱，明朝国库已经空虚，如果财政充裕，又何至于崩溃？当刘宗敏等人对明朝官员抄家的时候，军队也开始抢劫商贾和百姓。因为缺少财政资源，李自成很快失去了对军队的控制——他试图控制军队，但因为没有足够的钱粮而基本没有成效。起义军因抢劫失去了道义和群众支持。未能从流寇转变为坐寇，是大部分农民起义失败的主要原因，朱元璋是为数不多的转型成功的起义领袖，而李自成是转型不成功的众多案例之一。

每一个朝代的兴替都有一些相似处。

明朝 1573—1620 年（万历年间）的繁荣是由隆庆开关这样的开放政策造就的。中国在那一次全球化浪潮中，大量出口丝绸、陶瓷和茶叶，收获大量白银，迎来了经济繁荣，也为张居正的一条鞭法改革提供了充足的财富基础。但是，一旦对外出口受阻，没有白银的流入，国内经济无法循环，明朝就立马陷入经济危机。因为当时东南沿海的土地多用于生产出口的陶瓷、茶叶、丝绸和香料等物品，贸易中断后这些非必需品因供给过剩而价格暴跌，粮食却由于供给短缺而价格暴涨。

同时，面对外敌入侵和自然灾害，政府应对失当，加剧了危机。面对财政收入减少，支出却必须扩张的财政窘境，朝廷采取了不适当的开源节流政策。加税一方面破坏了税基，让大量百姓被迫卖地逃亡，不仅没能增加财政收入，反而使政府失去了民众支持，反抗四起；另一方面，裁员又使得政府精英加入敌对势力，壮大了起义军。

当明朝处于风雨飘摇中，需要解决各种政治、经济和军事难题的时候，以东林党人为代表的部分官员挥舞着道德准则的大旗，反对加税。他们客观上加剧了党争，让王朝内部分裂，政策进退失据，重复了元朝灭亡的教训。

李自成虽然打进了北京城，但他没有解决起义军的财政收入可持续问题，一直用流寇模式管理起义军，没能转型为坐寇。没有健全和可持续的财政金融体系，任何政权都是很难长期经营下去的。李自成的失败又一次验证了从流寇转变为坐寇的艰难。

1644年明朝灭亡的时候，地球另一边的西班牙经过三十年战争，也从世界霸主的地位上跌落了。三十年战争主要是天主教和新教国家之间的武装冲突。日耳曼各邦国的人口损失了25%~40%，超过一半的成年男性死亡。[1] 鉴于死伤太过惨重，参战双方于1648年5—10月，在现在德国明斯特附近签署了《威斯特伐利亚和约》，宣布停战。《威斯特伐利亚和约》建立了主权国家的概念，反对一国干涉别国内政，使得国家间的侵略战争得到有效遏制，这是现代国际法的一个重要起源，建立了现代欧洲政治的基本框架。

世界的各个国家之间好像存在共振现象。其实明朝在大量进口白银的时候，它的经济发展和国家命运就与西班牙、日本等白银出口国家，以及葡萄牙和荷兰等贸易国家的命运形成了一种共生关系。当这种共生关系被切断的时候，可能导致二者同时衰落。这也标志着第二次全球化的结束。

---

[1] Wilson, P. H.. *Europe's Tragedy: A History of the Thirty Years War*. London: Allen Lane, 2009.

小结：明朝灭亡的教训

从经济角度来看，明朝灭亡是经济危机的必然结果。与此同时，明朝赶上了大航海时代，中国的命运已经与其他国家通过贸易联系在一起了。

从贸易角度来看，大航海时代，中国向欧洲和日本出口陶瓷、丝绸和茶叶等商品，拉动沿海和江南的经济发展，同时也从全世界进口了大量白银，为张居正的一条鞭法改革提供了货币基础，从而带来了晚明的万历中兴，明朝享受了全球化贸易带来的红利。但是，中国作为一个贸易大国，贸易不平衡不可能永远持续下去。当西班牙政府发现自己的货币不足，开始在南美殖民地查禁走私，日本幕府政权开始闭关锁国时，中国的对外贸易就被迫中止，这给晚明带来了一场致命危机。粮食价格上涨，财政收入下降，这是明朝崩溃的最重要原因。

再从财政收入的角度来看，明朝给公侯官绅等豪强家族减免田赋和徭役，这使得普通百姓税负增加，不得不把土地投献给免税的官绅家族，自己成为官绅家族的长工或者仆役，导致土地兼并越发严重。尽管朱元璋预知投献弊端，并制定了严刑峻法防止投献，但经过两百多年的发展，官僚必然会掌握越来越多的免税土地和财富，使得利益板结。政府如果要增加税收，只能继续挤压普通百姓，而这反过来会诱发更多投献。同时政府官员既是知识精英，又是大地主和大富豪，掌握了国家的经济命脉，皇帝已经无法与之对抗。东林党就是这个阶层的利益代表，皇帝试图打破利益板结的任何做法，包括增加国家税收、减轻普通百姓负担的改革，都会遭到激烈的抵抗。

从财政支出的角度来看，大明王朝不断膨胀的支出在很大程度上是由于皇室花销的不断增加。到了中晚期，皇室人口居然超过六十万人，这部分支出让皇帝苦不堪言。皇帝只能指使太监到处搜刮钱财，造成了很多政治和经济问题。对于如何减少特权阶层的花销，明朝一直束手无策。

最后，从金融的角度来看，明朝开国使用了纸钞，但明朝初年多次北伐使得财政入不敷出，只能通过增发钞票来渡过难关，这造成了严重的通货膨胀。于是，人民慢慢放弃了纸钞，使用白银作为稳定的货币。财政的货币化不再是增加收入的一个手段，纸币也没能为经济起到缓冲的作用。

第六章

茶叶和鸦片：
康乾盛世、内卷和文明冲突

清军入关：从流寇到坐寇的艰难转型

当摄政王多尔衮带领清军于1644年进入紫禁城时，作为一个少数民族政权，清朝政府面临和元朝政权以及李自成起义军一样的难题：如何从流寇转变为坐寇？

清朝从努尔哈赤开始就任用了很多汉人，其中翘楚就是名臣范文程。清军仿效中原传统，在盛京（今沈阳）建立了一个高效运作的中央集权政府。多尔衮进入京师后，马上宣布留用所有前朝官员，并禁止清军抢劫平民和强奸妇女。清朝在统一整个中国的过程中，从政治结构上来讲，基本可以说和明朝无缝接轨。

多尔衮率领清军进入北京城两天后，就为崇祯皇帝举行了隆重的葬礼。他下谕："令官吏军民为明帝发丧，三日后服除，礼部太常寺具帝礼以葬。"此事深得故明官绅之心。他接着采纳范文程的建议，"安抚孑遗，举用废官，搜求隐逸，甄考文献，更定律令，广开言路，招集诸曹胥吏，征求册籍"。

明军士兵长期被克扣军饷，士气低落，而清军通常是满饷，士气高昂，因此很多明军士兵向清军叛变或者投降。清军战斗力很强，连续获胜，不断扩大占领地，对占领地的掠夺是士兵的重要收入来源，故军事实力呈现此消彼长的变化，清军很快就占领了整个中国。从数量上来说，清军人数不多，在十万人左右，但是明朝残余势力在大敌当前的时候还在争权夺利，东林党和复社以"气节自持"掀起党争，明朝内部不团结，最后被清军轻松击溃。

尽管清军也遇到了一些坚决的抵抗，比如扬州的史可法，但总体而言，明朝的大部分民众很快就接受了新政权。从意识形态角度来说，崇祯是在李自成攻破北京城时自杀的，李自成因此被明朝遗老视为乱臣贼子。清朝灭了明朝的"贼"，对一些知识分子来说，相当于报了明朝的仇，情感上还是可以接受清朝的。

在文化方面，清朝的统治阶层不强迫民众学习满文，而是主动适应儒家文化；在政治权力的最高层，皇帝认真学习汉文化，满人和汉人分享政治权力。当然，清朝也采取了一些强硬手段，防止在意识形态上出现挑战政府的群体。这些措施包括强制剃头，以分辨出谁是反抗者，并对反抗者进行严厉处罚；大兴文字狱，对怀念前朝和不满清朝统治的文人采取严酷的镇压手段。

面对经历了自然灾害、经济危机，又到处是战争废墟的国家，全面恢复经济和社会秩序，才是真正的挑战。

明朝末年，由于连年战争且灾害多发，政府加征了各种赋税，尤其是辽饷、剿饷和练饷。但是，税赋相关的资料在战争中被焚毁，只有万历时代的故籍还在，多尔衮等人欲下令各省提交新的税务资料，但是范文程建议直接以万历时代的故籍为基准："即此为额，犹虑病民，其可更求乎？"多尔衮接受了范文程的建议。这样，明朝末年附加征收的三饷就被取消了，大幅减轻了民众的负担。由于沿用的是万历时期的税册，他们也就沿用了张居正的一条鞭法，在江南等地区严查税收，保证了政府有充足的财政收入。腐败是每个朝代灭亡的重要原因之一，对于一个新生的政权，在形势不稳的时候防止官员趁火打劫和贪污腐化至关重要。同年，清政府发布公告，规定告发官吏贪污的人可以获得赃款的1/3。这一系列政策稳定了社会秩序。

清朝仅靠十几万人的军队就征服了整个中国，犒赏将士需要良好的制度安排，否则没人会卖命。土地是农业社会最重要的生产要素，也是最重要的财产。圈地在清朝初期是对胜利者的一种奖励手段，清军攻下北京后，在京畿地区圈地和占领房产，其中既包括一些明朝皇室的、达官显贵的、无主的土地，也有一些农民的土地和房产，导致农民流离失所。这些失地农民中的一部分人只能投充到八旗贵族的庄园，沦为农奴，另外一部分则流亡他乡，社会上于是出现了大量流民。为了防止流民重新组织起来威胁新生政权的稳定，清朝在入关后制定了非常严酷的法律，设立督捕衙门抓捕逃人，一经查获，窝主就地正法，地方官员不能觉察者连坐，逃亡三次者处以绞刑。

清朝统治阶层本身人口较少，要控制这样一个大国，保障政权稳定，必须对人口加强管理和控制。在前朝的基础上，清朝继

第六章　茶叶和鸦片：康乾盛世、内卷和文明冲突

续实施非常严格的户籍管理制度。按照户主的主要职业，把户口严格划分为四类：军户、民户、匠户以及灶户，然后把居民的户籍也分为四类：军籍（亦称卫籍）、民籍、商籍、灶籍，严格按照其祖籍登记。户籍迁徙受到严格控制，只有少数情况下才可以改换户籍。"如人户于寄居之地置有坟庐逾二十年者，准入籍出仕，令声明祖籍回避。倘本身已故，子孙于他省有田土丁粮，愿附入籍者，听。"

顺治皇帝下令编制户口牌甲，严格监控人口的流动。《清史稿·食货志》记载："州县城乡十户立一牌长，十牌立一甲长，十甲立一保长。户给印牌，书其姓名丁口。出则注所往，入则稽所来。其寺观亦一律颁给，以稽僧道之出入。其客店令各立一簿，书寓客姓名行李，以便稽察。"1757年的规定更详细："直省所属每户岁给门牌，牌长、甲长三年更代，保长一年更代。凡甲内有盗窃、邪教、赌博、赌具、窝逃、奸拐、私铸、私销、私盐、踩曲、贩卖硝磺，并私立名色敛财聚会等事，及面生可疑之徒，责令专司查报。"

由于害怕海盗以及明朝残余势力（包括郑成功势力）的骚扰，清朝建国之初，延续了《大明律》中的海禁政策，在1656—1684年几乎全面禁海，在东南一些地方甚至要求沿海居民内迁五十里，不允许与海上任何人员接触，试图中断海上反清势力的补给，这也导致了对外贸易基本中断。

由于战争的破坏、对外贸易的减少，以及恶劣气候的持续，清军入关后的半个世纪中，国内经济都处于萎缩状态。在战争最残酷的地方,"荒烟百里,满目疮痍",人口大量死亡,土地荒废。比如,农民起义首领之一张献忠所占领的四川省陷入无休止的战乱,在整个过程中大约有 685 万人死亡,只有 50 万人残存,耕地也只剩下 1/10,川中地区的成年男子在康熙初年只剩下 1 万多人。[①]《清史稿·食货志》记载:"四川经张献忠之乱,孑遗者百无一二,耕种皆三江、湖广流寓之人。雍正五年(1727 年),因逃荒而至者益众。谕令四川州县将人户逐一稽查姓名籍贯,果系无力穷民,即量人力多寡,给荒地五六十亩或三四十亩,令其开垦。"在采取政策从湖广地区把大量人口移入四川后("湖广填四川"),经过一个多世纪的发展,人口才初步得以恢复。

我们从《清史稿》里面可以看到,1644—1722 年(顺治和康熙年间),各地几乎每年都有大规模的旱灾、水灾以及蝗灾,都造成了饥荒,经济形势一直不稳定,时有起义。

清朝借鉴了元朝失败的教训,对蒙古草原采取了不同的统治方式,主要通过联姻、封王和赏赐等怀柔手段,拉拢蒙古贵族。由于皇太极打败了末代大汗林丹汗,东部蒙古投靠了清朝,并和清朝结盟,建立了蒙古八旗,成为清朝统一全国的重要军事协助力量。但是,清初西北的准噶尔越来越强大,不时威胁边疆,经过康熙、雍正和乾隆三朝前后七十多年的征战,才最终平定。除此之外,西南的平西王吴三桂在 1673 年发动了叛乱,1681 年被彻底镇压,历时八年。

---

① 葛剑雄主编,曹树基著,《中国人口史.第 4 卷,明时期》,复旦大学出版社 2000 年版。

18世纪初，气候逐渐变暖，清朝的整体经济形势得到了恢复和发展。按照清朝的官方人口统计数据，从清朝初年到1709年，人口数量基本保持在两千万左右。在还算和平、没有大规模战乱的五十多年时间里，人口没有大幅增加，说明当时的经济状况确实不乐观，人民生活穷困。虽然粮食价格很低，但是大家仍然买不起。百姓普遍缺钱，卖儿鬻女、男盗女娼屡见不鲜。社会风气极度败坏。

明末清初的著名思想家唐甄在其名著《潜书·存言》中描写了1690年左右的清朝社会经济凋敝的状况：

> 清兴，五十余年矣。四海之内，日益困穷，农空、工空、市空、仕空，谷贱而艰于食，布帛贱而艰于衣，身转市集而货折赀，居官者去官而无以为家，是四空也。金钱，所以通有无也。中产之家，尝旬日不睹一金、不见缗钱。无以通之，故农民冻馁，百货皆死，丰年如凶。良贾无算，行于都市，列肆焜耀，冠服华胧；入其家室，朝则熄无烟，寒则蜎体不申。吴中之民，多鬻男女于远方，男之美者为优，恶者为奴，女之美者为妾，恶者为婢，遍满海内矣。困穷如是，虽年谷屡丰，而无生之乐，由是风俗日偷，礼义绝灭，小民攘利而不避刑，士大夫殉财而不知耻。谄媚愔淫，相习成风，道德不如优偶，文学不如博弈，人心陷溺，不知所底。此天下之大忧也。

这段内容之后，唐甄更是指出了问题的症结所在——现在皇帝是明君，也没有军事冲突，国家贫困一定是官员的责任：

> 征之在昔，天下既定，苟无害民之政，未有一二十年而民不丰殖者。今也天子宽仁而恤民，兵革偃息，国家无事，享国岁久，勤于庶政，而困穷若此，是公卿之过也。
>
> 立国之道无他，惟在于富。自古未有国贫而可以为国者。夫富在编户，不在府库。若编户空虚，虽府库之财积如丘山，实为贫国，不可以为国矣。国家五十年来，为政者无一人以富民为事，上言者无一人以富民为言。至于为家，则营田园，计子孙，莫不求富而忧贫。何其明于家而昧于国也！

17世纪30年代世界贸易中断之后，清朝初年采取了严格的海禁政策，到了18世纪中期才逐步恢复对外贸易。我们可以看到在1640年之后，白银的进口数量急剧下降，在1700年之前都没有任何恢复的迹象（表6.1）。白银的价格在明朝末年的时候大涨，尽管清军入关后有所下降，但是在1700年之前的一段时间又有反弹（图6.1）。除了文字描述，各种经济指标都显示清朝统一全国后的经济萧条没有改善。明末清初的文人张岱在明亡后写了一本笔记《陶庵梦忆》，回忆明朝灭亡之前的美好生活，记录了那个时代的浮华与富足，与明亡后整个社会的混乱、苍凉与萧条，形成了鲜明的对照。

表 6.1　1600—1700 年中国进口白银的数量估计

(单位：吨)

年份	日本	菲律宾	印度洋	总计
1601—1605 年	?	129.1	18.5	147.6+
1606—1610 年	124.2	197.6	18.5	340.3
1611—1615 年	259.2	137.3	18.5	415.0
1616—1620 年	256.5	80.6	18.5	355.6
1621—1625 年	286.7	?	18.5	305.2+
1626—1630 年	201.4	39.7	18.5	259.6
1631—1635 年	344.5	73.0	18.5	436.0
1636—1640 年	495.8	58.5	18.5	572.8
1641—1645 年	209.0	39.6	—	248.6
1646—1650 年	166.4	21.3	—	187.7
1651—1655 年	173.7	10.5	—	184.2
1656—1660 年	296.6	5.9	—	302.5
1661—1665 年	325.5	5.3	—	330.8
1666—1670 年	79.1	3.3	—	82.4
1671—1675 年	104.1	1.8	—	105.9
1676—1680 年	116.0	7.3	—	123.3
1681—1685 年	116.0	12.9	—	128.9
1686—1690 年	13.7	29.4	—	43.1
1691—1695 年	13.7	33.8	—	47.5
1696—1700 年	13.7	73.5	—	87.2
总计	3 595.8	960.4	148.0	4 701.1

资料来源：von Glahn, R.(1996). Myth and Reality of China's Seventeenth-Century Monetary Crisis. *The Journal of Economic History*.56 (2), 444。

进入 18 世纪后，气候变得温和，各种内外战乱基本平息，清政府施行"摊丁入亩，永不加赋"政策稳定民心，经济形势大为好转，进入了康乾盛世。

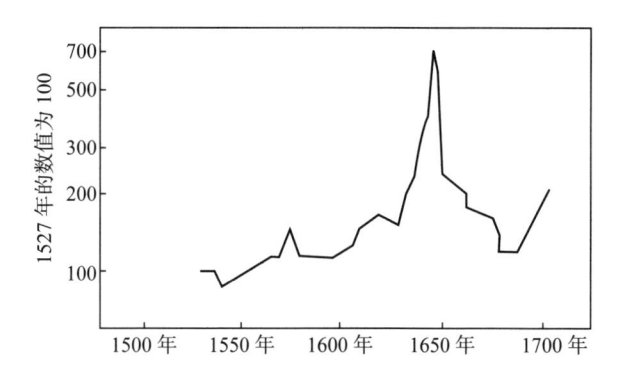

图 6.1　江南地区银和铜币之间的兑换比率的变化（1527—1712 年）

资料来源：von Glahn, R.(1996). Myth and Reality of China's seventeenth-Century Monetary Crisis. *The Journal of Economic History*, 56 (2): 429-454。

康乾盛世的基石：摊丁入亩和火耗归公

可持续的税收制度对一个政权的稳定和发展至关重要。没有税收资源，一个政权是无法维持的。中国古代社会以农业为主，对土地和人口直接征税是一项长期的政策，即田赋和丁税，这是王朝税收的主要来源，也是国家政权渗透社会基层的重要工具。清朝在这两个税收项目上做了开创性的努力。

进入 18 世纪，清朝经过五十多年的发展，康熙皇帝遇到了中国历史上的周期性问题：土地兼并。清军入关后，采取圈地等方法获得了很多耕地，但对于南方富裕地区，土地制度并没有做调整，仍然延续了明朝的产权分配。南方和北方土地兼并盛行，分配严重不均。

在一些地区，80%的人口没有土地，超过95%的土地掌握在不到10%的人口手中（表6.2）。中国自古以来的税收制度，采取了人口和土地同时收税的办法。在实际操作中，在土地分配不均的情况下，丁税主要由小自耕农和无地农户来承担。另外，投献行为也普遍存在。据获鹿县在1706年的一份统计，丁税的80%由土地面积在30亩以下的自耕农和无地农民来承担（表6.3）。这造成了极度不公平，长此以往，少地农民会被税收进一步挤压而破产，出卖土地，加剧土地兼并，最终引发社会动乱。

表6.2　1700年江苏省村庄109户土地所有分配

土地所有权占有土地数量	户数（户）	土地占有百分比	户数所占百分比
无地—佃户	86	0%	78.9%
拥有0.05~5.5亩	10		
拥有13.7~18.0亩	2	3.5%	11.9%
拥有43亩	1		
拥有251~3 347亩	10	96.5%	9.2%
总计	109	100%	100%

资料来源：［美］裴德生编，《剑桥中国清代前中期史：1644—1800年.上卷》，第617页。数据来源于李文治，《论清代前期的土地占有关系》，载于《历史研究》，1963年第5期。

表6.3 获鹿县摊丁入亩前的丁银负担状况

丁别	丁数	百分比	土地（亩）	百分比	丁银（两）	备注
100 亩以上	67	1.9%	18 731	30%	12.22	绅衿 42 名 僧人 1 名
60~100 亩	67	1.9%	4 929	7.9%	20.02	绅衿 8 名
30~60 亩	316	9.1%	12 804	20.5%	69.75	绅衿 6 名 僧人 1 名
10~30 亩	1 131	32.5%	20 064	32.1%	154.15	绅衿 4 名
10 亩以下	1 251	35.9%	5 934	9.5%	128.43	绅衿 2 名
0 亩	648	18.6%	0	0	64.73	绅衿 2 名
总计	3 480	100%	62 462	100%	449.31	绅衿 64 名 僧人 2 名

资料来源：本表整理自项怀诚主编，陈光焱著，《中国财政通史.清代卷》，第18页。

康熙皇帝在其执政晚期开始推行一项重大改革：摊丁入亩。这可以看作中国经济发展史上影响最大的政策之一，彻底改变了中国历史上的税赋制度，使税制更加公平，减轻了农民的负担。

摊丁入亩，简言之就是把一个地方（一省或者一县）的所有丁税分摊到土地上去，同时实行"官绅一体当差纳粮"。这样就减轻了无地和少地农民的负担，但是财政收入没有降低。

在1711年，康熙就下诏"滋生人丁，永不加赋"，即使人口增加，也不增加赋税，由此固定了赋税的数量，这是摊丁入亩改革的前奏。在康熙晚期，经济恢复，人口增加，新增人口很难统计，增加了征税的困难。

1716年，广东开始试行摊丁入亩政策。雍正即位后，该政策在全国大规模推行。1716年首先"准广东所属丁银，就各州县地亩分摊征收，每地银一两，均摊丁银一钱六厘四毫不等"。到了1723年，皇帝批复直隶巡抚李维钧的奏章，自1724年（雍正二年）为始，将全省丁匠银摊入地银之内，接着相继推行至其他各个省份。

制度设计对经济主体的行为选择及经济发展非常重要。摊丁入亩，大幅度减轻了无地、少地农民的负担，简化了税收征收手续，降低了征税成本。由于税率长期固定，地方豪绅和官员在征税过程中利用摊派和附加各种费用中饱私囊的机会就少了。无地的农民不需要缴税，于是解放了劳动力，促进非农产业的发展。

雍正在位时间为1722年—1735年，仅仅13年。他夹在两位执政时间超长的皇帝之间：他的父亲康熙在位接近62年，他的儿子乾隆在位60年后又当了3年太上皇，合计63年。雍正在位时间短暂，但他对康乾盛世起到了承上启下的关键作用，很多关键的政策都是在他任内制定完善的。摊丁入亩对稳定王朝经济、促进经济发展具有历史性的贡献，也奠定了乾隆盛世的基础。

为了进一步减轻农民的负担，雍正还就摊丁入亩配套实施了火耗归公的政策。因为农民缴税使用的都是碎银子，政府把碎银子集中起来熔化，可能会产生损耗，这就是所谓的火耗。由于火耗要由缴税人来承担，很多地方在正税之上乱加了很多火耗，造成了贪污腐败问题。雍正就采取了火耗归公的政策，规定了火耗的数量。各省根据本省情况，每两地丁银明加火耗，数分至一钱数分不等。火耗归公政策实施后，火耗由政府统一征收，存在藩库,并转变为"养廉银",作为补贴分发给本省官员。火耗归公政策使得税收的附加费变得透明化和制度化,减少了贪官营私舞弊和中饱私囊的机会,切实减轻了农民的负担。

自从清朝在1723—1735年(雍正年间)全面推行摊丁入亩政策以后,清代财政的田赋收入基本稳定在2 600万~3 000万两。由于新开垦土地增加,1736—1796年(乾隆时期)田赋收入稍微上涨,但也就保持在3 000万两左右,这个收入一直保持到清朝灭亡。到了清末,农民起义不断爆发,对外战争不断战败,军费和赔款不断增加,清政府必须开发其他财源了,这就是关税和厘金。我们将在下一章探讨关税与厘金的相关问题。

皇位继承:封建王朝的难题

至此,我们先梳理一下清朝的统治和政治情况。在封建王朝,皇位继承总是和国家命运联系在一起。历朝历代的皇位继承都是难题。继承人的选择既要考虑能力,也要考虑政治稳定,而通常这两者是很难兼得的。这就产生了立贤还是立长的难题。

皇帝是整个国家的最高仲裁者,每一次皇位的变动,都影响许多达官显贵的前途,甚至身家性命。而每一位大臣也会从自身利益出发,支持对自己最有利的皇位继承人。我们在前文都看到了,元朝和明朝的皇位继承多次伴有政变和杀戮,关系国家兴亡。即使是和平继位,押错了宝的大臣们,在新帝即位后也多遭清算。

每个朝代的开国皇帝都是政治强人，个人威望如日中天，他们会根据王朝成立的背景设计不同的制度。但实施一段时间之后，由于没有了政治强人的执行，政治结构也发生了改变，各种政治谈判会使制度发生变形，慢慢偏离原有的设计目的。元、明、清三朝的皇位继承制度也都经历了这一演变。

蒙古帝国成立时，成吉思汗规定蒙古帝国是成吉思汗子孙的共有财产，大汗的选拔要通过忽里勒台大会，接受主要贵族家族的选举，这样才能选出能力最强、值得大家尊重的最优秀领袖，带领大家继续扩张领土或者延续统治，这是很好的制度设想。可是，这样的制度在忽必烈那里发生了转变。他与弟弟阿里不哥相继自立为汗，之后忽必烈出兵击败阿里不哥，确立了大汗之位。忽必烈之后，没有了政治强人，草原派和中原派两个分裂的政治派系一直缠斗，所以皇位的每一次继承都充满了血腥斗争，导致了政治长期分裂和政策的摇摆，最后也加速了元朝的灭亡。

在明朝建立的时候，朱元璋所设计的制度就是严格遵守儒家传统的嫡长子继承制。他在嫡长子朱标先于他去世的情况下让嫡长孙朱允炆继位。可是朱元璋的第四个儿子朱棣并未遵守这样的游戏规则，而是通过军事政变夺得了政权。到了万历时期，在无嫡可立的情况下，万历不想遵守长子继承制，想让自己宠爱的三子朱常洵继位，可是遭到了群臣的反对，闹得动摇了国本，最后万历还是不得不妥协而选择长子朱常洛。这次事件也直接促成了东林党的形成，为后来的党争埋下了祸根，加速了明朝的灭亡。

清朝从努尔哈赤开始算起，一共经历了12位皇帝（表6.4）。

表6.4 清朝皇帝列表

庙号	名讳	年号	统治时间
太祖	努尔哈赤	天命	1616—1626 年
太宗	皇太极	天聪	1626—1643 年
世祖	福临	顺治	1643—1661 年
圣祖	玄烨	康熙	1661—1722 年
世宗	胤禛	雍正	1722—1735 年
高宗	弘历	乾隆	1735—1796 年
仁宗	颙琰（原名永琰）	嘉庆	1796—1820 年
宣宗	旻宁（原名绵宁）	道光	1820—1850 年
文宗	奕詝	咸丰	1850—1861 年
穆宗	载淳	同治	1861—1875 年
德宗	载湉	光绪	1875—1908 年
—	溥仪	宣统	1908—1912 年

在清朝初期，皇位的继承还是一个大问题。

1644年，吴三桂打开山海关，清军入关，气势如虹，所向披靡，但实际情况是上层刚刚结束了一场激烈的政治斗争。在前一年，清朝的第二个皇帝皇太极在盛京去世，围绕皇位的继承展开了一场激烈的政治斗争。最有实力的是皇太极的长子豪格和皇太极的弟弟多尔衮，双方彼此陈兵示威。在议政王大臣会议上，豪格由于一句谦虚的话"福少德薄"，被多尔衮抓住话柄而没能继位；多尔衮也退一步，推出皇太极6岁的儿子福临继位，这就是顺治帝，而多尔衮担任摄政王，这样他就掌握了实际的权力。

这一次围绕继承人问题没有造成分裂的最主要原因是，八旗主要军事将领的势力分散且力量差距不大，在外敌压境的情况下，彼此都比较忌惮。另外，多尔衮没有儿子，即使做了皇帝，也没有继承人，和担任摄政王差别不是很大。同时顺治是豪格的弟弟，是皇太极的儿子，皇位还在皇太极家族——这是一个折中的方案。

但是，这个妥协只是暂时的。豪格在 1648 年被多尔衮找借口剥夺了爵位并关进监狱，随后自杀身亡。1650 年年底，多尔衮病死，顺治亲政后因顾念与豪格的兄弟之情，对多尔衮进行了清算。皇位继承斗争一直进行到多尔衮死后。

1650 年，13 岁的顺治亲临朝政。由于他勤勉好学，虚心向很多儒家知识分子以及外国传教士学习，执政得到多方肯定。可惜他在 24 岁的时候就因感染天花而英年早逝。他死去前一天，接受了汤若望等人的建议，传位给他的第三个儿子玄烨，这就是康熙皇帝。之所以传位给玄烨，主要原因是玄烨扛过了天花，有了抗体，所以有机会活得长久。

康熙即位的时候只有 8 岁，朝政由鳌拜、索尼等四位顾命大臣把持。1669 年，年仅 16 岁的康熙突然发动袭击，捉拿鳌拜，夺回大权。康熙活了 69 岁，在位接近 62 年，是中国历史上在位时间最长的皇帝。

康熙皇帝的继承人问题又引起了一场激烈的斗争。他接受儒家传统，嫡次子胤礽在两岁的时候就被立为太子（嫡长子为承祜，两岁殇，为孝诚仁皇后所生），并且得到悉心培养。但是由于太子德不配位，康熙皇帝两立两废太子，造成了整个王朝的混乱。

康熙的儿子中存活下来的有 24 个,其中有 9 位参与了皇位的争夺,史称"九子夺嫡"。自胤礽被两立两废太子后,康熙恢复旧有祖制以遗诏的形式立太子。最后,四子雍亲王胤禛继位。由于经历了波谲云诡的政治斗争,雍正即位后旋即展开了清洗,同时也深知继承人问题重大,事关国家的稳定和长治久安。因此他即位不久就下诏定下皇位继承的规矩:

> (康熙帝)于去年十一月十三日,仓猝之间,一言而定大计,薄海内外,莫不倾心悦服,共享安全之福……圣祖既将大事付托于朕,朕身为宗社之主,不得不预为之计,今朕特将此事亲写密封,藏于匣内,置之乾清宫正中,世祖章皇帝御书正大光明匾额之后,乃宫中最高之处,以备不虞,诸王、大臣咸宜知之。

从此,皇帝的继位问题被定位为皇帝的家务事,由皇帝提前秘立遗嘱,放在乾清宫的"正大光明"匾后,外臣不得干预——这就避免了皇位继承的争斗问题,妥善解决了这个令君王头痛的难题,在一定程度上保证了政局稳定。

繁荣与内卷:马尔萨斯的预言

诺贝尔经济学奖得主诺斯认为,推动制度变化和经济发展的关键力量是人口和军事技术。马尔萨斯更是认为,在没有科技进步的农业社会，人口呈现指数增长，而粮食只服从线性增长。从长期来看，人类在地球上的命运是悲惨的，当人口增长到资源承载能力的极限时，瘟疫、灾荒和战争就会出现，造成人口减少。这是一个色调灰暗的预言，却是对传统中国社会非常现实的分析。在中国传统的农业社会，每隔二百多年就有一次王朝更替，届时的兵荒马乱导致人口大规模下降，这不正是马尔萨斯预言的现实吗？

其实工业革命时期的欧洲社会，也处于人口过剩的状态，而其通过海外殖民、贸易和发展科技解决了问题。很遗憾，中国传统社会并没有找到解决问题的路径。古代中国没有对外殖民，也没有发展出科技，还管控贸易。

经过大规模的战乱，清初的人口可能已经下降到了 5 000 万左右。而进入 18 世纪，经过相对和平的五十多年的发展，再经过康熙和雍正的摊丁入亩税制改革，社会底层的税负下降，收入分配比例得到了部分矫正，人口开始增长。清朝的各种统计表明，顺治时期和康熙中前期的人丁数（成年男子）都保持在 2 000 万左右，到了 1711 年后才开始增加。乾隆时期四海升平，经济繁荣，人口快速增长。1741 年人口统计为 1.43 亿；到了 1794 年，人口已经达到了 3.13 亿；鸦片战争之前的 1833 年，人口已接近 4 亿（表 6.5）。这个人口数字基本维持到了 1949 年中华人民共和国成立（我们称之为"四万万同胞"）。1833—1949 年，这将近 120 年的历史中，在没有良好的避孕技术的情况下，人口却基本保持零增长，可见当时人民的生活多么悲惨。也有研究认为 1930 年中国人口已经到了 5 亿（表 6.6），但从本质上说区别不是很大，在没有技术革新的传统社会，在土地资源总量给定的条件下，经济内卷越来越严重。

表6.5 清朝人口数概览

纪年		公元（年）	人丁数（户）	人口数（人）
顺治	八年	1651	10 633 326	
	十二年	1655	14 033 900	推算为4 000万~5 000万
康熙	二十一年	1682		高王凌推算7 000万~8 000万
				葛剑雄推算1亿3 000万
	三十九年	1700		何炳棣推算1亿5 000万
	五十一年	1712	24 621 324	
雍正	二年	1724	26 111 953	推算为8 000万~9 000万
	十二年	1734	27 355 462	
乾隆	六年	1741		143 411 559
	三十九年	1774		221 027 224
	四十年	1775		264 561 355
	五十五年	1790		301 000 000
	五十九年	1794		313 281 795
嘉庆	十七年	1812		361 695 492
	二十五年	1820		383 100 000
道光	十三年	1833		398 942 036
咸丰	元年	1851		432 164 047
	二年	1852		334 403 035
宣统	三年	1911		347 902 565

资料来源：高王凌，《明清时期的中国人口》，载于《清史研究》，1994年，第3期，第29页。葛剑雄，《中国人口发展史》，福建人民出版社1991年版，第249页。[美]何炳棣，《1368—1953中国人口研究》，葛剑雄译，上海古籍出版社1989年版，第268页。其他未说明数据来源于《清实录》。

表 6.6　1600—1933 年中国人口、耕地、白银库存以及米价趋势

年份	人口 总人口（百万）	人口 年增长率	耕地面积 耕地（百万亩）	耕地面积 年增长率	白银储备 总储备（百万元）	白银储备 年增长率	米价 价格（两/石）	米价 年变化率
1600	200		670					
1650	120	−1.03%			290~330			
1655							2.11	−3.24%
1680					300~350	0.16%	0.95	
1685			740	0.12%				
1700	150	0.45%						
1770			950	0.29%				
1820	353	0.72%			1 140~1 330		2.55	0.70%
1830						0.89%		
1850	380	0.25%	1 210	0.30%	900~1 100	−19.03%		
1870								
1875	340	−0.44%						
1880					1 500~1 600	1.69%	1.91	−0.48%
1893			1 240	0.06%				
1920							7.01	3.30%
1930	500	0.70%			3 200	1.33%		
1933			1 534	0.53%				

资料来源：［美］裴德生编，《剑桥中国清代前中期史：1644—1800 年.上卷》，第 572 页。

马尔萨斯问题的本质就是"民"（人口）和"食"（粮食）之间的矛盾，这一理论在他于 1798 年出版的《人口学原理》中提出。尽管这个问题在中国历史文献中没有明确的理论总结，但是历代王朝都有深刻的理解，认为这是关系国家政权稳定的大

事，不得掉以轻心。从《洪范》提出八政，"食为政首"，到《论语·尧曰》中提出政府"所重：民，食，丧，祭"，都是把粮食和人口放在国家政策的首位。经过康乾盛世，到了乾隆中晚期，快速增长的人口也引起了最高统治者乾隆的重视。

《清史稿·食货志》中，乾隆曾经对内阁说："朕查上年各省奏报民数，较之康熙年间，计增十余倍。承平日久，生齿日繁，盖藏自不能如前充裕。且庐舍所占田土，亦不啻倍蓰。生之者寡，食之者众，朕甚忧之。犹幸朕临御以来，辟土开疆，幅员日廓，小民皆得开垦边外地土，借以暂谋衣食。然为之计及久远，非野无旷土，家有赢粮，未易享升平之福。各省督抚及有牧民之责者，务当随时劝谕，俾皆俭朴成风，惜物力而尽地利，慎勿以奢靡相竞，习于怠惰也。是时编审之制已停，直省所报民数，大率以岁造之烟户册为据。行之日久，有司视为具文，所报多不详核，其何以体朕欲周知天下民数之心乎？"乾隆皇帝也知道，人口增加，需要消耗大量粮食，在单位面积产量很难增加的传统农业社会，只能不断扩张国土。但是，新开垦的土地通常产量很低，人民生活越来越内卷，越来越艰难。这其实就是马尔萨斯理论所揭示的问题。

在1793年，比马尔萨斯还早五年，清朝当时的学者洪亮吉在一篇题为《治平篇》的文章中也指出了同样的问题：

> 高、曾之时，隙地未尽辟，闲廛未尽居也。然亦不过增一倍而止矣，或增三倍五倍而止矣，而户口则增至十倍、

二十倍，是田与屋之数常处其不足，而户与口之数常处其有余也。又况有兼并之家，一人据百人之屋，一户占百户之田，何怪乎遭风雨霜露、饥寒颠踣而死者之比比乎？

所谓内卷，就是指在土地面积给定的情况下，单位面积土地上投入的劳动持续增加，但相应的边际产出不断降低，在这种情况下，人们越努力，平均收获就越低，越贫困。为了维持必要的生活水准，人们需要不断加大劳动投入。这就出现了一种大家越努力，生活水准越下降的局面。

吴慧等人的研究发现，中国粮食单产在1949年中华人民共和国成立前的两千多年里基本保持不变。[①] 和约两千年前的汉代相比，清代和民国时期的粮食单产甚至略有下降，原因是土地肥沃程度下降以及开发了低质量、低产量土地。

按照满铁（南满洲铁道株式会社）的调查，1935—1939年，华北的几个村庄里面的主要粮食，包括高粱、玉米和小米的亩产平均都在10斗上下[②]，以一斗约等于6千克计算，也就是每亩产粮食60千克上下。

中国现在有14亿人口，2024年国家统计局数据表明全国谷物单产已达每亩433千克，是传统农业社会的7倍多。也就是说，按照粮食单产和现代的生活水平推算，清朝人口的理想承载量也就是2亿左右。1794年，人口达到3亿，中国的经济已经发生

[①] 吴慧，《中国历代粮食亩产研究》，农业出版社1985年版，第213—214页。
[②] ［美］黄宗智，《华北的小农经济与社会变迁》，中华书局2000年版，第145页。

严重内卷。当时，能开发的土地都已经开发了，而且新开发的土地粮食产量非常低。在开放的贸易体系下，粮食的短缺可以通过进口来解决，但是清政府偏偏闭关自守。

人口不仅过载，还在继续增长，几乎所有领域都陷入严重内卷。农业仍然是主要的产业，90%以上的人口生活在农村，以农业为生。即使中国疆域在清朝空前广阔，但良好的耕地都集中在中东部，即胡焕庸线以东地区。在狭小的耕地面积上，投入更多劳动，产出却没有显著增长，所有人都在贫困线上挣扎。那些没有土地、没有工作的穷人，为了生存下来，开始参加一些反对政府或者带有迷信性质的各种公开或者不公开的组织，包括三合会等，稍微加以煽动，就可能形成一场大的起义。

现代的经济发展史表明，要打破马尔萨斯的魔咒，唯有发展科学技术。但在古代中国，读书人关注的都是四书五经，为的就是能够金榜题名，然后做官。万般皆下品，唯有读书高；学成文武艺，货与帝王家。而科学技术长期被认为是奇技淫巧，不值得研究。而人口过载时，这种内卷会更加激烈：科举考试的录取名额没有增加，意味着科举的竞争难度将加大，社会更多的资源被消耗到科举考试的准备上。因为人口过载，所有人都在为生存疲于奔命，所有的产出都被消费掉，没有足够的积累去开发新的技术。

乾隆驾崩，盛世结束，人口还在增长，而在1833年达到4亿的时候，已接近农业社会的极限，社会已经很难支撑更多的人口了。如果没有技术革命和贸易，等待中国百姓的就是马尔萨斯

第六章 茶叶和鸦片：康乾盛世、内卷和文明冲突

理论的严酷现实：灾荒、战乱、疾病，以及贫穷。

1796年，也就是乾隆成为太上皇的第一年，四川、陕西、湖北和河南发生规模庞大的白莲教大起义，这场运动持续到1805年，被清朝政府成功镇压。但这只是一系列动乱的序曲。进入19世纪，更多更大规模的农民起义此起彼伏：太平天国、捻军、陕西回民起义、小刀会、义和团……再加上外国势力的入侵，让保守的清朝政府疲于应付。

茶叶出口：中国也在改变世界

尽管清朝在初期实施了严格的海禁，限制对外贸易，但是没过多久就开放了海禁。1683年，清朝平定台湾，末代延平郡王郑克塽向清朝投降。台湾并入清朝版图，开始了正式的"展界"，即允许强制内迁五十里的沿海居民回归故土。次年，清朝正式开海，允许百姓对外贸易。在粤东之澳门和广州、福建之漳州府、浙江之宁波府、江南之云台山分别设立海关，管理对外贸易和征收关税。17世纪30年代中断的对外贸易又开始慢慢恢复。随着广州对外贸易的增加，政府设立专门的经纪人——行商，垄断对外贸易。1757年，朝廷在浙江海关实施的关税税率比广东海关高一倍，抑制了浙江的对外贸易，广州遂成为对外贸易的主要窗口。

1606年，第一批中国茶叶运抵远在欧洲的荷兰。从此，随着中国对外贸易的扩大，茶叶慢慢被欧洲人接受，成为他们生活中的一部分，这种茶文化慢慢扩散到北美殖民地。18—19世纪，中国和英国的茶叶交易规模非常可观。

1806年，茶叶已经占中国商品总出口的50%以上，之后的高峰期甚至超过70%。以1868年的统计为例，清朝出口商品总额为白银6 911万两，其中茶叶出口值白银3 717万两，约占53.8%。首先，大量的茶叶出口养活了福建等地的大量茶农和茶商，带动了地方经济发展。其次，国家也获得了大量的税收收入，缓解了晚清不断增加的支出压力。再次，茶叶贸易带来大量白银，减少了白银外流，增加了国内货币供给，促进了经济发展。最后，中国通过茶叶贸易，加入全球贸易网络，增进中外交流。

在实际贸易中，中国的茶叶贸易是一个双边垄断结构：中国的出口由行商控制，英国的进口由东印度公司控制。英国东印度公司与中国茶商交易时，要提前一年向广州行商付定金，定金为下一年茶叶合同金额的50%。历史资料显示，1810年，英国东印度公司的预付款是350万两白银。[①] 此外，荷兰人和葡萄牙人也在贩卖茶叶，他们的贸易规模不亚于英国东印度公司。

与此对应，在17—18世纪，福建省的茶叶生产规模空前扩大。在适宜茶叶生产的武夷山地区聚集了大量的茶农和茶商，他们把发酵加工后的茶叶运送到广州，在那里再通过行商与欧洲商人交易。[②] 由于广州的公行垄断了对外贸易，因此有英国商人

---

① ［美］费正清等编，《剑桥中国晚清史》，中国社会科学院历史研究所编译室译，中国社会科学出版社2006年版，第181页。
② ［美］费正清等编，《剑桥中国晚清史》，第563—646页。

第六章 茶叶和鸦片：康乾盛世、内卷和文明冲突

试图用海船从福建运送茶叶到广东,但这种做法是公行禁止的。[①]关于行商和公行,我们将在之后详述。

英国政府早就注意到了茶叶贸易的巨额利润。1698年,英国国会授予东印度公司茶叶进口垄断权,北美殖民地只能从东印度公司进口茶叶,但是东印度公司不能直接向北美殖民地出口茶叶,而是需要在伦敦通过拍卖批发给北美的分销商。英国对东印度公司进口的茶叶课税25%,这是英国政府一笔重要的财政收入,约占总财政收入的10%。相比之下,荷兰政府对茶叶贸易是免税的。大量的荷兰走私茶叶流入北美市场,英国茶叶相对于荷兰走私茶叶没有竞争力。为了减少荷兰走私茶叶,英国在1767年通过法律,免除了东印度公司出口殖民地茶叶的税款,但为了弥补财政收入的损失又制定了《汤森税法》,对殖民地直接收税,这激起了北美殖民地人民的强烈不满。

因为北美殖民地在英国议会没有代表,所以北美殖民地人民提出"无代表、不纳税"。在北美殖民地人民的强烈抗议之下,英国政府取消了大部分《汤森税法》的税收,仅保留每磅三便士的茶叶税。为了帮助英国本土的茶叶商人,英国国会在1773年颁布了《茶叶法》,给予东印度公司向北美殖民地出口茶叶的垄断权并免除其出口税,这样就可以把茶叶价格降到能和走私茶叶竞争的水平。但是,这样就伤害了北美本地的茶叶经销商和走私商人的利益,北美殖民地民众强烈抵制《茶叶法》和英国东印度

---

① 吕思勉,《中国近代史》,民主与建设出版社2015年版,第16—17页。

公司进口的中国茶叶。

1773年11月，四艘满载茶叶的商船抵达波士顿港口。12月16日，波士顿人集会表示抗议。波士顿革命组织"自由之子"成员登上了商船，将茶叶倾入大海。这就是著名的"波士顿倾茶事件"，"自由之子"由此被称为"茶党"。波士顿倾茶事件成为在1775年4月开始的美国独立革命的导火索，北美十三个殖民地于1776年7月2日宣布脱离英国独立，7月4日通过《独立宣言》，美利坚合众国正式诞生。茶党的历史遗产流传至今，茶党在美国政坛被认为是追求自由和独立的象征，也是保守势力的重要一分子。2016年特朗普作为政治素人被选为美国总统，其背后就有茶党的强力支持。

中国大量出口茶叶，就这样默默地改变了世界历史。如果没有中国的茶叶贸易，美国独立运动的历史可能就会改写，今天的世界也可能是另外一种秩序。

当葡萄牙人在16世纪初航海到达中国广州外海的时候，世界就联通在一起。武夷山生产的茶叶和远在万里之外的另一个国家的命运紧密相连。中国作为内敛的大陆文明代表，受到了西方扩张的海洋文明的冲击。通过贸易，在世界改变中国的同时，中国也在改变世界。

马戛尔尼访华：中西文明正式对话的开始

1790年，乾隆皇帝在北京举行盛大的庆典，庆祝八十大寿，世界格局已经发生了翻天覆地的变化。

1688—1689年，英国发生光荣革命，诞生了《权利法案》，限制了君主权力，走上了君主立宪的道路。18世纪，英国经过工业革命，到1790年已经成为世界第一经济、军事和科技强国，殖民地遍布全球，号称"日不落帝国"。1776年，经过独立革命，美国在北美洲诞生了。

乾隆皇帝掌权63年后，于1799年驾崩。同年12月14日，美国的国父华盛顿也在他的家乡辞世。在东西方，这两位政治家同年去世，联结着地球上两个大国的不同命运。

随着世界贸易联系的加强，强大的英国需要寻求更大的市场。虽然中国和英国在广州的贸易已经颇具规模，但这对英国来说是不够的。他们希望中国能够进一步打开国门，成为这个开放世界的一部分。为了达成这个目的，英国国王乔治三世派马戛尔尼伯爵以给乾隆皇帝祝寿的名义来到中国，希望达成几个目标：（1）允许英商到宁波、舟山和天津贸易；（2）准许英商像以前的俄商一样，在北京设立商馆；（3）将舟山附近一处海岛让给英国商人居住和收存货物；（4）在广州附近划出一块地方，任英国人自由来往，不加禁止；（5）英国商货自澳门运往广州者，享受免税或减税；（6）确定船只关税条例，照例上税，不额外加征等。①

马戛尔尼伯爵使团的船队于1793年6月抵达广州，8月北上至北京。双方在关于使臣的称呼、觐见礼仪和地位等问题上发

---

① 中国第一历史档案馆编，《英使马戛尔尼访华档案史料汇编》，国际文化出版公司1996年版，第4—5页。

生了争执，乾隆皇帝对马戛尔尼伯爵自称"钦差"感到不悦，认为按照礼仪应当称为"贡使"。此时乾隆皇帝在热河行宫避暑，清政府计划在那里举办盛大的欢迎宴。9月中旬，使团抵达热河，准备觐见乾隆皇帝，向清朝政府代表文华殿大学士和珅递交了国书，并就礼仪问题再度发生了争执。和珅要求马戛尔尼双膝下跪觐见乾隆皇帝。马戛尔尼认为要对等，如果他下跪，那和珅要对着英国国王乔治三世的画像下跪。最后双方达成协议，马戛尔尼只要行单膝下跪礼即可。

乾隆皇帝对英国使团的无礼感到愤怒，拒绝了他们的所有请求。9月21日，使团回到北京。10月7日，和珅向使团交呈了乾隆的回信和回礼。使团于12月9日回到广州，在澳门停留了一段时日后，于1794年3月17日离开中国，9月6日回到英国。

马戛尔尼的一位随从后来回忆说："我们的整个故事只有三句话：我们进入北京时像乞丐，在那里居留时像囚犯，离开时则像小偷。"他们把谈判的失败部分归咎于翻译不准确，但实际原因是文化差异所造成的误解。中国作为天朝上国，希望作为"蕞尔小国"的英国来朝贡，而英国作为世界第一强国，希望中国打开国门，平等对话和贸易。双方看法不一，造成当时以及之后的一系列矛盾。

大清王朝的这种心态，在乾隆皇帝回给英国的国书中表露得淋漓尽致，他写道：

> 咨尔国王远在重洋，倾心向化，特遣使恭赍表章，航海

来庭，叩祝万寿，并备进方物，用将忱悃。朕披阅表文，词意肫恳，具见尔国王恭顺之诚，深为嘉许。所有赍到表贡之正副使臣，念其奉使远涉，推恩加礼，已令大臣等带领瞻觐，锡予筵宴，叠加赏赉，用示怀柔。其已回珠山之管船官役人等六百余人，虽未来京，朕亦优加赏赐，俾得普沾恩惠，一视同仁。……天朝抚有四海，惟励精图治，办理政务，奇珍异宝，并不贵重。尔国王此次赍进各物，念其诚心远献，特谕该管衙门收纳。其实天朝德威远被，万国来王，种种贵重之物，梯航毕集，无所不有，尔之正使等所亲见。然从不贵奇巧，并无更需尔国制办物件。是尔国王所请派人留京一事，于天朝体制既属不合，而于尔国亦殊觉无益，特此详晰开示，遣令贡使等安程回国。尔国王惟当善体朕意，益励款诚，永矢恭顺，以保乂尔有邦，共享太平之福。

这的确不仅仅是翻译的问题，更多的是两国对世界格局的不同认知。

为了取悦中国的皇帝，英国使团准备了很多先进的科学仪器和武器，包括最新的炮舰、蒸汽机、棉纺机、梳理机、织布机、卡宾枪、步枪、连发手枪，以及天体仪等，代表了英国工业革命和当时人类科学技术的最新成果。而乾隆皇帝却认为"天朝德威远被，万国来王，种种贵重之物，梯航毕集，无所不有，尔之正使等所亲见。然从不贵奇巧，并无更需尔国制办物件"，只是"特谕该管衙门收纳"那些最新式的武器和科学仪器，没有找人好好研究，失去了一次学习世界最前沿科技的机会。

这是中国在迈向现代化道路时第一次正式和英国打交道，结果是不欢而散。是中国错过了吗？也不是，这是历史的必然。

乾隆皇帝确实有自信的资本，在他晚年，中国处于历史上最繁荣的时期。中国一直是天朝上国，万国来朝。从对马戛尔尼的回札中，我们可以看到，乾隆或者说中国的绝大多数人心中存在三个预设：（1）中国军事力量还是具有优势的；（2）中国的文明是优越和强大的，值得其他国家学习；（3）中国地大物博，无所不有。

就农业社会而言，这三个预设没有问题，乾隆时期的农业社会确实已达至鼎盛。他在位时进行了十次成功的战事，打败了所有挑战者，被称为"十全武功"，自称"十全老人"。可是英国在工业革命后已经进入工业社会，这是另外一个维度的社会，超出了中国人的认知。对于"远在重洋"的英国发生了什么，清朝人自然不会去详细了解，英国不过是"蕞尔小国"。他们不知道，科技已经改变了世界。皇帝和几乎所有中国人都活在天朝上国的美梦里，可是这个美梦很快就要醒了。

就乾隆皇帝而言，经济在其治下处于盛世的高峰，而且是一个农业社会所能达到的最高峰，但是他居功自满，已经飘飘然了。晚年的乾隆喜欢地方官敬献各种古董和新奇的艺术品，更是信任贪得无厌的和珅，贪污横行，吏治大坏，民生日艰。乾隆死后，嘉庆皇帝查抄和珅家产，总额超过八亿两黄金，是清朝年财政收入的十倍。① 正所谓"和珅一倒，嘉庆吃饱"。

当然，还有另一种解释，乾隆皇帝或许已经知道外面的世界在发生变化，他已经从传教士那里了解到包括英国的政治体制变化和技术进步等信息。但是作为统治者，皇帝要维持自己的政权稳定，就不能让普通百姓知道外面发生的变化，也不能让他们掌握先进的文化和技术，否则王朝保守的政治体制很容易崩塌。尽管如此，世界还是在一步步影响中国，通过各种方式改变中国的政治、经济结构。

乾隆去世的时候，康乾盛世也到达了顶峰，而这种繁荣已经很难继续了。尽管嘉庆勤勉、节俭，但是整个社会经济结构已经陷入内卷的螺旋，他也无力阻止清朝的衰落。嘉庆在1820年去世，和1620年万历的去世一样，这是一个历史关键点。按照麦迪逊的统计，1820年，中国GDP总额大约是世界经济总量的1/3，从经济规模来看，这是古代中国经济规模的高峰。此后，中国经济开始持续下滑，直到1978年的改革开放才反弹。②

嘉庆年间发生了各种离奇古怪的事情，白莲教大起义耗尽了康乾盛世积累的最后一点家底。嘉庆末年的1820年还发生了兵部大印丢失的案件。此大印为纯银制造，只用于皇帝离宫期间的命令文书，虽未有全年全时段调动兵马的权力，但仍是军事重器。兵部居然不知道什么时候丢失了大印，也不知道大印流向何

---

① 吕思勉，《中国近代史》，第14页。
② Maddison Project Database[DB].University of Groningen. https://www.rug.nl/ggdc/historicaldevelopment/maddison/releases/maddison-project-database-2020.

方。不翼而飞的大印让人看到了兵部的混乱。

嘉庆死后，皇位由他的次子旻宁接任，这就是道光皇帝。面对日益内卷的经济和腐败的官场，嘉庆和道光都毫无办法，在各种陈规陋习相互勾连的利益格局下，任何改革都可能激化社会矛盾，他们力不从心，左支右绌。嘉庆朝和道光朝合在一起，史称"嘉道中衰"。

这只是中国近代衰落的开始，因为农业社会的发展已经不能支撑庞大的人口，中国的社会和经济必须向现代化转型，这是一条漫长的道路。这需要：（1）普及教育，提高人口素质；（2）发展科技；（3）建立充分竞争的市场经济体制。1776年，亚当·斯密指出了"看不见的手"的重要作用，从理论层面论证了市场自由竞争对经济发展和国家富强的作用。

1820年1月29日，如日中天的大英帝国的国王乔治三世去世，他在任60年，任内发生了美国独立战争，失去了北美殖民地，接任的是乔治四世。当时的美国总统是詹姆斯·门罗，他提出了著名的"门罗主义"，把拉丁美洲划为美国的势力范围。世界历史迈向新的篇章。

又是货币问题：金、银、铜、铁、铅，还是纸钞

对古代农业社会来说，国家经济治理中的大问题，除了粮食，就是货币。如何建立良好的货币流通体系，是关系社会稳定、国家富强的关键问题，更是每个朝代统治者都非常头痛的问题。

在发生危机的时候，改革币制，获取必要的财政资源，从而渡过危机，也是历代统治者必备的技能。

由于黄金稀少且珍贵，在现实流通中很少使用。元明大规模使用纸钞，造成了通货膨胀，百姓对纸钞怀有深深的不信任。在清朝276年统治期内，主要的货币体系还是白银和铜钱共同支撑。白银属于贵金属，主要用于商号等大额交易，而普通百姓的日常交易多用铜钱。

白银和铜钱两种货币相辅相成，两者之间的兑换比例经常发生变动，影响市场交易和百姓生活。如果铜钱价格过低，百姓就会把铜钱收集起来，熔铸成生活用品；如果银价过低，而铜钱价值过高，就会发生私铸铜钱的现象。而清朝在雍正后进入盛世，对外贸易恢复正常并开始扩张，白银又开始大量流入，铜钱价值开始走低，导致很多铜器的价格比铜钱本身还要昂贵。这就发生了铜钱私毁问题：人们把铜钱收集起来铸成日用品，比如铜烟枪、铜镜、铜锅、铜乐器等。但是人口在扩张，需要更多的铜钱流通，上述行为就导致了铜钱流通不足的问题。雍正和乾隆年间，政府制定了严苛的禁铜令：规定除了乐器、军用、天平砝码、戳子以及五斤以下的铜镜，其余物品不允许用黄铜制造，已经制造的物品当废铜上交，造价补偿，违禁者"照违例造禁物治罪"。尽管有严格的禁铜令，但由于白银和铜钱之间存在不同的套利空间，私铸和私毁根本难以禁止。从经济学的角度考虑，恰恰是这种自私的套利行为维护了白银和铜钱之间比率的相对稳定。货币价值的稳定，需要由市场来决定，不是政府规制得了的。

清朝在 276 年统治中，历经不少财政和政治危机。发生财政危机的时候，政府不得不进行各种改革，尤其是币制改革，实际上大部分的改革手段还是财政货币化，为财政融资。

清政府曾两次引入纸钞。第一次在 1651 年，由于财政资源匮乏，内外不稳，政府开始强推纸钞。第一年发行了 12.8 万余两，由于前朝滥发大明宝钞导致恶性通货膨胀，且老百姓已经习惯了白银和铜钱这样的实物货币，对纸钞的接受程度自然不高。此时政府强制推行纸钞，于是发生各种抵制行动，百姓怨声载道。当时清朝刚刚统一全国，也害怕滥发纸钞导致百姓对新生政权不满，于是接受重臣洪承畴的建议，在两年后停止发行纸钞。

第二次发行纸钞是在 1851—1861 年（咸丰年间）。由于道光皇帝任内鸦片贸易兴起，大量白银外流，导致货币流通不足和银价高涨，所以朝野皆希望政府采取措施，如发行大额铜钱来解决货币问题。1852 年，太平天国运动开始扩散，由于军需等开支增加，国库空虚，财政短缺 2 000 多万两白银。1853 年，太平军占领南京，清政府危机四伏。咸丰皇帝下令户部集议，接受了四川学政何绍基和福建巡抚王懿德等人的建议，同时发行大钱、宝钞与官票，以解决财政短缺和通货紧缩的问题。官票是白银的代用品。据《清史稿·食货志》记载，"票钞制以皮纸，额题'户部官票'，左满、右汉，皆双行，中标二两平足色银若干两，下曰'户部奏行官票'"。官票一共有一两、三两、五两、十两以及五十两这 5 种面额。一开始政府答应可以按照面额足额兑换白银，或者抵税。但是，由于发行了过量的官票，官票大幅贬值，政府无力兑现，最后只能废弃官票。宝钞是铜钱的代用品。宝钞的票面额头题有"大清宝钞"，汉字平列，正中印有"准足制钱若干文"，旁八字为"天下通宝，均平出入"，下曰"此钞即代制钱行用，并准按成交纳地丁钱粮一切税课捐项，京、外各库一概收解"。大钱可以看作铜钱和白银的代用品。大钱的面额可分为五等，从当千至当十不等，重量自二两递减至四钱四分。当千、当五百这两种面额的大钱，由净铜铸造，为紫色；当百、当五十、当十这三种面额的大钱，由铜铅配铸，色黄。

到了1854年，也就是太平天国占领南京的第二年，清政府处于崩溃边缘。政府甚至找不到铜来铸造大钱，只能铸造铁钱和铅钱，可见当时政府危机的深重程度。

咸丰年间也是太平天国运动的白热化时期。清政府的新钞法首先用于军饷，再用于河工。历史的经验已经告诉百姓，纸钞是靠不住的，还是需要真金白银。所以，市场对新钞的接受程度不高，百姓采取各种办法抵制。

为了推行新钞，政府承诺，纸钞可以搭配一部分真银，用于缴纳税金。官方规定的汇兑比例为票银一两可抵制钱二千，纸钞二千抵银一两；百姓纳税和上缴的各种官款，可以缴纳一半的钞票或者大钱。但是直隶等地方政府不遵照执行。清政府在1857年下令直隶和山东收税时，可按照银四成、钞三成、大钱三成的比例搭配缴纳税收，但是直隶最后制定的标准却是银七成、钞和大钱共三成的比例搭配收税。

多种货币并行的体制必然会发生劣币驱逐良币的现象。首先，纸钞在地方的接受程度很低，老百姓不接受纸钞，因此纸钞在地方无法流通，于是很多商人把地方上的纸钞收集起来，到京城的官号换成大钱，以此套利。这样的投机行为使官号难以应对，一开始以七折兑付，后来逐渐降低比例，还是无法应对。对投机者来说，纸钞换铜币，不管什么比例，都是不错的买卖，政府最后只能废除纸钞。

其次，由于大钱相对于铜的价值过高，即使有严刑吓阻，也不能阻挡私铸的横行。先是面值一千和五百的大钱，然后是一百和五十的大钱，这几种铜币的票面价值远远高于实际金属的价值，因此私铸横行。在私铸的冲击下，商贩不愿意接受大钱交易，开始以三折兑现。而由于私铸太多，到最后大家都不愿意接受，大钱于是被迫停止流通。铁钱也因老百姓的抗议和拒用而被迫废除。至于面值为十的大钱，尽管还在流通，但随着恶性通货膨胀的发生，政府不断降低大钱的含铜量。到1875—1908年（光绪年间），新铸的面值当十的大钱，其重量降到了一半：刚开始，重量为四钱四；到了1862年，重量降为三钱二分；1883年，就降低到了二钱六分。[1]

币制的混乱带来了恶性通货膨胀，米、柴、油、布等生活必需品价格上涨十倍以上。市场供应紧张，人心不安，百姓苦不堪言。1858年在福建发生了反铁钱风潮，市民暴动，集合起来砸毁了闽浙总督官府，喊打为富不仁的绅士。总督王懿德束手无策，

---

[1] 王雷鸣编注，《历代食货志注释》，第五册，农业出版社1991年版，第320页。

后来经过驻防将军调停，他许诺使用铜钱交易，并以铁钱十兑一的比例兑换铜钱，才平息风潮。

镇压太平天国后，清朝政府实行洋务运动，进一步扩大对外开放。墨西哥、西班牙、荷兰等国的银币流入中国口岸，这就是民间俗称的"洋钱"或者"番钱"。这些外国银元有一定的形制和重量标准，成色固定、质量稳定、计算简单、携带方便，于是在中国沿海口岸流行开来，并渐渐流入内地。慈禧太后见状开始考虑币制改革，因为国产的铜主要来自云南，运输不便，于是下令在沿海口岸采购洋铜，制造铜元，实行货币标准化。1889年，张之洞被任命为湖广总督，开始用机器试制银元，李鸿章继任后完成铸造。银元正面刻有"光绪元宝，库平七钱二分，广东省造"，背面刻有一条蛟龙。同时铸造三钱六分、一钱四分四厘、七分二厘以及三分六厘这4种小银元，俗称"角子"，中国国产银元自此开始，也是中国货币标准化的开始。

鸦片战争：垄断贸易解体的后果

鸦片战争是中国近代一系列屈辱历史的开端，我们所有人对此都不陌生。

英国人卖给中国鸦片，毒害中国人民的身体和心灵，并赚取高额利润，使得中国人长期陷于贫困和羸弱。这不只是一种不道德的行为，更是一种犯罪。

回首这段历史，我们除了表示愤慨，还要分析其来龙去脉，以及这个悲剧事件背后的推动因素。一个伟大的民族，应该从历史的经验教训中学习并进步，避免重蹈覆辙。

1684 年，在清朝平定台湾、重新开放海禁后，广州又开始和欧洲商人进行贸易。但是为了保障货品质量，公平评定货品价格，以及准确申报关税，政府在广州设立了"洋行"，这是"行商"制度的前身。当时货品贸易数量不大，洋行数量较少，力量不强。

随着对外贸易的扩大，为了便于管理，中国把对西方贸易都集中到了广东。[①] 到了 1760 年，"行商潘振成等九家呈请设立公行，专办夷船，批司议准。嗣后外洋行不兼办本港之事"。从此以后，公行就垄断了对外贸易。从政府角度来说，这样可以更加牢固地控制行商的经营活动，同时防止行商之间过度竞争，保障他们的利润；从私人的角度来看，这样可以把各种腐败制度化。

公行持有政府的许可证，服从广州海关的监督。政府一般不直接和停驻广州的外国商人打交道，命令等都是通过行商来转达。英国对中国的贸易通过东印度公司垄断。这种行商-东印度公司一体的双寡头垄断机制，既控制了广州的对外贸易，也保障了双方的利润，减少了竞争。

但是这种制度在腐败的体制下逐渐解体。对皇帝和所有官员来说，广州贸易是一大块肥肉，围绕它慢慢形成了一个庞大的利益群体。很多商人和官员认为广州的关税属于国家财政收入，但

[①] 吕思勉，《中国近代史》，第 17 页。

实际上属于内务府，每年海关要把85.5万两白银的关税上缴内务府，作为皇帝私人小金库的财富。广州的行商们除了要帮助收缴关税，还要承担在此之上的各种索贿、捐赠以及纳贡等支出。

行商们为了保护自己的利益，在1775年成立了公行基金，每家行商要把贸易利润的1/10上缴基金。1780年公行基金正式规定，外国进口货物要征收3%的规礼。

据历史记载，仅在1807年这一年，公行向皇帝纳贡5.5万两白银，为军饷捐助白银6万余两，为黄河水灾和打击沿海海盗捐款12.75万两白银，向户部官员赠送0.54万两白银，购置行贿用的高级物品花费20万两白银。这只是公开的数据，私下行贿更不会是小数目。行商个人也要对各种活动捐款，还要应对各种索贿，这导致行商每年利润下降，资金流非常紧张。

为了应对这种资金紧张的局面，保障资金的流动性，行商要求东印度公司在签订下年合同时预先缴纳茶叶价值的50%、丝织品价值的90%作为定金。行商接受英国人的大宗商品和棉织品等货物，再销售给中国的商人。但在腐败的体制下，预付不能解决根本问题，很多行商的资金流依然处于紧张状态。

长期以来，中国大量出口陶瓷、丝绸和茶叶，而进口的物品较少，导致贸易不平衡。英国人曾试图把他们生产的高质量天鹅绒地毯、高级窗帘等制品运到广州销售。但是中国富人对这些产品不太感兴趣，更青睐自己的高级丝绸制品。18世纪后半期，中国通过东印度公司每年出口的货物价值高达700万两白银，而进口货物价值只有350万两。这350万两白银的贸易差额，刚开始是由东印度公司从南美洲和欧洲大陆运来的白银来平衡。到了18世纪末期，东印度公司找到了一种通过散商平衡贸易的办法。在东印度公司之外，一些散商也和中国贸易，他们从东南亚和南亚出口大量物品到中国，但是中国不允许这些白银流出国境，于是这些散商把白银交给东印度公司，在伦敦或者印度换取可兑现的汇票，东印度公司再用这些白银来购买物品。这样就达到了矫正白银贸易不平衡的目的。

但是在美国商人和更多的散商加入贸易队伍之后，这样的制度就无法存续了。很显然，美国商人和散商不愿意缴纳公行基金，因为这样会降低他们的利润。美国商人在独立战争之后，看到了中国贸易的巨额利润，就加入了贸易的行列。他们通过在南美沿海港口出售欧洲物品，换得墨西哥银元，然后运往中国购买陶瓷、丝绸和茶叶，再卖往欧洲和北美。他们的运费便宜，不愿意缴纳公行基金，更不愿意预付定金。东印度公司的预付定金是通过高额利息借贷而来的，当时的年利息通常在12.5%，大幅增加了东印度公司的成本，这使得东印度公司的茶叶和丝绸与美国商人和散商的相比失去了竞争力。

这样行商-东印度公司一体的垄断贸易体制就慢慢解体了。1813年英国议会废除了东印度公司对印度贸易的垄断权，但允许它再保持对中国贸易垄断20年。印度获得自由贸易的权力之后，开始设立各种商行，作为和欧洲贸易的中转站，与中国自由贸易，使得中国对外贸易垄断体制迅速解体。1826年之后，随着南美洲白银资源的耗竭，美国商人的高额利润不再，他们渐渐转为关注美国国内贸易。垄断贸易体制解体后，转型为所谓的自由贸易，为了获取更多的利润，商人发起鸦片贸易。

18世纪上半期，葡萄牙人开始在西印度建立基地，把少量鸦片运到中国。到了1773年，东印度公司决定在东印度建立鸦片生产基地，生产比葡萄牙人质量更高的鸦片。到了1796年，东印度公司决定把鸦片的生产和贸易转让给英国的散商，以防止引起中国政府的不满，保障他们在丝绸和茶叶领域的垄断利润。

散商为了赚取高额利润，不断扩大鸦片的贸易规模。英国散商和葡萄牙商人互相争夺市场，不断降价，使得鸦片的消费人群不断扩大。外国商人从印度运来鸦片，到广东外海的商船上以及伶仃洋的小岛上和中国商人进行贸易，有时他们也用快船将鸦片运到广州内河。尽管法律明令禁止鸦片交易，但在腐败横行的体制下，禁令不起任何作用。贪婪的英国商人不满足于广州，他们甚至通过武装船只，运送鸦片到福建和浙江沿海，和当地的商人交易。

很快，鸦片贸易成了全世界最赚钱的生意，印度贸易统计显示仅1836年一年，中国从印度进口鸦片总金额达到1 800万两白银。各方人物都加入鸦片贸易，在1820年前，中国的国际贸易存在大额盈余，但是到了1820年之后中国反而成为贸易逆差国。1828—1836年，中国流出了至少3 800万两白银。鸦片不仅让中国人失去了健康，也让清政府失去了几十年贸易盈余。

18世纪末期对外贸易扩大，由于交易的方便性和标准化，大量外国银元流入中国，财政收支和大规模交易中的白银使用量大增。而鸦片贸易导致大量白银外流，国内流通中的白银数量减少，这就又回到了和明朝末年一样的问题：白银相对于铜钱的升值。

前文说过，白银的相对升值会导致百姓税负加重和政府税收减少。鸦片走私不仅损害了中国民众的健康，更给清政府带来了一场深刻的金融和财政危机，迫使清政府采取禁烟政策。

英国商人的鸦片贸易利润为英国加速实现印度殖民化提供了资金，延缓了英国在第三轮全球化中的衰落。同时，因为鸦片带来大量盈余，东印度公司可以直接在广东购买茶叶运回英国国内。历经三百年，欧洲人终于找到了一种能让中国人购买的东西，贸易开始平衡。在鸦片贸易的巨额利润支撑下，英国散商一直在游说英国议会取消东印度公司对中国的贸易垄断权，实现自由贸易。1833年，英国解除了东印度公司对中国的贸易垄断权，从此英国的散商可以和中国自由开展贸易了。

自由贸易的游说取得成功后，英国国内的商人们越来越迫切地想打开中国的市场，向4亿人口的国家销售商品是巨大的利益诱惑。

英国于1833年废除了东印度公司对中国贸易垄断权之后，委任律劳卑为英国驻广州商务监督。律劳卑不了解中国的对外贸易规则，到了广州后就给两广总督卢坤发去一份公函——他不知道中国官员不得和外国商人直接打交道。两广总督命令律劳卑立刻返回澳门，但是律劳卑拒绝了，于是两广总督下令断绝英国商馆供应，最后成功迫使律劳卑返澳。

1839年，朝廷派遣林则徐作为钦差大臣前往广州禁烟。他到任后马上抓捕鸦片商人，围困了英国的商馆，逼迫英国商人交出鸦片。被围困六周后，英国人被迫交出了20 283箱鸦片，于是英国商人被释放，可以自由离开广州。林则徐随后在虎门公开销毁了这些鸦片。

1839年7月初，英国水兵在九龙殴毙华人林维喜，林则徐要求英国交出凶手，以命抵命；但是英国人拒不交出，认为是误杀，只接受罚款。8月15日，林则徐采取进一步行动，封锁澳门，不准英国人逗留。英国人被迫离开，并和中国军舰发生了冲突。1840年1月5日，道光皇帝任命林则徐为两广总督，以便贯彻对英国的强硬政策。林则徐专门强调断绝和英国贸易，严格执行经济封锁，根绝英国船只包括饮食在内的一切接济。

此前，1839年8月初，中国禁烟的消息传到英国，英国民众要求政府派遣军队远征中国，强迫中国打开市场进行自由贸易。因为他们从马戛尔尼访华之后，认为已经不可能通过游说让中国打开国门了。10月，英国内阁决定派遣军队。到了1840年1月，英国议会经过激烈辩论，以微弱优势票决拨付预算，派遣一支远征军到中国。支持者认为有必要派军队去保护英国商民、打开中国国门、促进自由贸易；持反对态度的人认为战争在保护鸦片贸易，没有道义基础。

到了这个时候，中国和英国之间的战争已经不可避免了。1840年6月，懿律率领英国16艘军舰、4艘武装轮船、28艘运输舰、4 000名陆军将士，抵达广州海面，悍然发动第一次鸦片战争。中国战败，签订了丧权辱国的《南京条约》，包括赔款2 100万银元、割让香港岛、开放广州等五处通商口岸等内容。这是中国历史的一个分水岭。中国被迫打开国门，从此逐渐陷入半殖民地半封建社会的悲惨状态，直到中华人民共和国成立。按照麦迪逊的统计，在鸦片战争之前的1820年，中国经济占世界比重达到了1/3，但是在鸦片战争战败后，这个比重不断下降，到了中华人民共和国成立时只有5%。这个比重在1978年改革开放后开始上升，但是截至2023年，按照世界银行的统计，这个比重也只有约17%，还远未达到两百多年前的水平。[1]

以英国为代表的重商主义崛起，商人们追求利益，依靠的是国家权力的支持，大炮和国旗是他们扩张的象征。打着自由贸易的旗号，他们一边在用坚船利炮征服落后地区，一边在享受征服带来的巨额利润。

从贸易平衡的角度来说，中国长期输出陶瓷、丝绸和茶叶，输入大量白银。在白银作为货币的时代，尽管从一年甚至十年看这种贸易没有大问题，但是长期贸易不平衡的积累，对全球贸易的可持续发展不利。一旦白银资源枯竭，或者贸易中断，就如明朝末年那样，会对贸易双方都造成巨大的经济伤害，这就是明朝和西班牙帝国同时衰落的一个原因。良好和可持续的贸易体系应该互通有无，长期保持贸易基本平衡，形成良性的共生关系。长期的贸易不平衡是不可能持续的，这是铁律，长期的贸

---

[1] https://data.worldbank.org.cn/?locations=CN-lw.

易不平衡最终一定会以一种大家都不愿意看到的暴力方法得到矫正。

垄断贸易确实可以管理贸易内容，服从国家的战略需要。但是，由于垄断带来巨额利润，国家授权垄断贸易，必然会滋生腐败。从长远来说，腐败的体制必然难以让垄断持续，广州行商的兴起与衰落就是一个很好的例证。英国哲学家洛克说，权力总会带来腐败，绝对的权力带来绝对的腐败。

但自由贸易从理论上讲确实能够带来繁荣，可自由不是绝对的，以自由贸易的口号保护鸦片贸易，是一种不道德的行为，更是犯罪。正如亚当·斯密的《道德情操论》所表达的，提倡市场竞争和自由竞争也需要道德的基础。

第七章

洋务运动、金融危机与清朝灭亡

平定太平天国：厘金功不可没

对清朝来说，真是祸不单行，第一次鸦片战争的硝烟还没有散去，紧接着又爆发了另外一场声势浩大的农民起义，这就是太平天国运动。

上一章就分析了，当中国进入 19 世纪，人口超过 4 亿的时候，资源承载量已经到了极限，以农业为主的中国经济处于严重内卷状态，绝大多数人疲于奔命。稍有煽动，就会迅速引爆，掀起一场声势浩大的自下而上的运动，太平天国、捻军、陕西回民起义、小刀会、义和团……莫不如此。

太平天国的创始人是广东人洪秀全和冯云山。他们两人小时候是私塾同学，后来创立了拜上帝会，开始在广西传教，信徒数量不断增加。1850 年年底至 1851 年年初，洪秀全等人在广西桂平的金田村组织武装起义，经过浴血厮杀，于咸丰三年（1853 年）攻下江苏的江宁府城（今南京），改称天京，定都于此。任何农民起义政权想长期持续和发展下去，都必须实现从流寇向坐寇的转型。李自成没有成功，洪秀全也没有成功。洪秀全在江山不稳、内忧外患的时候，便开始粗暴统治，加之高层腐化堕落、内部互相斗争……这样的起义，失败是必然的结局。

曾国藩组织湘军，于1864年攻破天京，成功镇压太平军，为清朝的中兴和国祚延续立下汗马功劳。太平天国是古代中国历史上伤亡最惨重的内战，造成了数千万人的死亡和失踪。太平天国后期主要统治江苏、浙江、安徽、江西等江南富裕地区，因此太平天国运动失败后，江南很多地区出现了十室九空的萧条局面。

在一个人口过剩和经济内卷的社会，人的生命价值是低贱的，所以很容易煽动一场巨大的农民起义，也容易组织起一支巨大的军队镇压农民起义。曾国藩在镇压太平天国时候曾说过："民无粮，则必从贼；贼无粮，则必变流贼，而大乱无了日矣！"农民起义军所到之处会集中掠夺粮食，导致更多农民失去生计，不得不加入起义军，起义规模不断扩大。

不管是农民起义军，还是镇压农民起义的政府军，最重要的都是拥有财政资源。如何养活一支庞大的军队，是每一个起义发动者和政权统治者都必须考虑的首要问题。作为流寇的农民起义军要组织财政，最容易的办法就是抢劫富人和官府，道义上也会获得穷人的广泛支持。但是，作为镇压者的军队，曾国藩代表了官府，在财政资源紧张的情况下，不可能通过明面上的抢劫来保障军队供给。如何获得充足的财政资源是起义者和镇压者双方都必须思考的问题，最后谁会胜利看的是谁的财政资源更丰富和更稳健。

曾国藩对太平天国的起义军做了分类，将其分为"行贼"和"坐贼"，提出了"坐贼则不攻，行贼则打之"的战略。[①] 这其实和奥尔森理论中的流寇和坐寇是一致的。

太平天国具体有多少军队，至今没有确切的统计数据。我们估算一下，太平天国的顶峰拥有超过 106 个军，每军的正式编制是 13 156 人，所以军队总人数可能会超过 100 万。这样庞大的军队，即使不发军饷，吃饭和武器支出也是一笔巨额开销。

曾国藩在 1853 年建立了地方团练，扩编为湘军，分为陆师和水师。1854 年，湘军有陆师 6 500 人和水师 5 000 人，汇集湘潭，誓师出征。湘军采用"兵员自募、权归主将"的做法，募集湖南农村穷苦农民，月军饷为每人五两半，高于朝廷军队的三两半。曾国藩在攻进南京的时候拥有 12 万精锐部队，并且武器精良，很多都是购自西方的先进枪炮。按照月饷每人五两半计算，一年光军饷就要接近 1 000 万两，如果包括武器，支出就会超过 1 000 万两。

对于曾国藩来说，湘军的军费是自筹的。钱从哪里来？答案是：厘金。

1853 年，太平军攻占南京，鉴于"国帑空乏，军用不给"，中央政府财政也处于危机之中，根本没办法筹集资金支持镇压太平天国。无奈之下，驻军扬州的太常寺卿雷以諴采纳了幕僚钱江的建议，向江苏的商家筹集经费，初定税率为一厘，这就是厘

[①] 《曾国藩全集》，岳麓书社 2011 年版，第 26 册。

第七章　洋务运动、金融危机与清朝灭亡

金的起源。厘金创立之初分为板厘（坐厘）和活厘（行厘）两种。板厘就是按照店铺的经营额收取，相当于营业税或者消费税；活厘是在商贾经过之地设卡收税，相当于通过税。本来厘金征收只是在水陆要道设卡收税，但后来为防止商人逃税以及部分官员贪污，各地增设分局，对本地商人收税。

曾国藩创办湘军，经费自筹，厘金就成了曾国藩的财政来源。曾国藩首先在湖南特设东征局，在湖南省厘金的基础上再加抽半厘，成了湘军的军饷。曾国藩在1860年被任命为两江总督，统辖江苏、安徽和江西三省，这是三个相对富裕的省份。这三个省份的厘金被曾国藩统筹利用，以充当湘军的军饷；最富裕的上海地区的厘金被分配给了李鸿章的淮军。1860—1864年，江西一个省为湘军提供了850万两白银，这只是江西厘金的部分收入，可见厘金收入的规模之庞大。

1864年7月19日（同治三年六月十六日），曾国藩的弟弟曾国荃率部攻陷天京（南京）。在占领南京之后的第八天，曾国藩就决定将麾下的12万名湘军全部解散，让他们解甲归田，自谋生路。1864年8月14日（七月十三日），曾国荃指挥的两万多将士首先全部退役，剩下的军队按照占领计划在1864—1866年分批解散。曾国藩是明智的，如果不解散他的军队，首先会引起皇帝的猜忌，功高震主是没有好下场的。其次，维持这么大的军队需要大量的军饷，筹钱是个大问题。

厘金的设立，为成功镇压太平军立下汗马功劳。按照统计，清朝末年设有752个厘局，实际数目可能超过这个数字。在光绪初年，各地上报的厘金收入为 2 000 万两，实际可能超过 7 000 万两，大部分厘金被瞒报、贪污和中饱私囊。[①]

这种新的税收收入定下并成为地方税收的主要来源，受到各地政府的欢迎。太平军被灭后，有人建议废除厘金，但厘金牵涉这么大的利益布局，废除谈何容易？地方政府各自为政，不仅不削减，有的地方还对厘金征收比例不断加码，对某些商品的厘金甚至加码到五厘以上。很多时候，同一批货物经过不同的地方，还要被多次收税，严重阻碍了市场的统一和经济的发展。

厘金客观上部分解决了地方财政收入来源的问题，一些地方用厘金投入厂矿企业建设、路桥铺设以及教育等事业，确实促进了地方经济的发展。但是厘金给清政府的政治、经济和社会稳定带来的负面影响也不可估量。由于地方政府掌握了厘金，有了重要的财政收入来源，助长了地方分权势力，削弱了中央集权，这也部分导致了清朝的灭亡，以及清末民初军阀割据的局面。

由于交通不便，传统中国的内部市场极度不发达且极度细碎。大部分人只会走路到附近的集市进行必要的交易，从而形成了一个个以本地集市为中心，以一天走路可以往返的距离为半径的圆形小循环经济体。厘金制度的设立，从经济层面加剧了这种地方保护主义和全国市场细碎、分割的局面。经济学理论表明，市场统一才能扩大市场规模、促进企业竞争和分工、提升企业效率；分割的市场和地方保护主义会导致企业规模扩张受阻和效率

---

① 吕思勉，《中国近代史》，第 248 页。

下降，长期将影响经济发展，各地经济缺少竞争和协调，使得中国各地的经济陷于一种低水平的均衡。

到了1931年，国民政府基于厘金带来的地方保护主义和军阀割据局面的不利影响，宣布废除厘金。这已经是清朝灭亡20年后的事情了。

洋务运动：没有触及灵魂的改革

元明清三朝的历史上发生了三波全球化。前面提到的，成吉思汗大军横扫欧亚大陆可以看作第一波，这次全球化随元朝灭亡而结束。第二波是由哥伦布发现新大陆，引领大航海时代开启的。尽管在16世纪初，葡萄牙人航海来到广东外海的时候，中国就通过贸易被卷入全球化的大潮，但第二波全球化随明朝的灭亡而结束。第三波全球化以英国的崛起和向全球殖民为标志，与前两次有显著区别。英国政府向中国派出了强大的军队，试图敲开清王朝的大门。所以，全球化真正触动中国的传统体制，让中国走上近代化道路，应该从1840年第一次鸦片战争算起，这也是中国近代史的起点。中国的闭锁和保守被西方的坚船利炮轰碎，开始了充满辛酸、曲折，甚至付出无尽血泪与无数生命的探索过程。中国近代化的过程也是东西方文明不断碰撞，甚至对抗的过程。

洋务运动发生在清政府处于内忧外患、摇摇欲坠背景下的1860年。是年，北京城被英法联军攻占，号称"万园之园"的圆明园被焚毁；太平天国起义军早在1853年就占领了南京，规模还在持续扩张。眼看清朝灭亡就在眼前，晚清中兴四大名臣曾国藩、李鸿章、左宗棠和张之洞"扶大厦于将倾"，在镇压太平天国运动的过程中，看到了西方先进技术的强大，并利用先进的西方武器镇压起义军。他们实施"师夷长技以制夷"的战略，以实现富国强兵为目标，稳定了局面，延续了清朝的统治。

洋务运动的内容非常庞杂。以自强为名兴办的各项事业，涉及军事、政治、经济、外交和教育等多个方面。最主要的内容为兴办军事工业，并围绕军事工业开办其他民用企业，建立新式武器装备的陆海军，同时派遣留学生到西方学习先进技术。当时创办的企业主要包括安庆内军械所、江南制造总局、福州船政局等军工企业，也包括轮船招商局、开平矿务局、天津电报局、上海机器织布局、唐山胥各庄铁路、兰州织呢局等民用企业。这些企业都在一些新兴的、关系国计民生的行业里，其主要形式也是多样的，包括官办、官督商办、官商合办等形式，同时禁止类似的私营企业与之竞争。民营企业可以发行自己的股票，这些股票可以在市场上自由买卖。与此同时，在1862年成立了京师同文馆这样一所新的教育机构，学习西方语言以及先进科学技术等，并选送幼童到美国等西方国家留学。

一项制度的实施离不开强有力的主导人物。洋务运动的主导人是当时的恭亲王奕䜣和晚清四大名臣。恭亲王奕䜣因为和洋人比较亲近，所以有"鬼子六"的外号（他在家中排行第六），他对西方各种先进技术充满兴趣。这些主导人物都是中央或者地方上的实权人物。曾国藩等人在鸦片战争后见识了西方技术的强大，所以在镇压太平天国等起义军时，利用西方武器的巨大威力赢得了战争的胜利，也亲身体悟到了清朝的落后。因成功镇压太平天国、捻军以及陕西回民起义等有功，他们成为朝廷的重臣，也有影响力实施改革。当然，洋务运动还是遭到了以倭仁为代表的顽固派的反对，他们攻击说洋人的新科技只是奇技淫巧，不足为惧。保守派也不是不知道西方技术的强大，他们只是害怕引入这些技术会导致整个保守的国家治理体系解体。没有国家政权，这些保守派就失去了权力的舞台，生活可能都得不到保障。

不同政治理念之间的斗争在任何朝代都屡见不鲜，尤其在政权发生危机的时候，斗争更是异常激烈。本书此前已经展现了元朝的草原派和中原派之间的斗争、晚明的东林党与非东林党之间的斗争。甚至大厦将倾的南明小朝廷在面对清朝大军压境的时候，内部仍在进行你死我活的斗争。

尽管朝廷存在洋务派和保守派之间的政治斗争，但当时掌权的慈禧太后适当地平衡了这两派的利益，她知道要挽救和延续没落的清朝统治，必须依靠洋务运动的倡导者，引进先进的技术；但是还要维护清朝统治阶层的传统特权和利益，不能动摇保守的文化和政治制度。

从1860年开始，经过30多年的发展，洋务运动取得了很大的成就，包括建成了当时亚洲最强的海军，拥有当时世界上最先进的铁甲战舰。可是，这场轰轰烈烈的自强运动还是在1894年的中日甲午战争中，以北洋水师全军覆灭为标志宣告失败。但是洋务运动也给中国带来了现代化的银行体系、邮政体系、新式军队、新的共和思想、铁路和重工业等，影响一直延续到现在。现在的邮政系统、江南造船厂、交通银行等都是那时奠基的。

洋务运动失败的原因很多，学界的研究汗牛充栋。按照通行的解释，洋务派提倡"中学为体，西学为用"，只是希望利用先进的技术维护封建统治，因此改革不触动封建制度，后来的中日甲午战争证明，洋务运动没有使中国走上富强的道路。

新技术的引入，一方面，需要新的社会制度和组织结构与其相适应；另一方面，新技术也会催生与它适应的社会结构。现代化的社会，不仅是技术的现代化，而且也需要社会制度的现代化，包括文化教育、政府治理和金融服务等系统。洋务运动只提倡引进技术，而拼命抵制社会治理结构的现代化，结果必然是失败。在腐朽的清朝统治下，以政府为主导的洋务运动发展得非常艰难。西方先进的技术也很难和中国的传统文化兼容。由此带来的问题有以下四项。（1）京师同文馆想要招收贵族学童学习数理化以及外文，但很少有人报考，因为社会普遍认为这些于博取功名无益。即使是被送到美国的幼童每周也要学习传统的四书五经，为将来的科举考试准备。（2）官办企业的领导人由官员出任，他们大多忽视成本管理，企业的效率非常低下，而生产成本非常高，没有和进口产品竞争的优势。（3）腐败横行。在甲午海战中，很多炮弹里面甚至填充的是沙子而不是火药，打中了日舰也不能爆炸。在这样的腐朽制度下，即使四大名臣个人能力无比突出，工作殚精竭虑，洋务运动的失败也是在所难免的。（4）新的产业需要大量的投资，需要现代化的金融系统与之配套。当时中国传统的金融机构为小规模的钱庄,尽管鸦片战争后在上海等开放的沿海城市有了很多外资银行,但中国还是缺乏一家现代化的中央银行来发行货币和管理金融市场。

著名经济学家杨小凯在研究洋务运动失败的教训时认为,中国的封建社会没有完善的法制体系来保证中国的经济长久发展[1],所有的权力来自皇帝,而不是法律。新制度的推行,很多时候依靠的是个人的魅力和能力,而不是一个良好的制度。在这样的体制下,每一个人都是机会主义者,所以贪污腐败横行。比如在1860年,太平天国运动如火如荼,清政府岌岌可危的时候,地方官员还是不顾国家的利益,贪污横行。连胡林翼这样的"贤且智者"也对属下的贪污无能为力。杨小凯认为,以法国为例,一个良好的法制体系的建立可能需要百年以上。法制体系的建立在短期内对经济发展可能是不利的,因为新制度可能造成混乱,但是长期来看,它对国家和经济的稳定发展至关重要。

1896年,大学士李鸿章访问美国,引起了轰动。他在纽约亲眼看到了高楼林立的现代化大城市,大受震撼。李鸿章也接受了《纽约时报》的采访,展现了开放的思想。当时,美国记者问:"美国在清国投资有什么出路吗?"李鸿章的回答充满了智慧:"只有将货币、劳动力和土地都有机地结合起来,才会产生财富。清朝政府非常欢迎所有资本到我国投资。我的好朋友格兰

---

[1] Sachs, J., Woo, W. T., Yang, X. V.. *Economic reforms and constitutional transition.* UK:Edward Elgar Publishing, 2000: vol.1(2),423-479.

特将军曾对我说：'你们必须要求欧美资本进入清国以建立现代化的工业企业，帮助清国人民开发利用本国丰富的自然资源，但这些企业的管理权应掌握在清国政府手中。'我们欢迎你们来华投资，资金和技工由你们提供。但是，对于铁路、电讯等事务，要由我们自己控制。我们必须保护国家主权，不允许任何人危及我们的神圣权力。我将牢记格兰特将军的遗训。所有资本，无论是美国的还是欧洲的，都可以自由来华投资。"[1] 这展现了晚清重臣的远见卓识。

但是洋务运动并不能挽救清朝没落的命运。李鸿章晚年在总结自己一生经历的时候说："我办了一辈子的事，练兵也，海军也，都是纸糊的老虎，何尝能实在放手办理，不过勉强涂饰，虚有其表，不揭尤可敷衍一时。"

在晚清腐败的体制下，如果改革不能触及灵魂，没有系统性的变革，那么结局就只有失败。随着洋务运动的失败，清朝在十几年后也覆灭了。

甲午战争：金融视角的解释

中日甲午战争是清末的一场关键战争。清朝惨败，精锐的北洋水师全军覆没。1895年4月，清政府派遣李鸿章赴日签订了丧权辱国的《马关条约》，除了向日本赔款两亿两白银，清朝承

---

[1] 郑曦原编，《帝国的回忆：〈纽约时报〉晚清观察记》，李方惠等译，生活·读书·新知三联书店，2001年版，第297页。

认朝鲜"完全无缺之独立自主",结束了朝鲜长达两千年的中国藩属国的地位;同时割让台湾全岛及所有附属各岛屿、澎湖列岛和辽东半岛给日本;向日本开放多个中国内陆港口城市。

这一战让清朝国威扫地,西方看出清朝外强中干,从此西方列强争先恐后地加入瓜分中国的行列。在内部,这场战争标志着"中学为体,西学为用"的洋务运动失败了,大家意识到不改革国家治理体制,只寻求从外部引入先进技术的发展战略是行不通的。

1895年4月下旬到5月初,康有为、梁启超写成了一万八千字的《上今上皇帝书》,超过1 200名举人联署,反对《马关条约》,呼吁变法。5月2日,康梁两人率领多名举人,乘着公家车辆至都察院门前,与北京官民数千人集会,请都察院代奏光绪皇帝,这就是著名的"公车上书"。这标志着维新派登上历史舞台,也是相关运动的开端。

甲午战争战败后,尽管过程曲折,但清政府还是加快了制度改革的步伐,包括承诺实行君主立宪制、引入西式法律等措施。但是,改革步伐还是落后于历史前进的步伐,短短16年后,清朝就灭亡了。

从工业革命的历史来看,英国作为先驱,在工业革命前的17世纪就实现了君主立宪制;紧随其后的法国、德国、俄国和日本等国,在引入工业革命的同时,都对其国家治理体制做了相应调整和改革,与之适应。

从马克思主义的视角来看,生产力决定生产关系,生产关系要适应生产力的变化。在清朝晚期,洋务运动引入西方技术,这些技术都是外生的，必然需要新的社会文化、治理体系和组织结构与它适应。工业革命带来了产业革命，大规模生产是它的典型特征，这需要巨大的金融投资和新的企业管理体制，以及政府治理机制，传统的自给自足的小农生产体制很难适应。巨大的投资需要现代化的金融体制来服务，大规模生产需要大量纪律严明、分工明确的产业工人配套，政府的治理体制和功能也要相应调整。

在当时的历史背景下，清朝的总体经济实力和人口总数还是远远强于日本，北洋海军实力也不弱。甲午战争居然让北洋水师全军覆没，很多人觉得很费解。

1890 年时，北洋水师的军舰总排水量为 27 000 吨，而日本海军的总排水量为 17 000 吨。但是在这之后的短短几年内，日本政府对海军投入巨资，购入了至少六艘大型巡洋舰，而清朝政府因为财政短缺，基本没有增加多少大型军舰。到了开战前，日本海军的总吨位已经超过 72 000 吨，超过了北洋海军。

战争的胜负归根结底在于双方调动资源的能力。在现代社会，金融能力是资源调动能力的一个重要标志。尽管清朝在经济总量和人口数量上胜过日本，但是在金融能力上，当时的清朝已经远远落后于经过明治维新的日本。

1868 年 1 月 3 日，日本明治天皇颁布《王政复古大号令》，废除 270 多年的幕府制度，归政于明治天皇。日本开始明治维新，进行政治改革：改革中央政府，废藩置县，建立中央集权政府。

当时的日本精英对明治维新是"早产"还是"晚产"展开了辩论。早产派认为日本的政治变革建立在市场体制不发育和经济不发达的基础上，是迫于欧美先进国家压力，日本在有可能被殖民的背景下，被迫进行的政治改革，这是一种"早产"的改革。晚产派认为一百年前的英国已经开始了工业革命，日本无论是政治体制，还是经济发展水平，都远远落后于先进国家，现在才开始改革，这属于"晚产"。经过讨论后，日本政府设立了"富国强兵、殖产兴业、文明开化"的战略目标。

日本明治政府面对的最重要也最棘手的一个问题是金融体系的混乱。这需要统一币制、铸造新货币、向先进国家学习发行纸币，以及一系列的经济治理制度。维新改革开始仅三个月，1868年4月，明治政府就决定"断然对旧制货币进行改革，必须新铸造和发行统一纯正的货币"。第二年，决定废除方形货币，发行圆形货币；废除朱两制度，引入十进制货币价格体系。[①] 这样就将货币制度统一和标准化了。货币的统一，方便了对内和对外的交易，促进了经济发展。与此相比较，中国到了1933年才通过"废两改元"实现了货币统一。

紧接着，伊藤博文在1871年向大藏省提出建议，引入金本位制度，发行公债，设立"纸币发行会社"，统一发行纸币。经过讨论，日本政府在次年11月15日就公布了《国立银行条例》。这种迅捷的改革速度和强大的改革力度，展现了日本的效率和上下一心的决心。根据《国立银行条例》，日本设立了四家国立银行，可以开展货币发行、外汇、汇兑、借贷等金融业务。清政府

---

① 日本銀行百年史編纂委員會 编纂．『日本銀行百年史 資料編』．日本銀行，1986. P 70.

则晚至1905年才成立了第一家国立银行：大清户部银行。

在日本成立国有银行之后，伊藤博文、大偎重信，以及松方正义等人一直在考虑建立一家中央银行。1881年，英国驻日公使也向日本政府建议建立一家中央银行，垄断纸币的发行，管理金融危机。面对纸币贬值的现实，纸币崩溃的危险性很大，日本政府在1882年6月27日通过了《日本银行条例》，设立日本银行，这是日本的中央银行。同年10月10日，中央银行就开始营业。

日本银行的成立，让日本政府更有能力干预资本市场，调动各种金融资源，服务于国家战略。日本银行成立后，面对的第一个巨大挑战就是甲午战争。

1894年年初，日本政府知道中日战争在所难免，就通知日本银行，让其做各种准备，尤其要做好为战争融资的准备。1893年年初开始，日本经济处于扩张期，市场交易繁忙。1894年6月，日本内阁决定要对清朝开战，然后就对日本银行下令让其准备战争军费。日本银行马上采取了紧缩政策，提高了利息，降低流动性。[1]

就在甲午战争正式开战前的1894年7月30日，日本大藏省向内阁提出了紧急处分条例，要求日本银行提供资金。8月3日，主计处对战争费用设想了三种情境：5 000万日元、1亿日元，以及1.5亿日元，无论哪种情境，很大一部分的资金都要用

---

[1] 日本銀行百年史編纂委員會 編纂.『日本銀行百年史 資料編』. 日本銀行，1986. P 459.

日本银行准备金筹集。8月15日，日本政府公布了《军事公债条例》，首先发行军事公债5 000万日元，年利息6%。

随着战争的扩大，到了当年10月，日本政府把战争预算提高到1.5亿日元，除了已经花掉的6 000万日元，还决定再发行1亿日元的公债。到了1895年年初，战争胜负未决，日本政府手中只有4 800万日元现金，由于担心预算不够，日本政府决定在3月继续发行1亿日元的公债。整个甲午战争，日本政府一共准备了2.5亿日元的预算，其中包括2.3亿日元的公债。

《马关条约》的签订标志着战争结束，日本一共花掉了军费2.48亿日元。这个金额是日本战前整个政府年预算的两倍，而当时日本整个银行系统的存款总额为1.631 9亿日元。[1]对于这个庞大的军事支出金额，日本政府实际筹集了2.252 3亿日元的现金，其中通过公债募集了1.168 1亿日元（51.9%）、特别筹款7 986万日元（35.5%）、国库结余2 344万日元（10.6%）。

第一次发行公债，尽管政府的计划为5 000万日元，利息为6%，但实际只准备发行3 000万日元，市场利息仅为5%，结果却销售了7 700万日元，超额完成销售任务。第二轮发行公债，政府计划筹集1亿日元，日本银行实际准备发行5 000万日元，结果却销售了9 080万日元，也是超额完成销售任务。

这么大规模发行的军事公债，市场对私营企业肯定存在一定的金融压抑，但总体而言还算顺利，对市场的影响总体可控，没

---

[1] 日本銀行百年史編纂委員會 編纂.『日本銀行百年史 資料編』. 日本銀行，1986．PP 459~460.

有发生严重的通货膨胀。在战后，中国赔款 2.3 亿两白银，在当时折合 3.8 亿日元，远远超过日本的军费。这笔赔款不仅轻松还掉了日本的战争债务，还有足够的资金让日本从事其他建设，建立了更好的大学（比如，京都大学），建设更强的军队，刺激了他们将来进一步的军事扩张。而清朝的北洋水师，经费一直捉襟见肘，仅有的军费还被四处挪用。

在甲午战争发生的时候，慈禧太后正忙于庆祝自己的六十大寿。慈禧太后害怕日本人打进北京城，所以赶快让李鸿章和日本人谈判，签署战败赔款协议。

早在 1888 年，光绪帝就以给慈禧准备六十大寿的名义，下令把清漪园改名颐和园，并计划进行一次大修；修缮颐和园以及其他给慈禧太后祝寿的费用，就要从其他部门的预算中挪用。清朝所有衙门当中，一直以海军预算最为宽裕，所以海军衙门就一次性地拨给颐和园工程处 45 万两白银，作为孝敬太后的礼金。但是为了面子上过得去，海军递的奏折是要在颐和园建立一个海军训练基地，于是慈禧就命人在圆明园旁边挖了昆明湖。其实，清朝从 1888 年就停止购进军舰了，1891 年停止拨付海军器械弹药经费，海军发展彻底陷入停滞。与此同时，日本海军却快速发展，日本政府包括皇家都节衣缩食，因此才有前文说到的购进至少六艘大型巡洋舰，总吨位很快超过了北洋水师。北洋水师计划每年需要 200 万两白银，后来实际只有 100 万两白银，仅能维持水师的日常运转，无力购买具有战斗力的主力舰船。

没有现代的金融系统，战争爆发后，短期内无法获取足够的战争资源；加上从上到下的贪污腐败，仅有的海军预算还被挪用，从经济和金融的角度来看，甲午战争失败也不是一件让人意外的事情了。

绅商兴起：政商不清

中国传统社会存在士农工商的阶层划分，商人尽管经济条件不错，但在社会阶层中处于底层。

中国传统社会以农业为基础，把农民固定在土地上，便于国家管理。而士，深受传统礼教影响，受到传统和文化的束缚，对王朝统治的伤害是非常有限的，在某种意义上还是维持统治不可或缺的工具。统治者最害怕的是那些灵活的商人，如果放任商人自由流动，会带动社会人口的巨大流动和社会意识形态的变化，非常不利于国家的管理。同时，如果金钱变成了社会的最高追求，统治集团的权力崇拜也会随之瓦解，最终导致整个农业社会和统治集团的分化解体。黄仁宇在《中国大历史》中解释，中国的传统社会为一个三明治结构，上面一层是官僚精英统治阶层，下面一层为农民阶层，中间一层通过科举制度保持社会的流动性，从而维系社会的稳定。商人在中国传统社会中是没有政治地位的，更是政治精英要重点压制的对象。

朝廷必须压制商人的发展。一方面，对重要的战略物资实行国家垄断经营，限制商人集团的经济势力，并把商业资源转变为国家财政的钱袋子。比如，从东汉起，各个王朝都对盐和铁这两样对人民生活和社会稳定最重要的物资实行专卖制度。到了明清时期，除了盐铁，茶、酒、醋等也列入专卖，这些民生资源都被纳入国家控制。另一方面，商人阶层的政治和社会地位被压到最低，使得商人阶层对政治层面的干预被降到最低。地位低下的商人在获取财富后，通常会让后代读书，以获取功名，提高社会地位。

传统的社会结构和商人阶层伴随全球化带来的资本主义萌芽，发生了根本性的变革：中国商人开始参与国际贸易并加入全球化的潮流，中国东南沿海经济空前发展，商人阶层的规模和影响开始扩大。晚明的东林党人就是工商阶层的利益代表，他们一直呼吁支持工商业发展，减轻对工商、矿产行业的税负。

中国在第一次鸦片战争战败后，被迫增加开放港口，扩大对外贸易。而随着传统社会解体，商人一直在中国社会结构中不断探索，重新定位。晚清绅商的出现，就是新的社会形势下出现的一种新形态的商人。这种变革在晚清，尤其是洋务运动之后更加剧烈，最后导致了清朝统治基础的瓦解。在前一节中我们就说到，工业革命不仅仅是技术的革新，更是社会组织和治理结构的革新。新技术和新思想的引入必然会催生社会结构的各种变化，尽管统治阶层害怕甚至抑制这种变化。

"绅"原意指古代士大夫用来束腰的大带子，引申为掌握权力的人。绅商就是指和政府权力保持千丝万缕联系的商人。在洋务运动蓬勃发展的过程中，一大批商人涌现。结合洋务运动的背景，商人集团主要有两个来源：买办和绅商。买办作为洋人在中国经商的代理人和承包人，1840年后在通商口岸大量出现。他们具有国际资本主义发展的视野，是本土商人集团和国际资本主义的结合体。绅商集团却是本土商人集团和本土官僚精英的结合体。从历史的角度来看，不依靠洋人或官僚，纯粹的商人阶层从未在古代中国历史上大规模出现。

在19世纪中期，由于大型企业的兴办在中国历史上并无先例，政府为了鼓励商业发展，主要采用官办、官督商办、官商合办三种形式，来发展洋务运动。也就是说，洋务运动中，企业和中国的商人集团不可能脱离政府的控制，他们需要大量的资本和政策的支持，因而只能与政府结合。这是绅商阶层诞生的历史背景。从战国的吕不韦开始，到元朝的斡脱商人集团，中国的商人一直如此。

绅商阶层在诞生过程中，主要有自下而上和自上而下两种形式。自下而上是指没有功名的商人，投靠政府或者捐钱获取功名，代表人物为大名鼎鼎的"红顶商人"胡雪岩。他投靠浙江巡抚王有龄以及闽浙总督左宗棠，依靠他们实现政治投机和市场操纵，在商业上风生水起，可是最后在经济危机和政府的政治斗争中，被盛宣怀等人整垮，落得身败名裂。自下而上的绅商集团，只懂得商务和洋务，不懂得官法。尽管他们也为政府做了大量工作，比如，胡雪岩为左宗棠从外国银行融资，帮助他平定新疆，维护了国家的统一，但是他们由于没有科举考试的功名和政府从政经历，即使捐得顶戴花翎，也会在士农工商的社会中被真正的士绅集团歧视，不懂得政府内部运作的规律，很难在波谲云诡的晚清政坛常青不倒。

自上而下是指政府委派官员兴办企业，或者有功名的官员依靠自己的政府背景，积极兴办企业。前者的代表人物为盛宣怀，后者的代表人物为末代状元南通人张謇。这些人"官法、商务和洋务皆通"，在商场、官场都能常青不倒。

盛宣怀本来只是一个秀才，乡试三次而不中，仕途失意，决定学习"有用之学"。在当巡抚的父亲的介绍下，被李鸿章看中，担任后者重要的经济幕僚，积极兴办各种企业，包括铁路、电报、学校、纱厂等，后为官也升至商务大臣、邮传大臣等，成为中国近代亦商亦官、富可敌国的代表人物。

张謇，江苏南通人，出身贫寒，科举之路亦坎坷异常。16岁考中生员后，江南乡试5次而不中，33岁转赴顺天府乡试而中举人。虽然有朝中重臣翁同龢等提拔，但历四次会试而不中，终于在1894年以42岁高龄中状元。后甲午战争爆发，翁同龢失势，张謇又逢父亲去世，于是循例回乡守制。从此诀别仕途，而专心发展实业，以振兴中国经济。

这些自上而下诞生的绅商阶层，既有传统社会的功名，又有从政的经历，懂得政府的内部运作规律和良好人脉关系的维护，所以能够常青不倒。从某种意义上讲，真正在晚清能够影响中国命运的正是这些自上而下的绅商阶层。绅商阶层根植于中国的传统文化，经历过科举考试，怀有"达则兼济天下"的理想，赚钱之余也不忘对社会的贡献。他们大力兴办学校、水利工程、福利项目等社会公益项目，巩固自己的社会地位，从而达到名利双收。

由于大量的官员和士绅开始经商，客观上提高了商人的社会和政治地位，使得商人在晚清成为受人尊敬的群体，[①] 也促使中国经济开始快速发展，加快从农业社会向资本主义社会过渡，提高了人民的生活水准和国家的财政能力。1903 年 4 月 22 日，清朝政府宣布成立商部，上谕曰："自积习相沿，视工商为末务。国计民生日益贫弱……总期扫除官习，联络一气，不得有丝毫隔阂。"这表明了清朝对商业地位的重新认可。另一方面，迅速变化的社会潮流，促使中国传统农业社会不断解体。清朝统治秩序正是建立在传统农业社会的基础上，面对迅速变化的社会潮流，清朝政府刚开始采取了非常保守的政策，抗拒这种变化。等到甲午战争，清政府战败赔款，才意识到治理体制变革的必要性，遂开始追赶这种社会变化的潮流，在晚清最后不到二十年的时间里，出台了一系列社会改良的政策，比如废除科举制度，积极推进君主立宪制度等，但还是落在历史潮流的后面，导致了清朝的灭亡。

政府的目标为公共利益，商业的目标为私人利益。这两者之间本身是一种互补的关系。从微观上讲，官员和商人结合的时候，政府和商业的界限开始模糊。第一，商人讲求实用主义，以赚钱为目的，和政府维护政权这一首要目标之间有时候不可避免地要发生冲突。第二，绅商集团作为一个特殊的团体，公共利益和私人利益的界限模糊，国库通私库现象多有发生；在国家利益和私

---

① ［美］费正清等编，《剑桥中国晚清史》，第 481—484 页。

人利益发生冲突时，商人大多首先想的是维护自身的利益，而非大局。他们在面对纷繁复杂的政治环境时，多采取实用主义的想法，认为能赚钱的就是好的。他们也更支持改良主义，和革命的理想主义之间存在一定距离。商人首先要保证自己资产安全和营商环境，所以他们在发生革命前多反对革命，不希望革命对自己利益产生损害；而在革命成功后，多支持革命，希望能够保证自己的既有商业利益。这种行为看上去是一种投机，但其实是商业的本质。以张謇为例，他在辛亥革命前一直主张君主立宪，反对革命。但是辛亥革命后，他又迅速转向共和，剪掉辫子，把日记日期换成阳历，并且受邀担任民国政府的实业总长。张謇在日记里记载和孙中山初次见面谈话时，指出孙中山说话不着边际。孙中山一再强调"革命容易"，而张謇看到的是"建设艰难"，这也体现了商人和革命家的区别。

清政府兴办企业的目的是挽救清朝崩溃的命运。但是随着绅商集团势力的不断扩张，这个团体和清朝政府的对抗越来越明显，最后导致了清朝从内部瓦解。瓦解的标志即为东南互保事件。

1900年6月21日，清政府利用义和团，以光绪帝的名义向英、美、法、德、意、日、俄、西、比、荷、奥11国宣战。当宣战诏书下达至各地方时，邮传大臣盛宣怀下令各地电信局将清廷召集义和团及宣战诏书扣押，只给各地督抚看，并电令各地督抚，拒绝服从命令。除了山东和河北两省，全国绝大部分地区督抚支持或者参与了与外国势力签订《东南互保条约》，以图互保，让中国大部分地区免于朝廷与西方的战火。

作为洋务运动的代表，李鸿章时任两广总督，他深知："若不量力而轻于一试，恐数千年文物之邦，从此已矣。"于是回复朝廷，"此乱命也，粤不奉诏"，公开抗上。

东南互保事件中，地方集体抗命中央的背景是：绅商集团利益不断扩大。他们为了保护自身的利益，不愿与洋人对抗而使自身利益受损。事后，清朝政府对掌握实权的李鸿章、张之洞和盛宣怀等人无可奈何。盛宣怀管理的许多事业，如电报、海关、矿业、铁路、银行等为清廷的主要收入来源。据《清史稿·盛宣怀传》记载，清政府并没有责怪盛宣怀抗命，反而褒奖他为维护长江流域的和平做出了重要贡献，奖赏他，并加太子少保衔。

东南互保事件意味着中国地方势力兴起和绅商阶层势力膨胀，中央政府的权威已经受损，这为11年后的清朝灭亡，以及之后几十年的军阀混战埋下了伏笔。在东南互保事件后，盛宣怀势力扩张迅速，一路高升：1902年任工部左侍郎，1906年会办商约大臣，1908年任邮传部右侍郎，1911年1月6日调任邮传部尚书，同年5月改任奕劻内阁邮传部大臣。此后，盛宣怀建议将各省自己修建的铁路、邮政等转为国家垄断经营。作为大绅商代表的盛宣怀国有化铁路的目的，可能是由于他作为绅商的政治和经济背景："官法、商务和洋务皆通"。一方面，他认为国家垄断的铁路和邮政有更高的利润，并为通国库的私库中的巨额财富锦上添花；另一方面，也可以通过铁路修筑权的抵押向西方列强贷款，解决清政府的财政危机。维护清政府政权不倒，才能保证这些商人的长期利益。

可是，铁路国有化措施却遭到了许多地方的反对，引发四川、广东、湖南和湖北等地轰轰烈烈的保路运动。而保路运动的代表正是那些曾经依靠清政府发财的地方绅商集团。这些地方小绅商在面对以盛宣怀为代表的中央大绅商集团欺压时，选择了奋起反抗，以盛宣怀为代表的大绅商集团为了维护利益，只能动用国家机器，命令各地加以镇压。这进一步激化了大小绅商之间的矛盾，导致四川等地宣布独立。可以假设一下，如果盛宣怀不在邮传大臣的位置上，或许也会因为个人利益和保路运动的地方绅商集团站在一起。

由于清政府调走武汉新军去镇压四川的保路运动，造成武昌空虚，加上一个偶然爆炸的炸弹使得一场仓促的武昌起义在1911年10月得以成功。武昌起义后，作为商人的盛宣怀见无法收拾混乱政局，只能邀请袁世凯出山。因其收路政策导致武昌起义而遭受各方谴责，盛宣怀于1911年10月26日被革职，永不再用，同时逃亡日本。袁世凯在掌控了清政府的局势后，开始与革命政府和谈，成功迫使清帝逊位。在中国延续了两千多年的封建制度最后灭亡了。

在清朝经历两次鸦片战争战败、太平天国起义等严重的动乱，社会经济被严重破坏的背景下，以曾国藩和李鸿章为代表的中兴大臣，开始主动改革，发展洋务运动。在这样的特殊背景下，亦官亦商的绅商的诞生，客观上提高了商人的经济社会地位，促使中国传统农业社会开始解体。

商人以利益为优先，政府以维持统治为第一要务。清政府起初发展商业的目的是自强，从而延续统治，而绅商正是借助了政府的权力赚取了高额的利润。但是，当商人集团和国家权力发生矛盾的时候，商人会从实用的角度，寻找对自己有益的选择，而无视政权的更替。绅商和晚清政权"可共富贵，不可共患难"。

官商弊端：政治投机导致经济落后

鸦片战争后中国被迫对外开放，上海逐步成为对外贸易的中心，19世纪后半期，上海港的贸易占中国对外贸易总额50%多。中国的金融中心逐步由北京转移到上海，在1900年八国联军攻破北京之后，彻底转移到了上海。

在晚清，随着对外开放的程度加深，国内外贸易变得空前活跃，这也带动了金融服务业的发展。为了减少携带白银，方便交易，大量私人钱庄应运而生，它们是现代银行的雏形。私人钱庄主要经营汇兑业务，也兼营借贷业务。在当时的背景下，钱庄完全靠信誉来经营，政府基本上不施以干预和监管。在这样的金融生态下，很容易发生挤兑，甚至一家钱庄倒闭后，市场连锁反应发生，形成金融危机。

金融危机当时在欧美发达国家已经发生过多次，为了应对危机，它们纷纷建立中央银行，来管理货币的发行和金融风险的测控。日本在1882年也成立了日本银行，来管理金融市场。清朝在金融现代化道路上非常落后，金融管制不足，于是金融危机不断。

晚清时期，北京和上海发生了至少五次大规模的金融危机。每一次危机对迟暮的清朝脆弱的经济体系都是沉重的打击。

第一次金融危机发生在 1853 年，太平军在南方的扩张引起了京师的恐慌，谣言四起，认为太平军马上攻进北京，于是发生了钱庄挤兑。仅 2 月 15 日一天，北京就有 100 多家钱庄因此倒闭，进而引起不少粮店和布庄的连锁倒闭。对本来已经处于政治、经济危机中的清朝来说，这是雪上加霜。

第二次金融危机发生在 1860 年的上海，太平军第一次攻打上海，导致了上海南市的钱庄大片倒闭，钱业中心转移到了北市。[1]1873 年上海有 178 家钱庄，其中 103 家在北市。

第三次金融危机发生在 1883 年，上海市面非常萧条，许多钱庄倒闭，这次危机中最大的历史事件可能是大买办徐润和"红顶商人"胡雪岩的破产。胡雪岩本身经营钱庄，因此他的破产扩大了金融危机。1873 年上海那 178 家钱庄，到了 1883 年，仅剩 58 家。这次金融危机影响深远，可以算中国近现代史上的第一次大规模金融危机。本节稍后将着重介绍这一次金融危机的前因后果。

第四次金融危机为 1900 年八国联军打进北京城，抢掠放火，北京最大的四家钱庄的库房被侵占，仅库银就搬运了三天三夜，所有账目一并焚毁。经此难，中国的金融中心彻底转移到了上海。

第五次金融危机即 1910 年的橡皮股票风潮：橡皮股价泡沫

---

[1] 彭信威，《中国货币史》，第 651 页。

破灭，导致了大量投资者受损，其中川汉铁路的部分资金就投入了橡皮股票，引起了后来的保路运动，这恰恰是清朝覆灭的导火索，我们将在下一节介绍。

鸦片战争之后，中国经济对外开放，上海逐渐变成了世界金融中心，各种金融投资交易所在上海开设。1840年前后，随着洋行大班们的流入，上海有了股票交易的概念，开始兴办股票交易所。

1870年之后，政府开始鼓励私人企业参与官督商办，或者官商合营。为此，洋务企业开始在上海发行股票，筹集资本。因为有国家信用背书，社会各界认购踊跃，尤其是钱庄。但是，由于洋务运动企业的国有本质，经营效率低下，到了1883年，大量企业亏损，发生了"倒账"——钱庄等金融机构贷出去的钱收不回来了。用现代金融术语来说，就是发生了金融债务违约。[1]

在这次倒账风潮中，影响最大的三起违约事件为：1883年年初，金嘉记丝栈倒闭，亏欠40家钱庄白银56万两；年中，大买办徐润投资房地产和股票失败，无法偿还22家钱庄100多万两白银；年末，又传说"红顶商人"胡雪岩产业崩溃，彻底引爆了这次金融危机。

这次金融危机中，洋务企业股票价格暴跌。开平矿务局的股票从1883年5月的每股210两跌到了10月的70两，到1884年竟然低于30两；轮船招商局的股票从1882年9月的253两暴跌到1884年的34两。随着股票市场泡沫的破灭，上海钱庄大量倒

---

[1] 潘晓霞，《投机、泡沫与危机：以1883年上海钱庄倒账风潮为中心的考察》，载于《历史教学》，2007年第5期。

闭，客户存款无法偿还，市场陷于萧条。

除了洋务企业本身经营不善，有历史学家认为1883年中法战争也是引起经济萧条的一个原因。1883年12月开始的中法战争使国内局势不稳，人们对金融市场失去了信心，加剧了挤兑行为，升级了危机。

此外，中国的这次经济危机也和世界范围内1873年开始的经济危机相关。中国在1840年后，对外贸易不断扩张，与世界的交流日益加深。1881—1883年，中国当时出口的主要产品为茶叶（占出口总额的46.2%）和丝（占出口总额的26.2%）等资源性产品。进口的主要商品为鸦片（占进口总额37%）、棉布（占进口总额22.8%），以及棉纱（占进口总额5.8%，三项相加超过进口总额65%）等产品。[①]中国对外贸易的最重要口岸为上海，其贸易额超过中国总贸易额的一半。当全世界陷入经济危机，作为中国对外开放窗口的上海出现萧条是可想而知的。

从1873年开始，西方主要资本主义国家都经历了一场旷日持久的经济危机。在英国，经济萧条从1873年开始，延续到了1896年，人们经历了一个长萧条期。法国的股票市场在1882年年初暴跌，1/4的经纪人处于破产边缘，法兰西银行虽然通过宽松的货币政策暂时挽救了股票市场，但是法国接下来的几年始终处于萧条状态。美国经历了1882—1885年的萧条，因为纽约市国家银行停止对企业贷款，导致危机扩散。虽然纽约清算机构资

---

① 严中平等编，《中国近代经济史统计资料选辑》，科学出版社1955年版，第76页。

助了濒临破产的银行，避免了更大的危机，但还是有少数银行和不少企业破产。

在世界经济的一片萧条中，中国的对外贸易也发生了萎缩。1871—1873 年中国年均出口 1.1 亿两白银，但是 1881—1883 年出口额下降到 1.08 亿两，下降了约 2%。[①] 出口额已经远远超过了中央政府的财政收入。当时，中国最主要的两个出口贸易地为英国和中国香港，所占比重分别为 33.3% 和 25.4%，总和接近 60%。[②] 当时，香港被英国殖民统治，英国在 1873—1896 年发生经济萧条，其对中国外贸出口，以及上海经济产生巨大打击是可以预见的。

而这次金融危机中最大的事件是"红顶商人"胡雪岩的倒台，他的破产又进一步放大了危机。

胡雪岩是中国官商的一个缩影：通过政治投机，遇到贵人，成了暴发户，后台倒了，随即家破人亡。

胡雪岩本是安徽徽州一个放牛娃，经人介绍到杭州钱庄为徒，因为勤恳踏实，三年有成，被录取为正式员工。后来胡雪岩结识王有龄，王有龄苦读数年，可惜无钱进京赶考。胡雪岩知其并非常人，遂学习吕不韦的政治投机，慷慨解囊，盗用钱庄 500 两资助他。王有龄后来担任粮台总办，为了报答胡雪岩，资助他开办阜康钱庄。从此，在王有龄的庇护下，胡雪岩成为权贵资本家，生意越做越大。

---

① 严中平等编，《中国近代经济史统计资料选辑》，第 64 页。
② 同上书，第 66 页。

1862年太平天国的军队攻入杭州，已经升任浙江巡抚的王有龄在兵败后自杀。失去一个靠山后，胡雪岩等来了一个更大的靠山——左宗棠。曾国藩保荐左宗棠担任浙江巡抚，左宗棠进军浙江，正为短衣缺食发愁，善于政治投机的胡雪岩抓住了这次机会。战争期间，他在三天内就凑齐了十万石粮食。胡雪岩出色的组织才能和雪中送炭的恩情，深深打动了左宗棠。胡雪岩于是被任命为粮台总办，以亦官亦商的身份出入上海、宁波等港口，经办军火和粮食等事务，与洋人以及达官贵人来往。

清军平定浙江后，大小官员把财产尽数存入阜康钱庄。胡雪岩以此为资本，从事贸易活动，获利颇丰，短短几年，家产已超千万。清朝政府的财政收入在1890年只有8 800多万两，胡雪岩当时的财产占国家财政收入的1/8，真可以算是富可敌国。同时胡雪岩积极参与洋务运动，例如帮左宗棠创立了福州船政局。因曾国藩、左宗棠等人作为朝中大员，不方便和洋人直接打交道，懂洋务和商务的胡雪岩就成了他们最好的代理人。

出色的功绩加上左宗棠等人的推荐，胡雪岩获得了布政使衔的从二品官阶，所戴朝冠顶上饰以镂空珊瑚，俗称"红顶子"，所以胡雪岩又被称为"红顶商人"。

胡雪岩是放牛娃出身，他没有受过良好的教育，也没有显赫的家族背景，他发迹后显示出了暴发户的特点：修建豪华园林，妻妾成群，骄奢淫逸。他的这种暴发户心态，加上过往一路顺利，尤其有了"红顶"和左宗棠等高官的保护，容易令人产生一种幻觉，觉得自己无所不能。不容置疑，胡雪岩对清朝晚期的政权稳定和国家统一做出了巨大贡献。没有他的金融和军火支持，左宗棠在晚清的风雨飘摇中可能无力收复新疆、维护国家统一。

左宗棠在西征的路上多次和胡雪岩通信，希望他帮忙购买新式武器以及向外国银行贷款。尤其在1875年，左宗棠西征新疆最困难的时候，多次协调胡雪岩向外国银行贷款500万两白银，并购买最新洋枪炮、药。我们可以从这封信中一窥当时左宗棠的困境以及其对胡雪岩的信赖。[1]

雪岩仁兄大人阁下：

前复一缄，度邀青览。比又接读手示，得悉种切，即审勋祺纳祜，为慰！

关外军事，乌鲁木齐各城克复后，围攻玛纳斯南城，业于九月二十一日攻克，踞逆尽歼，回酋马六均已伏诛。一待春融冰泮，全军围攻南八城，扫穴犁庭当不远也。

春间奏准借用洋款五百万两，望阁下在沪妥为商议，无论何国之银，总以分十年本息匀还，息银听阁下随时酌定。银借何国，一有成见，飞速缄知，以便入告，并咨明总署知会驻京公使转行驻沪领事知照；一面循案饬知总税司，分饬江汉、浙海、粤海三关税务司，在关票内盖印签字，即可银票两交。此次借款，其关票由鄂、粤、浙三者抚监督用印，悉照前次借次三百万办过成案，驾轻就熟，办理更易也。

---

[1] 任光亮、朱仲岳整理，《左宗棠未刊书牍》，岳麓书社1989年版，第168—169页。

前办洋枪炮药现在尚未到齐，望速催速解，庶应前敌之用。

手此布复。即请台安。

愚弟顿首
十月二十七日

不可否认胡雪岩为国家统一做出过巨大贡献，但是他路子越走越野，胆子越来越大，使用的金融杠杆越来越高，最后走上了覆灭之路。

1882年，胡雪岩在上海投资2 000万两白银操纵生丝市场。对江浙两省的养蚕农户，一律给予订金，买断所有的蚕丝。而在这之前的十多年间，洋商垄断中国生丝买卖，使得蚕农和本土丝商收入下降。此次，洋商对胡雪岩垄断生丝无可奈何。次年，胡雪岩又试图联合华商垄断，可惜无人配合。洋商被激怒后，联合起来不买中国生丝，而转买日本和意大利等国的生丝。日本的生丝出口从1881年的1.8万担上升到1882年的2.9万担，再到1883年的3.1万担，而中国生丝在那几年的出口一直保持在6.5万担左右。① 胡雪岩在1882年囤积了大概1.5万担生丝，约占中国出口总量的25%。这部分差额基本上被日本出口增加的部分填补。加之，当年世界经济危机引起需求萎缩，以及意大利生

---

① Li, L. M.. *China's Silk Trade: Traditional Industry in the Modern World, 1842-1937*. America: Harvard Univ Asia Center, 1981. 以及 Federico, G.. *An Economic History of the Silk Industry, 1830-1930*. UK: Cambridge University Press, 1997.

丝大丰收，所以胡雪岩的做庄操作根本不能起到哄抬物价的作用，国际生丝价格反而大跌。最后胡雪岩不得不对囤积了一年多的生丝折价销售，亏损800多万两白银。

生丝操作的亏损引起了现金短缺。这个时候，胡雪岩和左宗棠的政治对手嗅到了打击胡雪岩的机会。1872年曾国藩死后，李鸿章为了遏制左宗棠的势力，一直在寻找机会打击胡雪岩。李鸿章的手下盛宣怀趁胡雪岩现金短缺的时机，偷偷命令上海道台邵友濂故意拖延胡雪岩饷款20天。胡无奈之下，只能挪用自己钱庄80万两白银周转。消息传出，人人认为胡雪岩因囤积生丝而亏本太多，挪用阜康钱庄的存款，便首先在杭州挤兑，继而扩散到阜康钱庄外地的分号。伴随阜康钱庄的倒闭，胡雪岩的商业和金融帝国在1884年彻底倒塌。阜康钱庄的倒闭引起了一系列的连锁危机，波及其他钱庄、布庄、粮庄等行业，扩散为19世纪中国最严重的金融危机。

胡雪岩负债累累时，慈禧太后下令对其革职查办，严追治罪。胡雪岩只得遣散家仆姬妾。1885年12月6日，胡雪岩在孤寂潦倒中去世。11天后，朝廷下令查抄胡家，可惜胡雪岩的商业帝国早就"人亡财尽，无财可抄"。

1883年的中国经济危机，部分源于西方主要国家的经济危机，导致胡雪岩操纵中国生丝市场失败，而他的失败又通过金融系统产生连锁反应，扩大了中国的经济危机。从那时起，中国已经脱离不了世界的经济体系了。国际形势对中国的影响有时超过人们的想象。及时了解国际风云，才能及时进退。胡雪岩如果知道国际经济危机的大背景以及日本和意大利生丝的增产，他就不一定这样操纵市场了。

如前所述，中国封建社会存在士农工商的社会阶层，商人在传统社会中地位很低。从春秋战国时代起，商人就知道：要赚大钱，必须依靠政治投机，傍上政府高官。从奇货可居的吕不韦投机秦始皇开始，到明朝的沈万三，再到清朝的胡雪岩，模式都一样：依靠高官赚大钱，官商通吃，人生波澜壮阔；最后台柱子倒了，身败名裂，家财散尽，能够保住性命已经是万幸。历史上，一代代的官商平地起高楼，宴宾客，最后楼塌了，不胜唏嘘。

尽管面对这样残酷的现实，中国封建时期的商人还是竞相进行政治投机。经济学有一个"资源的诅咒"理论，就是说当自然资源充足的时候，大家都不愿意去创新，创新都发生在资源比较稀缺的地方。所以，历史上中国的商人把更多的精力放在维护和官员的关系上，当官员成了他们的主要资源时，产业的技术进步和管理水平的提高通常就被忽视了，这样使得中国的经济落后于西方，长期处于一个低水平的均衡状态。20世纪最伟大的经济学家之一熊彼特说过，经济发展的根本动力是企业家精神。依靠官商就能发财，还需要企业家精神吗？

橡皮股票风潮：大清灭亡的导火索

凯恩斯说过，人类在历史发展的过程中，唯一不变的本性就是贪婪。贪婪是促进社会进步的动力，也是造成金融危机的罪魁祸首。所以，人类的历史就在不断的危机循环中前进，而危机自身的发展过程正如知名经济学家金德尔伯格的著作的书名所展示的：疯狂、惊恐和崩溃。

解释金融危机，还可以用投资界的另一个理论——反射理论，它其实可以被看作对金德尔伯格理论的一个更通俗的解释：市场短期内可以稍微偏离均衡，但是从长期来看必须恢复均衡，这个恢复均衡的过程就是反射的过程。

大部分人只能做出短期的疯狂投机行为，人们不断地出现短期偏离，积累成一个长期的巨大偏离，这是危机的第一阶段。当人们突然发现价格已经偏离到不可思议的程度，比如一个郁金香球茎的价值可以抵上一个人数年工资的时候，人们就开始恐慌和怀疑，这是危机的第二阶段。当所有人都不相信价格会继续上涨时，就开始竞相抛售，这就是危机的第三阶段——崩溃。这就是金融危机的三部曲。金融危机或者经济危机，虽然有先兆和必然性，但是具体什么时候发生，和对地震的预测一样，理论上是基本不可能的。最容易成为投机对象的是一些短期内非常难以提高供给的产品，最典型的是古董、土地和不动产，以及有价证券、某些矿产品和某些农产品。

如果从1637年荷兰郁金香泡沫算起，人类社会已经经历了一个又一个泡沫和泡沫破裂引起的金融危机。中国从明朝出现资本主义萌芽开始，经济危机连绵不断。每一个王朝或者政府的崩溃，几乎都伴随着金融危机的冲击。

1910年的时候，整个清朝沉疴缠身，财政入不敷出，维新派和保守派争论不休，中央政府权力被地方势力削弱，各地革命党人起义不断。看起来，这和元朝、明朝末年都有些相似，只要有一个合适的导火索，就可以让这个存续了二百六十多年的王朝彻底崩溃。

这个导火索就是 1910 年左右的橡皮股票风潮。但必须指出，金融危机只是一个引子，这背后还有更多的政治、经济原因。

清朝作为一个农业国家，从经济生产角度来说，在鸦片战争之前，在给定的技术条件下生产已经达到了最优，整个国家人口过剩，经济内卷，绝大多数人每天辛苦地工作，但是仅能糊口。前文已经说过，按照麦迪逊的统计，中国的 GDP 在 1820 年约占世界经济总量的 1/3。当时中国经济规模巨大，不是因为人均收入较高，而是由人口规模决定的。

在这之前 100 年经济的平稳发展，离不开康熙和雍正时期实施的摊丁入亩：废除人头税，按照土地面积征收税赋。这降低了税收成本，保证了税收公平和实际的轻税率。在 1820 年之前的 100 年间，清朝的总体财政收入并没有增加多少。按照历史记载（表 7.1），清朝的财政收入在 1745 年为 3 600 万两白银，到了 1791 年增加到 4 360 万两白银，1812 年稍微下降到 4 010 万两白银，而鸦片战争后的 1841 年为 3 860 万两白银。其中，田赋提供了总收入的 75%~80%。

但是，这样稳定和较轻的税收政策，在鸦片战争之后被打破，尤其在太平天国运动发生后，政府为了应付内忧外患，必须开征新税。清朝政府改革币制，发行纸币，实行财政货币化，还在江北的扬州征收厘金。后来，该政策推广到各地，税率不断加码，清朝末年多数省份的厘金税率已经超过5%。厘金也渐渐成为地方政府的一项主要收入。政府的另外一项收入来源就是关税，中国的关税收入不断扩大，1893年关税收入已经接近2 200万两白银。

在19世纪最后的10年，清朝每年的支出规模约为8 900万两白银，这个支出数字可能被严重低估，但是我们看到了最后10年财政收入的急速扩张。1911年资政院编制的清政府总预算为3.02亿两白银，如果考虑到政府的田赋收入很难提高，那到了1910年左右的时候，来自贸易、流通以及非农产业的相关财政收入则超过70%，包括厘金、洋税、关税等。可以毫不夸张地说，清朝末年的财政收入建立在贸易、流通以及借贷的基础上。在1894年甲午战争之前，中央政府收支还略有盈余，但是在1894年之后，由于战争的巨额赔款以及军事支出扩大，中央政府的财政收支在急剧扩张的同时，陷入连年赤字，依靠外债度日，直到清朝崩溃。

清朝作为农业国家，80%以上的人口居住在农村，从事农业劳动，而国家财政收入的80%却建立在贸易和流通的基础上。这种不对称的经济结构使得政府非常脆弱。如果发生经济危机，国内和国际贸易萎缩，税收必然萎缩，而由于支出存在刚性，经济危机对清政府的打击肯定是致命的，但对于自给自足的农民，冲击相对较小。

正是由于这样一个脆弱的财政结构，在1910年橡皮股票风潮导致大量钱庄破产的背景之下，清朝轰然倒地。

橡皮指的就是橡胶。在20世纪初，汽车工业发展和生活水平的提高，带来了对橡胶的大量需求，汽车轮胎、雨衣、胶鞋等都需要天然橡胶。当时的化工技术落后，而橡胶树从种植到收获需要七年以上，短期难以提高供给。这样的结构为金融泡沫的产生提供了一个很好的炒作素材：由于需求迅速扩张，供给短期无法跟上，橡胶价格开始快速上升。

上海由于开埠较早，金融非常发达，银行业（钱庄）和股票市场都已经成熟。在面对橡胶市场的良好前景时，很多人在上海设立橡皮公司，发行股票，筹集资金。1910年1—7月，每月有几十种新的橡皮股票上市，这些公司利用媒体大肆宣扬公司的良好前景和行业的美好未来。投资者也开始疯狂地投资橡皮公司股票，尤其是多家钱庄卷入股票投资，使得股票价格狂涨。据东亚同文会的估计，当时橡皮股票的总投资额为6 000万两白银，其中70%~80%为中国人所有，大部分资金来自中国人的钱庄。

以兰格志和斯尼王两只股票为例。兰格志在1910年3月2日价格为1 080两白银，到了3月29日上涨到1 675两，之后一直保持在1 400~1 500两；斯尼王在2月25日价格为630两白银，到了7月11日上升到了1 375两。[①]

不过，由于美国在1910年中突然实行橡胶消费限制政策，国际市场橡胶价格大跌。当时橡胶的生产成本仅为18便士。但

---

① 金学史，《清末"橡皮股票风潮"始末》，载于《上海金融》，1985年第10期。

第七章 洋务运动、金融危机与清朝灭亡

是，1910年4月伦敦橡胶价格最高为每磅12先令5便士，到了7月底下降为9先令3便士，之后更是猛跌到了6先令。国际市场橡胶价格的暴跌打破了很多人的美梦，橡胶原来不像想象的那样炙手可热，上海市场的橡皮公司股票也开始暴跌。①

1910年7月21日，上海的正元、兆康、谦余三家钱庄倒闭（三家共损失白银500余万两），而与这三家钱庄关系密切的森源、元丰、会丰、协丰、晋大五家钱庄也随后倒闭。为了防止危机进一步扩散，上海道台蔡乃煌采取了救市政策。他在征得清政府的同意后，从9家外资银行借款350万两白银，加上拨付的官银300万两，存入上海最大的两家钱庄：源丰润和义善源及分属庄号。上海市场暂时趋于平静。从现代经济学的观点来看，蔡乃煌的救市政策是正确的、及时的，也是非常有效的：发生经济危机时首先要救银行，这样才能防止危机扩散。可惜，蔡乃煌只是复杂的清朝机器上的一个小螺丝，不能力挽狂澜，扶大厦于将倾。

到了9月，清政府要从上海库银里面提取190万两白银偿还庚子赔款，蔡乃煌鉴于上海市面还没有稳定，请求政府从大清银行先暂借200万两垫付。但是这个建议正好被其政治对手利用，江苏巡抚说蔡乃煌妄称市面恐慌，恫吓政府，不顾朝廷颜面，拖付庚款。清朝政府听信谗言，将蔡乃煌革职查办，限令两月之内提取交割存银完毕。无奈之下，蔡乃煌只得向源丰润和义善源提取200万两白银。

---

① 金学史，《清末"橡皮股票风潮"始末》，载于《上海金融》，1985年第10期。

这是又一轮更大危机的开始。10月7日，外国银行开始拒收21家上海钱庄的庄票，源丰润因此倒闭，牵连六家大型银庄倒闭。在恐惧气氛中，外国银行开始向中国钱庄收回拆借款。政府意识到问题的严重，开始第二轮救市，两江总督张人俊等开始出面，以江苏的盐厘为担保向外国三家银行借款300万两白银。

无奈由于政府在第一轮救市中没有统一思想，丧失信誉，导致第一轮救市成果前功尽弃。第二轮危机的冲击更大，政府的能力有限，救助显得杯水车薪。1911年3月前，上海又有三十多家钱庄倒闭，最终在1911年3月20日，另外一家大钱庄义善源也不得不宣布倒闭。1910年年初，上海共有钱庄91家，受橡皮风潮影响，倒闭了48家。[①]

金融危机的波及面之广，光钱庄就损失了数千万两白银，连锁反应的打击面更广，损失不计其数。危机的第三波扩散到上海以外的地区，江浙地区所受冲击最大，南京、镇江、扬州、苏州、杭州、宁波等经济重镇有十多家著名钱庄和票号接连倒闭，受此牵连，这些城市的民族资本和相关金融机构几乎都被冲垮。沿江和沿海的其他很多城市，比如武汉和天津，金融业和实业也或多或少受到了牵连，无数的粮店、布店等民族产业也随之倒闭，市面彻底萧条。

橡皮股票风潮的影响并不局限于银行业，其间接的连锁反应让人意想不到，最终使得清朝灭亡。我们可以复盘一下这次金融

---

① 熊月之主编，陈正书著，《上海通史 第4卷：晚清经济》，上海人民出版社1999年版，第四卷。

危机发生和扩散的逻辑。

第一，上海的钱庄行业对贸易至关重要。钱庄的庄票原来凭借信用在沿江和沿海贸易中得到广泛使用。但由于钱庄倒闭，很多存款和庄票作废，连累了很多企业倒闭。镇江、南京、杭州、宁波、芜湖、武汉、天津等城市的很多布庄、米庄和木材商等在这波风潮中也随之倒闭。实业的关停和金融业的倒闭潮互相牵连，互相反馈，发生连锁反应。而前文已经详细描述过，清朝末年的时候，国家财政收入的 80% 以上都来自贸易相关税收。

上海钱庄倒闭，进出口贸易、国内贸易也受到损害，关税、厘金以及鸦片等税收收入也不可避免地下降。上海作为主要的对外贸易基地，上海海关的税收收入占中国所有关税收入一半以上。

晚清最后十年，财政收入和支出急剧扩张。主要有三方面的原因：一、贸易相关收入急剧扩大；二、很多地方的隐性收入开始显在化；三、政府借债的规模不断扩大。但是，经济危机却无情地打击了财政收入的增长，财政收入的扩张速度跟不上财政支出。1908 年财政赤字才 280 万两白银，到 1911 年财政赤字已扩大到 4 170 万两（表 7.1）。这是 1900 年财政收入的一半，超过了田赋收入。但是，值得注意的是，到了清朝末年，清政府到处抵押资产，四处借贷。晚清收入扩张都基于借贷，是不可持续的。

1911 年对清政府来说是非常困难的一年。由于不断偿付对外战争赔款，加上国内政局不稳，以及铁路、电报、矿山等各种新式事业的开展，支出不断扩大，这些支出都是刚性的。虽然 1911 年的税收有所增加，却赶不上支出扩张的速度。为了渡过难关，清政府在盛宣怀的力推下，宣布铁路干线国有政策，中央向英、法、德、美四国银行团抵押筑路权，借款600万英镑，投资修建铁路，以此减少中央财政压力。

第二，1903年由四川省留日学生首倡，经四川总督锡良奏请，在成都设立官办的川汉铁路总公司。当时为建设一条从四川通向外界的道路，川汉铁路的建造先是官办，后采取民间集资的方法，主要通过"抽租之股"筹集了1 400万两白银（大股每股50两，小股每股5两）。[①] 所谓"抽租之股"，也称"租股"，一般是随粮征集，值百抽三，带有强制性。所抽租股均按市价折银，填给股票，按年领息，铁路建成后可分红利。因此，凡是纳税的四川农民都是公司股东。为保障四川民众权益，《川汉铁路总公司集股章程》第55条明确宣布不借外债、不招外股、专集华股。由于租股占川汉铁路公司股本的比重越来越大，因此四川绅民强烈要求改官办为商办。1907年，官股退出，名义上成为商办公司，但是公司的管理层中还是充斥着旧官员。

到了1911年的时候，已有700万两白银花费在修筑铁路上，剩余的700万两由川汉铁路总公司驻上海的经理施典章投资在上海的股票市场。1911年橡胶泡沫的破灭，导致了这700万两投资中出现300万两亏空。施典章出生于1857年，在1876年不到20岁时高中进士，在1899年担任广州知府，在1905年担任了川汉铁路总公司驻上海经理。

---

① 吴平，《三张无法兑现的股票见证"川汉铁路"百年修建史》，四川在线，2021年7月6日，https://sichuan.scol.com.cn/ggxw/202107/58205410.html。

第七章　洋务运动、金融危机与清朝灭亡　　259

清政府准备收回川汉铁路修筑权的时候，同意给四川人民与1 100万两白银相对应的股票，但是川汉铁路的股东大部分没有涉足实业和金融业，他们对川汉铁路炒股亏损这样的事情不能理解，也不能接受；同时公司管理层也想通过公司国有化来掩盖经营不当造成的亏空，商人股东也想保住自己的投资，他们于是煽动社会各界坚决要求政府补偿那亏空的300万两。年轻的摄政王载沣坚决不同意补偿这300万两，认为这是民营公司的经营亏损，国家不应该补偿。

可是为了这300万两，四川人民坚决不同意铁路国有化的政策，于是揭竿而起，演化为轰轰烈烈的保路运动。清政府硬碰硬，决定从武汉调兵镇压四川起义。

不幸而又幸运的是，武汉的几个起义士兵制造炸弹走火，引发了轰轰烈烈但不在预先计划内的武昌起义，由于武汉空虚，起义一举成功。清政府想镇压，却由于财政空虚，以及袁世凯密谋篡权，没能成功。

1912年2月12日，掌权的隆裕太后无奈之下只能宣布退位诏书，支持共和。值得一提的是，清廷退位换来的是清朝皇帝可以继续居住于紫禁城内，以及每年有400万两白银的生活费。按照晚清的统计，不考虑地方的进贡和卖官收入，清廷每年的正常费用在700万两以上，考虑这些额外收入，清廷预算在1 000万两以上。清朝的皇帝，最后用400万两白银就被打发了。可见清廷在最后时刻的财政有多困难。

清朝灭亡最根本的经济原因是国家的财政收入结构和经济结

构不匹配，以及财政入不敷出。

如果财政收入建立在不可控和不可持续发展的基础上，危机迟早会爆发。金融危机会发生连锁反应，经济危机的打击范围和深度有多大，我们事先是无法估计的。

前文就已说到，每一个王朝的灭亡都是一次系统性的崩溃，清朝也不例外。迟暮的清朝在1911年的时候已经病入膏肓，橡皮股票风潮只是一条小小的导火索而已，财政入不敷出，债务缠身，内部权力倾轧，外部各种起义不断，意识形态分裂……这些政治、经济和社会危机已经铺垫了崩溃的基础。

从另外一个角度看，我们可以说经济危机或者金融危机会以一种意外的方式改变历史。尽管历史的故事有所不同，但是背后的经济逻辑是相似的。当财政资源不足以支撑一个政权的时候，或者一个政权没有了可持续的财政基础的时候，崩溃是必然的结果。

晚清的财政困境

这一节我们来看清政府的财政结构，康熙皇帝从1712年开始推行摊丁入亩，直到鸦片战争期间的1841年，130年间财政收入的总量虽稍有上升，但基本保持在每年4 000万两白银左右，田赋（包括地丁、杂赋、租息以及粮折等）稳定在3 000万两左右，占总收入的75%~80%。这是一种典型的传统农业社会的赋税体系。

但是这种财政收入结构在鸦片战争和太平天国运动之后，发生了重大的变化,总收入中增加了关税和厘金。这两项的收入慢慢增长到与田赋的占比很接近的程度。鸦片战争之后,随着对外贸易的扩大,关税收入在不断增加,英国人赫德管理下的关税体系还算高效廉洁。太平天国运动爆发之后,各地为了筹饷镇压太平天国,设立了厘金制度,厘金逐渐成了地方政府的重要收入。

表 7.1 清政府中晚期的财政收支

(单位:库平银百万两)

纪年		公元	岁入		岁出	
			金额	指数	金额	指数
乾隆	十年	1745 年	36.0		36.0	
	五十六年	1791 年	43.6		31.8	
嘉庆	十七年	1812 年	40.1		35.1	
道光	二十一年	1841 年	38.6	100	37.3	100
	二十五年	1845 年	40.6	105	38.6	104
	二十九年	1849 年	37.0	96	36.4	98
光绪	十一年	1885 年	77.1	200	72.7	195
	十六年	1890 年	86.8	225	78.4	210
	十七年	1891 年	82.3		78.7	
	十九年	1893 年	83.1	216	75.5	202
	二十年	1894 年	81.0	210	81.3	218
	二十七年	1901 年	88.2	230	101.1	271
	二十九年	1903 年	104.9	272	134.9	362
	三十一年	1905 年	102.9	267	136.5	366
光绪	三十四年	1908 年	234.8	608	237.0	635
宣统	三年	1911 年	297.0	769	338.7	908

资料来源:本表整理自项怀诚主编,陈光焱著,《中国财政通史.清代卷》,第 286 页。其中 1891 年(光绪十七年)的数据来源于《清史稿·食货志》。

对于晚清的财政收入和支出结构，《清史稿·食货志》提供了两年的详细数据：1891年的财政实际收支数据和1911年的财政预算数据。首先我们来看一下1891年清政府的财政收支。《清史稿·食货志》详细记载如下：

> 除去蠲缓未完各数，通计实入共收银八千二百三十四万九千一百九十八两，是为银收。以陵寝供应、交进银、祭祀、仪宪、俸食、科场、饷干、驿站、廪膳、赏恤、修缮、河工、采办、办漕、织造、公廉、杂支十七项为常例开支，以营勇饷需、关局、洋款、还借息款四项为新增开支，以补发旧欠、豫行支给两项为补支豫支，以批解在京各衙门银两一项为批解支款。除去欠发未报各数，通计实出共支银七千八百十七万一千四百五十一两，是为银支。原奏并及钱收、粮收、钱支、粮支，实为明核。今按十七年岁入岁出之籍，入项为地丁二千三百六十六万六千九百一十一两，杂赋二百八十一万有一百四十四两，租息十四万一千六百七十二两，粮折四百二十六万二千九百二十八两，耗羡三百万四千八百八十七两，盐课七百四十二万七千六百有五两，常税二百五十五万八千四百一十两，厘金一千六百三十一万六千八百二十一两，洋税一千八百二十万六千七百七十七两，节扣二百九十六万四千九百四十四两，续完七百十二万八千七百四十四两，捐缴一百八十七万五千五百七十六两，均有奇。统为岁入八千九百六十八万四千八百两有奇。出项为陵寝供应等

第七章　洋务运动、金融危机与清朝灭亡　　263

款十三万五百五十九两，交进十八万两，祭祀三十三万六千七百三十三两，仪宪七万四千八百七十九两，俸食三百八十四万一千四百二十四两，科场十万五千二百七十两，饷干二千三十五万六千一百五十九两，驿站一百七十三万四千七百有九两，廪膳十一万二千有二十九两，赏恤五十二万五千二百十六两，修缮二百二十万九千七百四十八两，采办四百有三万三千九百有三两，织造一百有三万四千九百十五两，公廉四百五十七万五千七百八十三两，杂支三十万三千二百七十八两，勇饷一千八百二十六万八千三百十三两，关局经费三百十四万四千六百十六两，洋款三百八十六万一千五十一两，补支一千二百七十七万五千五百二十五两，豫支一百七十四万二千七百七十三两，解京各衙门饭食经费各项支款三百四十七万二千五百三十三两。统为岁出七千九百三十五万五千二百四十一两。

我们可以看到 1891 年清政府财政收入为约 8 968 万两，其中地赋为约 2 367 万两、厘金约 1 632 万两，关税（洋税）约 1 827 万两，为主要的三项收入，分别约占比 26.5%、18.2%，以及 20.4%。这三项加起来就达到了清政府收入的约 65%。支出总额为约 7 936 万两，其中最大的部分是军饷，包括饷干约 2 036 万两（25.7%）和勇饷约 1 827 万两（23.0%），这两项军饷支出大概为 3 900 万两，占到清政府财政支出的将近一半。此外，官员俸禄主要包括两项：俸食约 384 万两（4.8%），以及公廉约

458万两（5.8%）。这两项加起来占到政府支出的约10.6%。此外，给外国赔款为约386万两（4.9%）。

从上述财政收支来看，清政府的财政还算健康。1875—1908年（光绪年间），政府每年支出大概为8 900万两，支出的最大头为各省政府行政和军队费用，大概为3 622万两（约占40%），其次是中央政府和宗室的支出1 948万两（22%），军队的支出接近2 600万两（包括军队现代化、西北和东北防务、南洋水师、北洋水师等，占29%）。[①] 从这样的支出结构我们可以看出，扩军备战成了政府的一个主要政策目标。这是为了应付不断爆发的起义和不断入侵的外国势力。但这个时候的财政体系还可以勉强保住清政府的统治。

但是随着甲午战争失败后签订《马关条约》，以及八国联军占领北京后签订《辛丑条约》，对外赔款在增加；同时兴办各种洋务，包括教育、司法、实业、军政、外债支出不断加大，导致政府财政规模继续膨胀。到了清朝末年，我们可以看一下《清史稿·食货志》记录的1911年的财政预算。

宣统二年，度支部奏试办宣统三年预算，岁入为类八：曰田赋，经常四千六百十六万四千七百有九两，临时一百九十三万六千六百三十六两，皆有奇。曰盐茶课税，经常四千六百三十一万二千三百五十五两。曰洋关税，经常三千五百

[①] ［美］费正清等编，《剑桥中国晚清史》，第79—80页。

十三万九千九百十七两。曰常关税，经常六百九十九万一千一百四十五两，临时八千五百二十四两。曰正杂各税，经常二千六百十六万三千八百四十二两。曰厘捐，经常四千三百十八万七千九百七两。曰官业收入，经常四千六百六十万八百九十九两。曰杂收入，经常一千九百十九万四千一百有一两，临时一千六百有五万六百四十八两。附列者为类二：曰捐输，五百六十五万二千三百三十三两。曰公债，三百五十六万两。皆临时岁入。岁出为类十八：曰行政，经常二千六百六万九千六百六十六两，临时一百二十五万八千一百八十四两。曰交涉，经常三百三十七万五千一百有三十两，临时六十二万六千一百七十七两。曰民政，经常四百四十一万六千三百三十八两，临时一百三十二万四千五百三十一两。曰财政，经常一千七百九十万三千五百四十五两，临时二百八十七万七千九百有四两。曰洋关经费，经常五百七十四万八千二百三十七两，临时九千一百六十三两。曰常关经费，经常一百四十六万三千三百三十二两。曰典礼，经常七十四万五千七百五十九两，临时五万四千有三十七两。曰教育，经常二百五十五万三千四百十六两，临时一百四万一千八百九十二两。曰司法，经常六百六十一万六千五百七十九两，临时二十一万八千七百四十六两。曰军政，经常八千三百四十九万八千一百十一两，临时一千四百万有五百四十六两。曰实业，经常一百六十万三千八百三十五两。曰交通，经常四千七百二十二万一千八百四十一两，临时七百有八十万四千九百有八两。曰工程，经常二百四十九万三千二百四两,临时二百有二万二千有六十四两。曰官业支出,经常五百六十万四百三十五两。曰各省应解赔款、洋款,三千九百有十二万九百二十二两。曰洋关应解赔款、洋款,一千一百二十六万三千五百四十七两。曰常关应解赔款、洋款,一百二十五万六千四百九十两。曰边防经费,一百二十三万九千九百有八两。附列者为类一:曰归还公债,四百七十七万二千六百十三两。统为岁入二万九千六百九十六万二千七百两有奇。岁出三万三千八百六十五万两有奇。十二月,资政院核覆,于岁入有增加,于岁出有减削。次年即值变更国体,故有预算而无决算。盖自光绪三十三年,度支部即奏准令京师各衙署及各省实报岁入岁出,又于各省设财政监理官以督之。凡昔日外销之款项,与夫杂捐陋规之类,及新定之教育、司法、实业、军政、外债诸费,皆列于簿书期会,故较顺治、康熙之出入多至十倍。兹录之以见一代财政之盈亏焉。

1911年的预算收入为约2.97亿两,支出为约3.39亿两,赤字高达约4 200万两。政府的收入除了通常的田赋和盐茶课税等主要课税,加征了各种临时收入,导致各种临时收入急剧扩张。最大的收入是关税,预算为约1.22亿两,其中洋关税为约3 514万两,还有常关税,经常额只有约699万两,而临时关税居然达到了8 524万两。临时加征的关税只会伤害内外贸易,枯竭税源。从某种意义上讲,清政府到这个时候,和明朝末年一样,财政收入已经不可持续了。

我们再看一下清政府末年的财政支出，最大的三项支出为军费、交通和对外赔款。军费正常预算约为 8 350 万两，还加上了约 1 400 万临时预算，总额接近 1 亿两；交通预算为约 4 722 万两，还加上临时预算约 780 万两；对外赔款总额为约 5 164 万两，包括各省应解赔款、洋款为约 3 912 万两，洋关应解赔款、洋款为约 1 126 万两，还有常关应解赔款、洋款约 126 万两。这三项支出就占到清政府总支出的 2/3 以上。而教育的预算只有约 255 万两的经常预算和约 104 万两的临时预算，总额仅为约 359 万两，只有预算总额的约 1.06%。

1900 年前后，清政府对外作战多次失败，赔款割地，对政府的财政支出形成了巨大的压力。甲午战争赔款 2 亿两白银；后来对八国联军战败，赔款 4.5 亿两，分 39 年付清，如果算上利息每年也接近 2 000 万两。这对本已经捉襟见肘的清政府财政预算来说是雪上加霜。

根据张翼和蒋晓宇的研究，中国从 1550—1830 年，280 年间总的白银流入差不多为 5.6 亿两。而仅仅是《马关条约》和《辛丑条约》这两个条约，中国就赔款 6.5 亿两，超过这 280 年的总贸易盈余。这是一件多么悲惨和屈辱的事情：辛辛苦苦几百年，一朝战败全赔完。

由于清朝以白银作为本位货币，失去了发行纸币的能力，也失去了债务货币化工具。在支出不断扩大、税收收入短期内增加非常有限的情况下，为了平衡预算，只能四处加税，尤其是不断加征关税，以及不断对外借债，扩大债务，包括发行各种国债向国民借钱，通过抵押各种权利（包括修筑铁路权利、税收权利），向外国银行借钱。我们可以看到清末的交通预算超过了 5 500 万两，其中很大一部分是抵押路权，向外国银行借贷的款项。在 1911 年的预算中，我们看到了财政支出一项：经常 1 790 万两，临时 288 万两，两项合计为 2 078 万两，这包括了收税和借债的很多成本，已经可以看出财政筹措的成本高昂。

表 7.1 体现了债滚债，我们看到了清朝最后 10 年的债务爆炸式上升，跑步进入了崩溃模式。

1890 年的国家财政预算支出为 7 840 万两，到了 1901 年支出扩大到了 1.01 亿两，到了 1911 年，也就是清朝灭亡的那年，支出规模到达了 3.387 亿两，短短十年，支出规模扩大了三倍以上。这种财政支出疯狂扩大的模式，对一个还以农业为主的国家来说，是不可能持续的。债务杠杆总有断裂的一天，那一天就是清朝灭亡的时候。

总结一下，清朝末年财政扩张导致灭亡的教训主要有以下四条。

（1）财政入不敷出，又有外债压顶，清政府为了扩张财政来源，逐渐从法制和政治面松开了严格的封建控制，废除了科举制度，希望通过各种现代化改革来促进经济发展，包括新办各种企业、开发矿山等，来增加税源。这就导致了中央集权从意识形态的角度全面解体。

传统的封建体制下，统治思想一直强调重农抑商，但是到了清朝末年，国家的主流意识形态变成了"富国强兵"。按照《计量经济学》期刊上的一项研究，国家废除了科举制度，很多读书人一辈子的追求失去了目标和进身之阶，很多知识分子转变成为坚定的革命派，[1]加速了清朝的崩溃。

（2）清政府意识到军事力量的落后，所以必须继续加大军事投入，训练新军，扩军备战，以赶超发达国家，这导致了袁世凯等人军事实力的崛起。国家军队私人化，为清朝的灭亡埋下了伏笔。

（3）地方政府通过厘金等税收手段，控制了一大部分财政资源，尽管每年地方政府都上报厘金征收数量，但是据估计，实际数量远超报告数据。从前述官方统计来看，清政府有很大一部分财政资源（约40%）被用于地方省份的军事和行政支出，这就使得地方政府有了慢慢脱离中央政府控制的实力。

（4）政府为了偿还外债和应付不断扩张的财政支出，只能不断增加税收和其他捐纳，重税激起了人民的反抗。不加重税，则无钱运转；但加重税，会激起百姓反抗。加与不加间，政府很难平衡和取舍。

地方分权和债务扩张：
中央权力的失控与财政的三个问题

清朝最后的灭亡，核心问题还是财政。

一个政权要长久地维系下去，重要的是要掌握稳定的财政资

---

[1] Bai, Y., Jia, R. (2016). Elite recruitment and political stability: the impact of the abolition of China's civil service exam. *Econometrica*. 84(2): 677-733.

源，所谓经济基础决定上层建筑。军事也好，政治也好，外交也好，最后决定成败的还是经济实力，这就是本书一再强调的财政能力。而金融危机通常是财政危机的一个引子。

决定财政能力的是经济发展水平以及政府组织征税的能力。对政府来说，最主要的资源是财政资源，不管是显性还是隐性的资源，都涉及利用和分配的问题。关于财政收入和分配问题，中国在历史和现实中一直有三个难题：（1）财政资源占经济比重高低的问题；（2）地方和中央之间的资源分配比例的问题；（3）财政收支的平衡问题。历史和现实都告诉我们，这三个问题如果处理不好，可能会危及一个政权的存续。

首先，从动态的角度来看，政府掌握太少的资源不好，掌握太多的资源也不好，这涉及最优财政的问题。一方面，政权想要长久维持，必须保持经济可持续发展。一般而言，政府主要消费资源，而生产资源的效率比较低下，就会形成对民间投资和消费的挤出效应。如果政府掌握太多资源，以动态的角度来看，经济效率会比较低下，经济发展不能持续，政权也不能长久维系。历朝历代，财政支出扩张是永远的冲动，因为在农业社会，政府掌握最主要的经济资源，很多人想进入政府系统，从而获取更多资源。所以，统治者都希望政府掌握更多资源，但是加税过多又会遭到人民的反对，这就存在最优税率的问题。康熙和雍正通过摊丁入亩和永不加赋，和人民形成了一个契约，建立了一个稳定的税收体系，同时也限制了中央政府扩张的冲动。另一方面，如果政府掌握的资源太少，就很难维系内外稳定，以及提供必要的公共服务。元、明、清灭亡的教训就是经济危机或者自然灾害危机导致财政收入下降，最终庞大的王朝体系难以为继，导致王朝从内外两面同时瓦解。

其次，地方和中央的财政分配也涉及最优化的问题。一方面，中央政府掌握太多资源，会使得地方政府的积极性降低，因为一个政权的维系，需要基层的稳定和足够的基层社会服务，这需要给地方政府足够的资源。但是，如果地方掌握太多资源，同样会削弱中央政府的权威，使政权的整体性降低，即所谓"一放就乱，一统就死"，这样的问题古已有之。现代西方的政府，一般通过契约约束地方和中央的关系，但是中国传统社会的契约精神不够完善，中央和地方财政分配的问题长期存在。

清朝灭亡的另外一个教训就是地方财政资源的控制，尤其是隐性资源。清朝初期，顺治皇帝为了防止地方掌握太多经济资源，挑战中央政府的统治，于是把所有税收收入交由户部来分配，中央占据了80%以上的分配比例。但是，为镇压太平天国运动而开始征厘金，地方由此拥有了独立的财源，地方实力派得以逐渐脱离中央政府的控制，最后中央和地方发生矛盾时，地方便联合起来推翻了中央。同时，地方掌握了财源，很容易形成军阀割据，这就是清末民初形成军阀割据局面的一个重要原因。

到了晚清，这种地方势力增强而中央政府控制力减弱的现象，也是国家对外遭受一系列屈辱事件的原因之一。中央政府要平衡各种势力，包括保守势力、买办势力、维新势力、洋人势力以及革命势力，政策经常摇摆。同时，由于地方势力掌握了军队，他们在对外作战的时候，最重要的是保存自己的军事实力；如果要消耗他们的军队实力，即使本能够打赢战争，他们也不会拼命。对于李鸿章和袁世凯这样的人来说，如果他们控制的军队被消灭，那即使他们帮国家打赢了战争，他们的政治生命，甚至个人生命都可能会结束。枪杆子是他们的命根子，即"拥兵自重"。甲午战争中中国战败的很重要一个原因就是这种心理。清军将领叶志超在朝鲜对抗日本人，其实本身军队的实力不比日本人差，但是当日本军人要和他们拼命的时候，他们为了保存实力，就采取了逃跑的策略，一溃千里。国家的输赢对这些军阀来说不重要，重要的是保存自己的军事实力。

最后，财政还需要平衡。历朝历代的政府都遇到了财政平衡的问题。所有政府都有财政扩大的倾向，但是钱从哪里来？财政的主要来源中，税收、借债、财政货币化是三个主要途径。对于清政府来说，由于采取银本位制，失去了纸币发行的权力，也就失去了财政货币化的能力。尽管顺治和咸丰年间，有过两次发行纸币的尝试，但都引起了恶性通货膨胀和百姓对纸币的抵制，被迫停止发行纸币。财政货币化的手段无效，就只能依靠税收和借债来平衡预算，而清朝仍然是以农业为主的传统社会，税收资源非常有限。最后只能不断借债，即政府抵押未来的各种收入现金向金融机构（主要是外国银行）贷款。债滚债，债务就如雪球一样，越滚越大，所以到了清朝末年，我们就看到财政支出的规模在急剧扩大（表7.1），清王朝在庞大的债务中轰然倒塌。

第七章 洋务运动、金融危机与清朝灭亡

小结：清朝崩溃的教训

我们回头看看清朝历代皇帝就可以发现其中基本没有昏君。清朝积累了历史上所有封建王朝的统治经验，加强内部控制的同时，还在 18 世纪达到了农业社会的盛世。但是在康乾盛世后，中国的经济走上了长期的下坡路。当中国正在坠落的时候，英国等国家却开始工业革命，实现了工业化，走上了一条不同的繁荣之路。由于体制的惯性，古代中国保守内敛，康乾盛世后，中国遇到的最大问题就是如何实现现代化。

18 世纪的康乾盛世是中国古代历史上经济发展的高峰，在康熙和雍正强推士绅一体纳粮、摊丁入亩等政策之后，普通农民的税收负担下降，带来了长达百年的经济繁荣。但是，经济繁荣带来人口的增长，在耕地面积无法扩大的条件下，国家陷入内卷。边际产出不断下降，人民生活水准也随之下降，这就是马尔萨斯陷阱。乾隆 1799 年去世的时候，经济其实已经开始走下坡路。尽管嘉庆和道光两位皇帝提倡节俭，苦心维持，但还是没能阻止经济下滑。

与此同时，英国选择了不同的道路，通过发展科技，率先开启了工业革命，使得耕地资源不再是经济发展的制约因素，解决了农业社会的内卷。英国工业化的经验包括：（1）普及教育，提高人口素质；（2）发展科技；（3）尊重市场竞争，强调"看不见的手"的作用；（4）发展对外贸易，发挥比较优势。

到了 19 世纪中叶，太平天国运动爆发，造成了江南地区人口锐减。在成功镇压太平天国运动后,曾国藩、李鸿章、左宗棠等晚清大臣认识到了清朝和西方在技术和经济方面的差距,开始实施洋务运动,力图师夷长技以制夷。但是,这次运动没有从制度面改革,启发民智,而只是单纯学习西方的技术,最终还是失败了。

从财政角度来看,在镇压太平天国的过程中,清政府无奈引入了厘金来筹措镇压叛乱的经费。厘金随后成为地方政府的主要收入。从经济面看,厘金制度导致到处设立厘卡,卡卡收费,使得国内市场分割,商品交易成本高昂;从政治面看,厘金使得地方势力足以挑战中央政府权威,并为民国初年的军阀割据提供了经济基础。如何在中央和地方之间建立现代化的分权体系是一个巨大挑战。

在传统封建社会,财政收入基本是稳定的,所以遇到灾荒或者战争等突发情况,朝廷就会陷入财政危机。而实现财政现代化的国家,通常会建立一个规范的国债市场,通过市场发行国债来筹措资金以应对灾害、起义或者对外军事行动。日本在甲午战争能够战胜中国,一个最重要的原因就是日本发行战争国债,筹集了大量资金。

金融的现代化既是财政也是国家现代化的前提。日本明治维新的第一件事情就是货币标准化。清朝因为使用白银和铜钱作为双元货币,没有实现货币标准化,这使得国家在财政遇到危机时,只能向外国银行或者钱庄贷款,而不能通过发行国债在国内筹集。当然,清政府没有发行纸币,这也避免了财政货币化的通货膨胀问题。

第七章 洋务运动、金融危机与清朝灭亡

另外，金融市场必然存在投机行为，会因为羊群效应或者囚徒困境带来金融危机，这就需要建立规范透明的金融监管系统和危机后的救助政策。清朝晚期发生过至少五次大的金融危机，其崩溃也是金融危机的一个意外后果。

再从贸易角度来看，维持贸易平衡非常重要。中国作为一个大国，不可能一直只是出口。历史经验反复表明，贸易不平衡迟早会导致经济危机或者政治危机。明朝灭亡的一个重要原因就是西班牙和日本突然停止了对中国的贸易，中国因而陷入经济危机。清朝中期，中国的大量出口又一次造成了贸易不平衡，英国等国为了实现贸易平衡，向中国出口大量鸦片，掠夺中国人民的财富，损害中国人民的健康。1840年，鸦片战争爆发，成为中国屈辱的近代史的开端。

所以说，现代化不仅是技术和制度的现代化，还要有与之相适应的现代化思想。普及教育，开启民智，对现代化发展至关重要。

附 录

民国金融现代化的努力与挣扎

在元朝之后,中国慢慢形成了以银本位为主的货币体系,这种货币体系在清朝覆灭后得以延续。中国的货币体制非常复杂,交易成本很高,不利于市场统一和经济发展。1927年北伐胜利,宁汉合流后,中国又形成了统一的中央政府,国民党开始考虑财政和货币改革。而改革首先要废除厘金制度,厘金不仅阻碍了统一大市场的形成,也助长了军阀割据。从1928年开始,经过一系列税收政策的调整,到1934年,厘金制度基本上被废除。同时,一系列曲折之后,1935年国民政府颁布了"法币改革"。这标志着中国传统货币体制的结束,中国迎来了现代化的纸币货币体系。

裁厘改统

1927年是一个多事之秋。随着国民革命军北伐的步步胜利，国民政府迁至武汉；4月12日，蒋介石在上海发动了"四一二反革命政变"，4月18日在南京另立国民政府；7月15日，以汪精卫为首的武汉国民政府发动"七一五反革命政变"，与共产党决裂。直到1928年北伐成功，张学良东北易帜，中国才又实现了形式上的国家统一。

这时，南京国民政府开始思考如何加强中央统治，发展经济。首先被提上日程的自然是废除厘金，统一税收制度。

民国初年，各省商会多次向北洋政府上书请愿，要求裁撤厘金。但是，与晚清的情况一样，厘金是民国初年军阀割据的重要财政基础，裁撤谈何容易。根据陈志让的研究，在民国的军阀割据地区，厘金尤其沉重。以四川为例，其厘金负担比清末增加了20多倍，100元的杂货由成都运送到重庆，要经过50多个厘金税卡，缴纳100多元的捐税。[①]

1928年国民革命军占领北平（北京），北伐成功。为了加强国民党中央政府的统治，削弱各地割据军阀的财政基础，在促进经济发展的同时，实现财政收入的统一化和可持续，以上这些成为国民政府的首要任务。1928年7月1日，国民政府在南京召开第一次全国财政会议，确定盐税、关税、常关税、烟酒税、卷

[①] 陈志让，《军绅政权——近代中国的军阀时期》，生活·读书·新知三联书店1980年版，第117页。

烟税、煤油税、印花税、厘金、邮包税及将来的所得税、遗产税为中央所有的国税。与这些改革配套，必然要对厘金进行改革和裁撤，大会于是通过了赋税司司长兼代理盐务处长贾士毅提出的先将厘金收归中央、待时机成熟再行裁撤的提议。紧接着，7月15日，国民政府召开了裁厘委员会成立大会，7月18日召开了第一次会议，制定《裁撤国内通过税，改办特种消费税施行大纲》，商定裁厘的时间表，以及改办特种消费税的原则以及种类。南京国民政府于7月20日发布裁厘及关税自主公告，并公布《国定进口关税暂行条例》《裁撤国内通过税条例》《出厂税条例》等一系列税收条例。[①]《裁撤国内通过税条例》废除厘金过境税约5 000万元，作为补偿，中央政府同意地方政府征收营业税，同年划定的国地税改革方案中，规定厘金是中央收入，但是地方政府仍照旧征收厘金，并加征了许多苛捐杂税。1929年年初，国民政府开始实施新税则，并规定两年内裁撤厘金。到了1931年1月1日，国民政府正式裁撤厘金以及类似的捐税。1934年，随着中央政府扩大控制范围，除了少数地区，各地的厘金已经基本废除。

废两改元

中国要成为一个现代化国家，除了废除厘金和财政改革，货币标准化也是重要的内容。尽管在清朝末年，慈禧太后、李鸿章

---

① 项怀诚主编，刘孝诚著，《中国财政通史 · 中华民国卷》，中国财政经济出版社2006年版，第44—45页。

和张之洞等人都已经意识到了货币标准化对经济发展的重要性，但是中国的货币制度是经长期演化形成的一个复杂制度，晚清政权又处于风雨飘摇中，没有能力统一货币。

当时，中国的币制非常混乱，虽然实行银本位，但是"两银并用"：民国初期，各地政府和北京中央政府滥铸铜币，造成了铜币贬值；外国银行、各地军阀和各个银行又发行了几十种纸币，非常复杂。这导致各地之间交易成本高昂，市场分割，对经济发展十分不利。同时，分割的市场也助长了军阀割据，无益于国家稳定。

经济学家马寅初在1928年3月就提出了《统一国币应先实行废两用元案》，同年6月，财政部在上海召开了全国经济会议，通过了《国币条例草案》《废两用元案》《取缔纸币条例草案》《造币厂条例草案》，为统一货币做好了法律准备。当时设计的一元银币以袁大头为基准，含纯银6钱4分零8毫。南京政府准备以一年的时间筹备"废两用元"，定于1929年7月1日起全面实施。

但是，整个废两用元计划由于国际经济形势的变化而无法进行。1929年开始的全球经济大萧条，使得金贵银贱。世界主要的金融大国，美国和英国都使用金本位制，经济危机引起流动性短缺，导致金价高涨，而白银不是货币，也没有广阔的用途，国际银价暴跌。

这种背景下，"两元并用"派声音又开始大了起来，导致"两元并用"和"废两用元"两派人分歧严重，于是"废两用元"的进程大为延宕。但是，货币统一化是大的发展趋势。到了 1933 年 3 月 1 日，财政部正式发布《废两改元令》，先在上海实施。银本位币定名为"元"，成色为银 88%、铜 12%，每枚含银量 23.493 448 克。银一元等于一两（这也是我们经常在文献中见到元和两混用的原因，实际上它们还是有一定区别的）。条例公布后，中央造币厂于 3 月开始铸造新的银币：正面为孙中山半身人像，背面为帆船，俗称"船洋"。

到了当年 4 月 6 日，中央政府发布公告，所有的交易和税赋都必须用银元交易缴纳，使用白银为非法。为了防止白银外流，对白银出口加征 2.25% 的关税。

这次改革具有深远影响，它废除了千年来的银两使用制度，实现了货币的标准化，统一为元。这是积极的一面，为后面的法币改革奠定了基础。

但同时，改革也存在很多不完善的方面。首先，没有规定辅币，为兑换和交易带来了混乱。市面上还在流通铜币，但是铜币和银元的兑换比例没有规定，随着银元的流通，很快就发生了铜币贬值的现象。这也是很好理解的：随着标准化银元的普及，铜钱的部分交易功能被银元取代，铜币相对过剩。

其次，货币使用被统一为标准化的银元后，由官方的中央造币公司制造，再通过大型银行发行。这样就自动取消了碎银的交易，传统钱庄的功能消失，于是被迫退出了历史舞台，取而代之的是现代化的银行交易体系。

最后，值得注意的是中国不是产银国，银子还需要进口。接着在美国颁布的《白银收购法案》就对中国的货币市场造成了冲击，促使中国推出了法币，中国又一次回到了纸币时代。

美国的《白银收购法案》

1929年开始的世界经济大萧条对世界各国经济都造成了巨大打击，世界白银价格暴跌，从1928年的每盎司58美分跌到了1932年的25美分。美国作为世界头号产银国，控制了世界2/3的白银生产。白银工业在美国的经济重要性不强，1934年产值只有3 200万美元，但是政治影响力很大。白银的生产地主要在美国的中西部七州，他们在参议院控制1/7的投票权。

1934年6月，白银游说集团游说议会通过了《白银收购法案》，授权美国财政部大量收购白银，直到价格为每盎司1.29美元或者达到黄金储备的1/3。《白银收购法案》通过后，世界白银价格直线上涨。1934年9月之后的半年时间里，美国政府每月平均收购白银2 400万盎司，到1935年6月30日为止，共收购了2.94亿盎司白银，国际白银价格节节攀升，1935年4月达到81美分，导致中国银元所包含的白银本身价值比其市场购买力要高1/4。中国商人只要收购银元，再将其集中熔化成银子出口就可以获利。尽管中国对白银出口征收关税，但是由于关税过低，加上走私等原因，这样的政策并不能阻止外流。当时，上海的外资银行拥有白银总库存的50%，而外商具有治外法权，更是控制不住。到了1934年，国内各地的白银向上海集中，出口意图是明确的。

美国的《白银收购法案》，其实还有瞄准中国庞大内需市场的目的。在发生经济危机的时候，转嫁危机就是各国的主要政策目标。美国的政策制定者们认为：中国的货币为白银，提高白银的收购价格就相当于让中国的本币升值，会使得美国的货物变得相对便宜，在中国市场有更高的竞争力，这样就容易打垮中国本地的竞争者。中国作为一个人口超过 4 亿的国家，市场潜力是巨大的，这对转嫁美国的经济危机很有帮助。

中国的白银开始外流，本币升值，经济紧缩，贸易恶化，物价下跌，工厂倒闭，工人失业，农村经济进一步下滑，以至衰败。上海在 1935 年有很多企业和银行倒闭。经济危机就是这样，一旦开始，就会发生连锁反应，进一步扩大经济危机的打击面。

国际市场政策改变对中国经济的影响，引起了国民政府的重视——必须马上改革币制了。

法币改革

为应对金融危机，中央政府只能推出新的币制改革，这就是法币的引入。

1935 年 11 月 3 日晚，财政部发布《施行法币布告》，规定自 11 月 4 日起，以中央、中国和交通三家银行（后增加中国农民银行，合称"中中交农"）发行的钞票为法币，所有的完粮纳税等收付都必须使用法币；其他所有货币，包括纸币、银元和碎银都必须在三个月限期内按照相应价值兑换成法币。这四家国有银行（"中中交农"）取得了法币的垄断发行权力，法币采取以金银和外汇为主的六四成弹性比例制度。

为了保障法币的顺利实施和币值稳定，中央政府强制收兑白银，取缔白银走私。同时和美国谈判，签订了《中美白银协定》，以每盎司 0.65 美元的价格向美国出售白银 5 000 万盎司，中国的政策则变成：美国既然收购白银，那就给。同时运送大批黄金存储于英国的银行，约合 2.5 亿英镑，作为外汇储备。到了 1937 年 4 月，四家发行法币的银行拥有外汇储备 2.5 亿美元，保障了法币的稳定。

通过这样釜底抽薪的办法，中国让市场上的白银存量下降，这样就没有足够的白银作为货币来交易，使得法币没有了替代品。同时，中国把白银卖给美国，换成外汇储备，作为货币发行的准备金，保障币值的稳定。

法币的发行是中国货币史上的一个进步，统一了币制，而且由国家垄断了货币发行。这样的制度设计看起来很完美，但是所有的制度都会因为腐败或者各种特殊情形而发生变形，这次的法币改革也不例外。正如元朝和明朝一样，政府在财政紧缺的情况下都会采取财政货币化的办法，超发纸币的结局就是通货膨胀，这样的定律很快就再次应验了。抗日战争开始的时候，国民党没有足够的财政资源支持抗战，刚开始采取了有节制的货币化方法来筹措资金，但逐渐走向失控。抗战胜利后，又经历三年内战，国民党为了打内战，更是无节制地发行货币，最后引发了恶性通货膨胀，导致了国民党在大陆统治的垮台。

人人都知道超发货币的结果只会是通货膨胀，但总忍不住超发货币。当然，现代金融学认为温和的通货膨胀（一般指低于2%的）对经济增长和人民生活水平提高是有好处的，因为这样可以刺激消费者减少储蓄而增加消费。然而，高通货膨胀总是不期而至。

金圆券改革的失败：无可救药的恶性通货膨胀

1935年的法币改革按照现代货币理论严格设计制度，由国家垄断纸币发行，用金银和外汇作为储备，这是中国经济现代化的重要一步。

但是很遗憾，这个现代化的进程被两年后的抗日战争打乱。中国抗日战争是世界反法西斯战争的一个重要战场，得到了美国和苏联的大量援助，中国共产党人也在敌后浴血奋战，全国人民万众一心，同仇敌忾，共同抵抗日本人的侵略。

处于正面战场的国民政府，为了应对战争的巨额支出，不得不采取了所有发行纸币的国家在不得已时都会采取的办法：财政货币化。尽管政府在经济领域实行了严格的管制，包括外汇管制、价格管制等，但是由于货币发行数量巨大，通货膨胀还是非常严重。

1937年11月，财政部长孔祥熙召集会议，秘密讨论增发法币的问题。由于担心增发法币导致通货膨胀，从而危及信誉，提议被暂时搁置。到了1939年1月，抗日战争进入僵持阶段，为了应对战争的复杂局面，法币发行数量不得不增加，以供应军需，收买物资，所以通货膨胀开始加剧。1937年7月抗战开始的时候法币一共发行了14.55亿元，到了1945年8月抗战结束的时候，法币发行总额已经达到了5 569.07亿元，供应增加了382倍，物价则差不多增加了2 544倍。

从各项统计来看（表附1），社会进入恶性通货膨胀的时候，纸币发行所获得的实际边际收入就会不断下降。可是国民政府还是不得不发行货币，筹集资金，这是饮鸩止渴：不滥发货币，政权马上崩溃；滥发货币，只是延迟了崩溃。

表附1　国民政府抗战期间发行的货币数量

期末	政府银行纸币发行总额（百万元）	平均价格指数	按战前纸币折合的发行值（百万元）
1937年7月	1 455	1.04	1 390
1938年	2 305	1.76	1 310
1939年	4 287	3.23	1 325
1940年	7 867	7.24	1 085
1941年	15 133	19.77	765
1942年	34 360	66.2	520
1943年	75 379	228	330
1944年	189 461	755	250
1945年8月	556 907	2 647	210
1945年12月	1 031 932	2 491	415

资料来源：Young Ar., *China's Wartime Finance and Inflation, 1937-1945*, Havard University Press, 1965, P.304。

抗日战争打破了法币发行的制度框架，货币发行偏离了准备金基础，滥发又导致了严重的通货膨胀。但是在抗战胜利后的小半年内，我们看到由于生产得到了部分恢复，即使货币发行从1945年8月的5 569.07亿元增加到了1945年年底的10 319.32亿元，总量差不多翻了一番，但物价指数却有小幅下降，这表明经济活动在恢复。

很可惜，蒋介石于1946年发动了内战，开始进攻解放区。在经济未稳、社会刚开始恢复秩序的时候，再发动一场战争，显然不是正义之举，不会得到人民的支持。战争是需要大量花销的，在不发达的中国，超过90%的人口还以农业为生，脆弱的经济在经过14年抗战后，已经没有足够的财源再支撑国民政府发动另外一场战争。蒋介石为了打内战，以印钞票融资这种最简单的方法来支撑战争的消耗，其结局必然是失败。

1946—1948年，国民政府法币总发行额继续膨胀。在抗战胜利之初，法币发行总额约为5 000亿元，到了1948年8月20日，法币发行总额居然达到了660万亿元，发行总额增加了1 300多倍。狂印钞票的后果就是全国发生了非常严重的恶性通货膨胀。据当时的文献记载，印钞厂收购旧法币的纸币印新币，居然还能赚钱。然而即使是这样的通货膨胀，比起金圆券改革失败后的通货膨胀，也只是小巫见大巫。

蒋介石在1948年4月正式当选为行宪后的第一任总统，开始考虑解决通货膨胀问题。于是他任命了地质学出身的翁文灏担任行政院长，以及自学成才的商务印书馆总经理王云五担任财政部长。王云五拥有多国数个大学的函授学位，是一位博学多才的书商。蒋介石依靠这两人，准备实施经济以及币制改革。

1948年7月29日，蒋介石在莫干山召集翁文灏、王云五，以及中央银行总裁俞鸿钧等人商讨改革方案。俞鸿钧等人认为法币必须改革，但是不能做根本改革，他们认为经济问题产生的根本原因是财政赤字，所以他们设计的政策仿照1937年用关金征收关税的办法，税款和外贸结汇均使用此种特殊货币，而不随法币贬值，这样可使财政收入占财政支出的比例从10%提高到40%左右。但是蒋介石觉得这样的迂回改革不彻底。于是，王云五提出了金圆券改革方案，同时为了挽救财政，他建议采取强制措施收集金银、外汇，并管制物价。会议最后同意了王云五提出的改革方案。

由于恶性通货膨胀，法币已经失去了货币功能。为应对金融危机，蒋介石以总统名义于1948年8月19日突然公布了《财政经济紧急处分令》，决定发行金圆券。法规的内容有这样几条：

首先，金圆券的发行采取十足准备，其中40%必须为黄金、白银以及外汇，其余以有价证券以及国有实业充当资产。每金圆券法定含金量为0.222 17克。由中央银行发行，发行总额为20亿元。

其次，金圆券1元合法币300万元，东北流通券30万元，在1948年12月20日之前收兑法币以及东北流通券。台湾以及新疆币制的处理方法另行规定。

此外，禁止私人持有黄金（1两兑金圆券200元）、白银（1两兑金圆券3元）、银币（1元兑金圆券2元）、外汇（1美元兑金圆券4元）。私人持有者，限9月30日前收兑完成，违者没收。

与此同时，限期登记国民（包括法人）存放国外的外汇资产，违者予以制裁。

最后，全国物价及劳务价格冻结在 8 月 19 日的水平。

这次改革注定不会成功。从大的社会环境来说，国民党政权已经处在风雨飘摇之中，发动内战失去了道义，同时法币超量发行导致的通货膨胀已经让社会对国民党政权本身失去了信心，更不用说货币了。此外，在制度设计层面、资源准备层面，以及执行层面都存在先天的缺陷。

第一，在制度层面，金圆券的改革由财政部主导，主要目的是弥补由内战造成的庞大财政赤字。如果财政赤字不能解决，那么不管什么样的货币改革，其结局都是通货膨胀。这也是为什么世界上很少有金融改革成功的案例。当时每月的财政赤字为数百亿，财政收入仅为支出的 10% 左右。在没有新的财源或者支出紧缩的情况下，靠印钞票来解决支出，这样的货币改革是不可能成功的。改革从目的开始就出错了，后来产生崩溃性的失败，并不奇怪。

第二，在当时的背景下，要维持币值稳定必须有大量的黄金以及外汇储备（考虑到战后建立的布雷顿森林体系，黄金即美元）。法币之所以贬值，就是因为没有储备基础。同理，要发行一种币值稳定的货币，也需要足够的外汇储备，而这恰恰是国民政府短缺的。反过来，蒋介石想通过发行金圆券来套取储备，维护币值稳定，颇有空手套白狼之嫌。所以金圆券发行之初，就是一个本末倒置、无本之木的货币改革。百姓都知道，政府强制征收黄金、白银以及外汇等珍贵货币，恰恰说明了这些物品的稀缺性，也预示着金圆券贬值的必然趋势。

第三，中国历史上一直奉行以白银为货币的经济体系，即银本位。金本位可能不适用于中国，老百姓对其接受程度较低。国民党第一次法币改革，已经让政府失去了信用。而这次又发行金圆券，百姓对这种货币本身就存在信任问题，加之其由枪杆子强力推行，使得百姓对物价改革更加缺乏信心。

第四，从现代经济学角度分析，强制冻结物价只会导致市场紊乱，供给减少，进一步加大物价反弹的力度。很简单，如果政府不让涨价，商人因此亏本，那商人大不了不卖了。同时，理性的百姓都会选择囤积物品，或选择其他代用货币，比如大米，这会使得货币信用进一步丧失，加剧通货膨胀。确实在物价冻结命令下达之后，部分地区的粮食价格反而暴涨。

第五，从操作层面看，即使私人持有黄金等硬通货，在贪污横行的背景下，政府怎么查？虽有所谓的枪杆子在后面支撑改革，但是这种政策的操作存在严重缺陷。

第六，从制定和执行层面上看，执行政策的人物都是蒋介石的亲信，所作所为都是为蒋介石搜刮百姓财物。如果遇到蒋介石亲眷不执行法规，怎么办？后来就出现了"只打苍蝇，不打老虎"一说。此外，制定政策的人物都是财经外行：行政院长翁文灏是地质专家，王云五是出版商，俞鸿钧虽说从事财经工作，但其大学所学专业为西洋文学，而且他提出的政策也没有被接纳。莫干山会议在制定政策时为了保密，只限于密室小团体之间的讨论。而法币改革的核心人物，具有丰富币改经验的顾翊群却没有参加改革的设计，这可能是一个遗憾。

无论是从当时的政治经济氛围，还是从对政策本身的分析来看，金圆券改革都是一场漏洞百出、不可能成功的改革。果不其然，金圆券在实施之后，马上引发了市场的混乱，通货膨胀如一匹野马，一发不可收拾，整个国家经济陷于瘫痪。

金圆券以极快的速度崩溃，刚开始还是以天来计算价格变动，到了末期，市场上的物价甚至有一日上涨数次的现象，货币几乎成了废纸。大家开始以物易物或者使用黄金、银元、外汇等硬通货去购买物资。

1948年8月，国民政府首先发行了5角、10元、20元、50元和100元五种金圆券钞券。由于通货膨胀，这些钞票面值根本无法满足需要，金圆券的最高面值从100元开始，短时间内增加到500、1 000、10 000、50 000、100 000、500 000、1 000 000，最高面值最后增加到了5 000 000元，前后也就大半年时间。

到了1949年7月，金圆券已经成了废纸。1949年5月迁到广州的国民政府走投无路，又妄想实施币制改革，下令恢复银本位和银元制度，开始发行银元券，规定其一圆价值等于硬币银元一圆，可以无限兑换；金圆券则以五亿圆折合银圆券一圆。这个时候，共产党即将解放广州，没有人再相信国民政府的任何政策承诺，包括任何货币了。

人民给过这个政权无数次机会，但经历过一次又一次欺骗和伤害的人民不会再相信它。

历史和现实的教训都是这样，再好的制度设计都存在超发纸币的冲动。制度存在路径依赖，一个很好的制度也可能在一个偶然的情况下被破坏，接着，后面所有的人都开始破坏这个制度。刚开始，大家都知道不能滥发货币，但是在财政紧急的情况下，统治者被迫破坏规矩，采取一次财政货币化，那么后面就会有第二次、第三次……恶性通货膨胀一旦开始，就很难刹车。因为一旦所有人都形成了对恶性通货膨胀的预期，就会去囤积物品，这反过来又会刺激物价进一步上涨，然后更多的人囤积……直到所有人都不再信任货币，采取其他代用物品，比如金银、大米等。

这种剧烈的通货膨胀，反过来加速了国民党政权的垮台。谁还会为这个没有道义、腐败横行的政权卖命呢？从1948年下半年起，随着金圆券的实施，国民党在内战战场上败退的速度比通货膨胀还要快。1949年12月20日，被迫下野的蒋介石在恐慌中从成都乘专机逃往台湾。在他逃往台湾之前，还不忘把中央银行的黄金储备运往台湾，他知道这才是大家都信任的真正货币。

而在这之前的1949年10月1日，毛泽东已经在北京宣布中华人民共和国成立了。中国进入了一个新的历史时期。

后　记

经济危机的几个观察

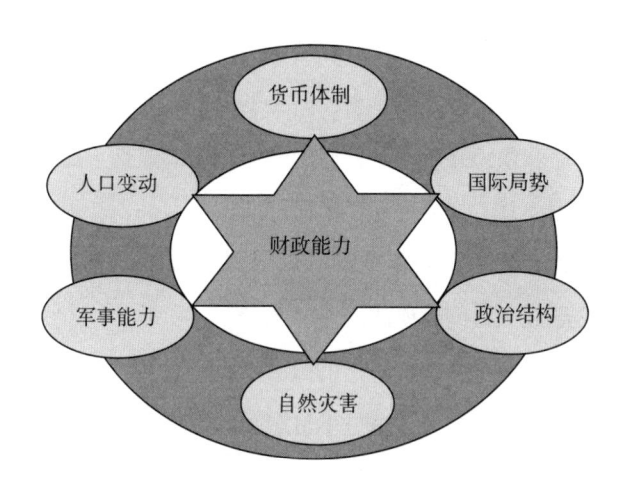

```
       货币体制
人口变动        国际局势
      财政能力
军事能力        政治结构
       自然灾害
```

　　财政能力是决定一个政权能否延续的基础。货币体制、人口变动、军事能力、国际局势、政治结构，以及自然灾害，这些变量都会和财政能力相互作用，最后影响朝代的兴替。所有朝代的兴替都在重复一样的轨迹，到最后都面临财政力量不足、自然灾害频发和内部意识形态分裂的问题。

纵观元、明、清700多年的历史，我有以下几点观察。

- 宋朝开始引入纸币，从元朝开始，全面实行纸币。而历史的经验就是：纸币都会发生通货膨胀，因为财政货币化对古代政府来说，是挡不住的诱惑。危机导致了货币超发，货币超发导致通货膨胀，通货膨胀加剧了危机。从长期历史来看，所有纸币最后都会被百姓所弃用。短期里，如果是温和型通货膨胀，我们都会去适应它。

- 人口是推动制度变化和经济发展的最重要力量之一。人口多了会发生内卷，人口少了会产生萧条。在古代社会，人口的变动基本符合马尔萨斯的残酷定律。

- 世界贸易短期可以不平衡，但长期内贸易的不平衡一定会通过革命和暴力来矫正。良好的贸易体制应该是互通有无，形成共生关系。如果贸易是单向的、不平衡的，就很容易形成一方对另一方的贸易依赖，当购买方不能继续购买的时候，就会导致双方同时崩溃。

- 权力斗争本身对政权稳定的威胁不大，可怕的是权力斗争背后伴随的思想分裂，这是不可调和的。

- 在王朝末期，最大的问题是利益板结。包括元朝的蒙古贵族、明朝的士绅阶层以及清朝的绅商集团，经过百年以上的演变，他们既是官员，又是知识精英，还是大地主和大富豪。这使得旨在增加税收、减少百姓负担、有利于国家稳定的改革根本无法进行。崩溃是必然的结果。

- 制度的复杂化演变就像一件衣服穿久了，会被磨出各种破洞，我们打上补丁，然后补丁上面又打上补丁，最后就变成了一件丑陋无比、无比脆弱的旧衣服。衣服丑陋尚可遮体，但是脆弱的衣服有时可能稍一用力就会解体。到了王朝的后期，皇帝管理一个国家的主要任务就是打补丁、遮破洞和防破裂。
- 每一次的危机都有很多伟大人物提出和实施各种改革方案，但是每一次的改革都是那么艰难。历史上大部分改革失败的一个重要原因是时间不一致：当危机开始的时候，没有动力去改革；当危机加深的时候，没有能力去改革。

历史研究有多种学派，有的学者认为历史就是记述事实，没有价值判断；有些学者认为，历史在事实之外，还要有价值判断。经济学的分析同样存在两种分析思路：实证分析和规范分析。实证分析就是研究"是什么"，不带价值判断，只解释事情的因果关系。规范分析研究"什么是好"，带有价值判断。而价值观在历史背景中是不断演变的，古代中国对女性的"三从四德"（未嫁从父、既嫁从夫、夫死从子；德、言、容、工），曾被认为是最基本的道德和行为准则，但现在我们认识到这是压迫妇女的思想糟粕，是被批判的对象。

南怀瑾说过："世界上，政治、军事、外交，没有善恶，也没有是非，只有利害关系，怎么临时处理，要懂得应变。但是要注意，虽然没有善恶，没有是非，是有因果的；乃至一个人做任何一件事情，都有因果的。"① 历史很多时候没有是非，只有因果。

  本书的目的是运用经济学的方法去解析历史中的因果关系，在历史的一些大事之间建立一些逻辑关系，尽量减少是非判断，以此给大家提供一个分析历史演变趋势的方法。

  制度总是存在路径依赖，历史也不会终结。

---

① 南怀瑾著述，《南怀瑾选集：第十二卷》，复旦大学出版社2013年版，第192页。

致　谢

我在江苏的农村出生长大，父亲是一个没有受过多少教育的农民。不过他很喜欢看历史，在我小时候，他给我讲了很多有趣的历史故事，让我对历史产生了浓厚的兴趣。父亲在六年前因事故去世，谨以此书献给远在天堂的父亲。

我上大学时选择了经济学相关专业，此后一直在经济学领域钻研。多年的经济学思考和对历史的个人兴趣，让我意识到，历史在一波波的高潮与低谷中发展前行。历史从短期来看似乎多是随机的，但从长期来看，发展的大趋势又似乎是平滑的。本书就是要探讨从元初到清末的这段平滑历史，从经济危机的角度展现历史的兴衰。

很多年前，我就开始构思这本书，但是我总觉得自己的思想不成熟，知识不完备，不能把这个故事讲好。

在新冠肺炎疫情期间，我基本待在家里，有了更多时间去认真思考这本书的内容，我觉得到了把这本书写出来，和大家交流分享的时候了。

我还想借此机会感谢所有支持我的家人和朋友。

首先要感谢南京大学历史学院世界历史系舒小昀教授、中国社会科学院近代史研究所雷颐研究员、复旦大学金融学院黄毅教授、新加坡南洋理工大学经济学系包特教授等专家对本书手稿的审阅，他们指出了书中的一些谬误，对很多细节提出了独到的看法。

其次，感谢中国人民大学曾寅初教授和赵国庆教授，南京大学商学院刘志彪教授，日本京都大学加贺爪优教授和沈金虎教授，美国宾州州立大学大卫·艾伯勒（David Abler）教授，清华大学公共管理学院周绍杰教授，美国佛罗里达大学食物与资源经济系高志峰教授，日本早稻田大学下川哲教授，我的同事本哈德·布鲁默（Bernhard Bruemmer）教授、斯蒂芬·克拉门-陶巴岱尔（Stephan von Cramon-Taubadel）教授、马丁·凯姆（Matin Qaim）教授、阿希姆·斯皮勒（Achim Spiller）教授、奥利弗·姆斯豪夫（Oliver Musshoff）教授、梅克·沃尔尼（Meike Wollni）教授以及2020年去世的斯蒂芬·克拉森（Stephan Klasen）教授等专家对我的长期指导和帮助。

2022—2023年，我在康奈尔大学商学院访学，这所大学提供了非常好的研究设施，尤其是美国科学院院士克里斯·巴里特（Chris Barrett）教授作为我的导师和负责人，给我的研究和生活提供了无微不至的关照。巴里特教授治学严谨，工作勤奋，对学生无比负责，让我非常钦佩，此生受益。此外，还要感谢康奈尔大学查尔斯·戴森应用经济与管理学院院长赵金华教授、李善军教授、张文栋教授，以及康奈尔大学全球发展系廖川教授对我的指导。

我的博士生刘畅、李祎、刘晓雨，以及孟盟博士对本书的文字编辑和数据整理付出了辛勤劳动，在此一并表示感谢。

最后，还要特别感谢我的家人对我长期科研以及写作的大力支持。感谢我的母亲张正连女士、太太王晴女士、妹妹于晓燕女士，以及孩子宽宽和容容。

我必须承认，由于才疏学浅，本书难免存在一些错误，我承担所有文责。也希望读者能够不吝指教，让我继续深入研究，不断完善自己的观点。

于晓华

2024 年 12 月于德国哥廷根